Stuart Crainer

Die 75 besten Managemententscheidungen aller Zeiten

Stuart Crainer

Die 75 besten Managemententscheidungen aller Zeiten

Aus dem Amerikanischen
übersetzt von Stephan Gebauer

REDLINE WIRTSCHAFT
bei verlag moderne industrie

Die Deutsche Bibliothek – CIP-Einheitsaufnahme

Crainer, Stuart :
Die 75 besten Managemententscheidungen aller Zeiten / Stuart Crainer. –
Aus d. Amerikan. übersetzt von Stephan Gebauer. – München : Redline Wirtschaft bei
Verlag Moderne Industrie, 2002
Einheitssacht.: The 75 greatest management decisions ever made <dt.>
ISBN 3-478-81272-0

Titel der amerikanischen Originalausgabe „The 75 Greatest Management Decisions Ever Made ... and 21 of the worst“, erschienen bei AMACOM, a division of the American Management Association, International, New York

Umschlaggestaltung: Felix Weinold, Schwabmünchen
Satz: mi, D. Ott
Druck- und Bindearbeiten: Ebner, Ulm
Printed in Germany 81272/030204
ISBN 3-478-81272-0

Inhalt

Einleitung

Als sich das zweite Jahrtausend seinem Ende näherte, wurden allerorts Ranglisten der Großen und Guten erstellt. Die meisten dieser Ehrenlisten zählten Wissenschaftler, Schriftsteller, Künstler, Sportler, Medienstars und Entertainer auf. Man analysierte und feierte die Leistungen dieser Menschen, ihr Genie, ihre Persönlichkeit. Seltsam ist, dass kaum ein Manager Aufnahme in diese Galerien fand. Dabei feierte das Management in unserer Epoche große Triumphe. Im 20. Jahrhundert entdeckte die Menschheit, dass es sich bei der Führung eines Unternehmens um eine Disziplin, um einen Beruf und manchmal auch um eine Berufung handelte.

Aber natürlich ist das Management keine Erfindung des 20. Jahrhunderts. Napoleon praktizierte großes Management, als er seine Armeen durch Europa lenkte. Die alten Ägypter praktizierten großes Management, als sie die Pyramiden erbauten. Die Gärtner, welche die hängenden Gärten von Babylon schufen, taten nicht einfach, was ihnen gerade in den Sinn kam. Sie wurden gemanagt. In einer langen Reihe von Büchern wird die Ansicht verbreitet, dass sogar Jesus Christus ein Manager war (man nehme nur das Buch *Jesus Christus, Manager*). „Jesus lehrte viele große Prinzipien", erklärt Charles Manz, Autor des Buches *The Leadership Wisdom of Jesus*. „Er fällte eine kluge Entscheidung, als er der Menge, die eine Frau wegen Ehebruchs steinigen wollte, sagte, wer nicht gesündigt habe, möge den ersten Stein werfen, und damit der Verzeihung den Vorzug gegenüber der Verurteilung gab."

Tatsächlich ist die Bibel eine ausgezeichnete Quelle für Managemententscheidungen. „Mit der Entscheidung, die Menschen in Gruppen zu zehn, hundert und tausend einzuteilen, schuf Moses als erster eine Hierarchie, eine Befehlskette", meint Warren Bennis von der University of Southern California. Oder man denke an Noah, den Projektmanager, der in einer knappen Frist, die nicht verlängert werden konnte, bedeutende logistische Entscheidungen fällte. „Wie wäre es mit Josephs Rat an den Pharao, Kornvorräte für sieben Jahre anzulegen?" meinte Philip Kotler von der Northwestern University, als er gebeten wurde, eine große Managemententscheidung zu nennen. „Oder mit der Wahl der zwölf Jünger durch Jesus (mit Ausnahme des Missgriffs Judas)? Man könnte jahrelang mit den Möglichkeiten spielen."

Je länger man nach großartigen Managemententscheidungen sucht, desto mehr davon findet man. Ohne Management wäre keines der großen historischen Monumente entstanden. Die italienischen Renaissancemaler waren nicht nur geniale Künstler, sondern auch fähige Manager, die es verstanden, Arbeiten zu delegieren. Die Arbeiter, die beim Bau der St. Paul's Cathedral in London halfen, versammelten sich nicht spontan, sondern sie mussten angeworben und geführt werden.

Es ist nicht zu vermeiden, dass einige Monumente Zeugnis für schlechtes Management ablegen. Der schiefe Turm von Pisa würde keine Touristen anziehen, wenn er vollkommen gerade stehen würde. Dieses Bauwerk haben wir einem italienischen Bauaufseher aus dem 13. Jahrhundert zu verdanken, einem historischen Beispiel für einen miserablen Manager. Es ist eine etwas beängstigende Tatsache, dass jede Entscheidung, die wir fällen, ihrem Wesen nach eine Managemententscheidung ist. Im Normalfall betrifft jede Entscheidung Menschen (Humanressourcen), Geld (Budgetierung), Kauf und Verkauf (Marketing), die Frage der Durchführung (Betriebsabläufe) oder das zukünftige Vorgehen (Strategie und Planung). Um offenkundige Ausnahmen handelt es sich bei den emotionalen Entscheidungen, obwohl einige bedauernswerte Menschen ihre Partner tatsächlich aufgrund von Analysen auswählen. Daniel Wren von der University of Oklahoma, einer der Autoren des Buches *Management Innovators*, nennt die Entscheidung Frank Gilbreths (eines Vorreiters der wissenschaftlichen Betriebsführung), Lillian Moller zu heiraten und ihre anschließende gemeinsame Entscheidung, zwölf Kinder zu bekommen. Die Gilbreths, die durch das (auch verfilmte) Buch *Cheaper by the Dozen* berühmt wurden, zählten zu den frühen Verfechtern des Prinzips, man solle nicht härter, sondern klüger arbeiten. Sie setzten ihre Ideen tatsächlich in die Praxis um und führten ihren Haushalt gemäß ihrer Theorie. (Michael Porter hat fünf Kinder, um das Konzept der fünf Wettbewerbskräfte zu beweisen, und Tom Peters hat sieben Kinder, deren Namen alle mit S beginnen).

Obwohl Management eine Wissenschaft ist, bei der es um die Führung von Menschen geht, zählen jene Entscheidungen, die den Menschen in den Mittelpunkt rücken, üblicherweise nicht zu denen, die uns im Gedächtnis bleiben. Die am häufigsten angeführten Urheber ausgezeichneter Entscheidungen sind Henry Ford und Bill Gates, zwei Manager, die nicht gerade für ihre Fähigkeiten im Umgang mit Menschen berühmt sind. Man erinnert sich vor allem an Entscheidungen, die Unternehmen, Industrien und die Geschichte verändern.

Doch obwohl Management schon seit jeher betrieben wird und obwohl Management alle Lebensbereiche erfasst, wird weiterhin darüber debattiert, worin diese Kunst eigentlich besteht. (Es sollte darauf hingewiesen werden, dass die Debatte üblicherweise nicht in den Werkshallen, sondern in der akademischen Welt geführt wird.) Trotz der Vielzahl der mittlerweile verfügbaren Definitionen steht ein Merkmal dieser Aktivität unübersehbar im Mittelpunkt: Im Management geht es darum, Entscheidungen zu fällen. „Entscheidungen sind das Wesen des Management", erklärt Des Dearlove, Autor von *Key Management Decisions*. „Management ohne Entscheidungen ist ein Vakuum. Das bedeutet keineswegs, dass jede Entscheidung eines Managers wichtig ist oder dass Manager stets die richtigen Entscheidungen fällen. Die überwiegende Mehrheit der von Managern gefällten Entscheidungen sind vollkommen unwichtig. Und häufig sind sie obendrein falsch."

Manager sind nicht vollkommen, doch wer hat je behauptet, im Management ginge es um Vollkommenheit? Vielmehr geht es darum, unerklärlichen Ahnungen zu folgen, Glück zu haben, hart zu arbeiten und Risiken einzugehen. Manager fallen oft genug auf die Nase. Fehlschläge gehören zu ihrem Job. Auch wenn ein Manager sämtliche Daten durch die neueste Analysesoftware schleust, kann er eine krasse Fehlentscheidung fällen. Auf jede großartige Entscheidung kommen hundert, die nicht unbedingt die besten Ergebnisse zeitigten.

Erfolg und Fehlschlag liegen ganz nahe beieinander. Die Trennlinie ist vielfach kaum auszumachen. Wird Apple als das Unternehmen in die Geschichte eingehen, das eine Industrie erfand, oder als der grandiose Versager, der ein phantastisches Produkt entwickelt hatte, aber nicht über genügend Weitblick verfügte, um sich damit langfristig auf dem Markt zu behaupten?

Erfolgreiche Entscheidungen wurzeln häufig im Ungewissen. Peter Cohan, Autor von *Technology Leaders*, nennt als Beispiel Hewlett-Packards Weg in das Geschäft mit Tintenstrahldruckern: Ende der siebziger Jahre befand sich HPs Unternehmensbereich in Vancouver (Washington) in Schwierigkeiten. Es mangelte dem Bereich an Produkten, und das Management dachte bereits darüber nach, ihn in einen anderen Bereich einzugliedern. Einer der Ingenieure, der in einem umgebauten Pförtnerkabinett arbeitete, entdeckte, dass Metall, wenn man es auf eine bestimmte Art und Weise erhitzt, sich gleichmäßig über eine Fläche verteilt. Die Ingenieure erkannten, dass diese Entdeckung möglicherweise die Grundlage für eine neue Methode darstellte, Tinte auf ein Blatt Papier zu sprühen. Richard Hackborn, ehemaliger Vorstand und Vizepräsident von HP, erklärte dem Leiter des Unternehmensbereichs in Vancouver, dass seine letzte Chance darin bestehe, diese Entdeckung zu nutzen. Zehn Jahre später erzielte das Unternehmen dank dieser Entscheidung jährliche Einnahmen von über 6 Mrd. Dollar.

Erfolgreiche Neuerungen können ihren Ursprung in einem Pförtnerkabinett haben und in scheinbaren Fehlschlägen wurzeln. Unsere Liste beinhaltet

Unternehmen, die katastrophale Fehler begingen, die Situation jedoch retten konnten. Der Autor und Buchhändler Ted Kinni nennt das Beispiel von Johnson & Johnson, das sich 1982 entschloss, das klassische Produkt Tylenol aus dem Handel zu nehmen. „Das Unternehmen räumte der Sicherheit der Kunden Vorrang vor dem Gewinn ein", erklärt Kinni. (Warren Bennis liefert eine andere interessante Erklärung für diese Maßnahme: „Der damalige CEO von Johnson & Johnson, Jim Burke, war der erste Unternehmensleiter, der die Bedeutung der Medien erkannte. Tylenol drohte binnen kürzester Zeit in den Mittelpunkt des Medienrummels zu rücken.") Ähnlich verhielt es sich mit dem Fiasko, das Coca-Cola mit seiner neuen Rezeptur erlitt. Den klassischen Fehler, an einem ungemein erfolgreichen Produkt herumzupfuschen, machte der Getränkeproduzent mit dem Eingeständnis wieder gut, sich geirrt zu haben, um unverzüglich zur Classic Coke zurückzukehren. Viele Manager hätten in einer solchen Situation verbissen an der einmal gefällten Entscheidung festgehalten.

Manchmal, vielleicht ein- oder zweimal in ihrer Laufbahn, treffen Manager wirklich ins Schwarze. Eines Tages im Jahr 1950 machte Frank McNamara in einem Restaurant die unangenehme Erfahrung, sein Geld vergessen zu haben. Nachdem er seine Frau angerufen hatte, damit sie ihn aus seiner Notlage befreite, kam McNamara auf die Idee, die Diners Club Card ins Leben zu rufen, die in 27 Restaurants in Manhattan eingeführt wurde. Innerhalb eines Jahres hatte der Club 42 000 Mitglieder – die Kreditkarte war geboren.

Ob man mit einer Entscheidung richtig liegt, hat im Allgemeinen nichts damit zu tun, ob die Analysesoftware richtig funktioniert. Bill Gates brauchte keine elektronische Entscheidungshilfe, als er IBM für den PC die Lizenz für sein Betriebssystem MS/DOS erteilte, während er die Kontrolle über die Lizenz für alle nicht von Big Blue erzeugten PCs behielt. Als Compaq, Dell, Hewlett-Packard und Gateway IBM den PC-Markt abspenstig machten, hatte Gates die Grundlage für seinen Reichtum gelegt. Großartige Entscheidung, Bill.

Die wirklich brillanten Entscheidungen geschehen einfach. Sie beruhen auf spontanen Telefonanrufen, auf verrückten Ideen, die oft genug der Verzweiflung entspringen, auf Plänen, die im Unternehmensäther umherschwirren. Selbst die Strategiegurus geben bereitwillig zu, dass das Chaos der Realität die Möglichkeiten der Strategie erheblich einschränkt. „Ich bin Professor für Strategie und schäme mich häufig, es zuzugeben", gesteht Gary Hamel, Coautor von *Competing for the Future*, „denn diese Wissenschaft hat ein schmutziges Geheimnis: Wir erkennen eine großartige Strategie, wenn wir sie sehen. An den Wirtschaftsuniversitäten lehren wir diese Strategien und zeichnen sie an der Tafel nach. Es sind Muster. Meistens hebt einer der klügeren Studenten die Hand und wirft ein: ‚Moment mal, war das nun Glück oder Weitblick?' Die Frage ist nicht unberechtigt. Es gibt keine Theorie für die Gestaltung von Strategien. Die milliardenschwere Strategiebranche hat kein Fundament. Erfolgreiche Strategien beruhen auf glücklichem Weitblick. Sie entspringen der Gabe, Entdeckungen im richtigen Augenblick zu machen."[1]

Kaum ein Manager wird im Augenblick des Triumphes, da er eine glückliche Entdeckung macht und sich rosige Aussichten eröffnen, „Heureka!" schreien. Es ist der Karriere nicht förderlich, in einer Vorstandssitzung fremdsprachige Ausrufe von sich zu geben. Auch lassen Manager nicht die Champagnerkorken knallen oder rutschen nackt auf den Treppengeländern in die Empfangshalle hinunter, wobei sie „Stairway to Heaven" pfeifen.

Dass die Manager nicht dazu neigen, Entscheidungen groß zu feiern, wenn ihnen der Erfolg Recht gibt, hat zwei Gründe: Erstens ist es ihre Aufgabe, die richtigen Entscheidungen zu fällen. Manager werden dafür bezahlt, das Richtige zu tun (und, wie Dilbert so schön sagt, anderen die Schuld in die Schuhe zu schieben, wenn sie etwas falsch gemacht haben). Wenn die Einführung des Produktes in Estland und Lettland fehlgeschlagen ist, wirkt es ein wenig fehl am Platz, einen gelungenen Start auf dem finnischen Markt zu feiern.

Der zweite Grund dafür, dass Manager richtige Entscheidungen nicht feiern, liegt darin, dass sie üblicherweise nicht einmal erkennen, dass sie das Richtige getan haben. Es gehört zu den großen Enttäuschungen des Lebens, dass sich richtige Entscheidungen üblicherweise erst im Nachhinein als richtig erweisen. Henry Ford lief nicht in Detroit umher, um die Erfindung der Massenproduktion zu verkünden. Königin Isabella von Spanien brüstete sich nicht mit ihrer Weisheit, als sie die Reise von Kolumbus über den Ozean finanzierte. Sie hielt sich klug zurück. (Die Lehre daraus lautet, dass man sich vor jedem hüten sollte, der damit prahlt, die richtige Entscheidung gefällt zu haben. Hätte Königin Isabella eine Pressemitteilung herausgegeben und die bevorstehende Entdeckung Amerikas angekündigt, so wäre Amerika mit einiger Sicherheit unentdeckt geblieben.)

Jede Managemententscheidung stellt ein Risiko dar. Im Rückblick mag es so wirken, als wäre sie die einzig richtige gewesen. Selbstverständlich musste sich Intel vom Speichergeschäft lösen. International Business Machines? Es lag auf der Hand, dass dieses Unternehmen international erfolgreich sein würde. Mickey? Ein großartiger Name für eine gezeichnete Maus. Aber wusste Walt Disney, dass er viele Millionen Dollar mit dieser Comicfigur verdienen würde? Wusste er zu dem Zeitpunkt, als er sich für diesen Namen entschied, dass dies eine bedeutende Entscheidung war? Wohl kaum. Er hatte keinen narrensicheren Plan, um schnell zu Reichtum zu gelangen, sondern fällte lediglich eine Entscheidung, die funktionierte.

Die Erfolgsgeschichten von heute sind die riskanten Entscheidungen von gestern. Don Sull von der London Business School reiht General Electrics Entscheidung, Jack Welch zum Nachfolger von Reg Jones zu ernennen, eben aus diesem Grund unter die besten Entscheidungen ein. „Mittlerweile haben wir vergessen, dass diese Entscheidung damals als sehr riskant galt.“ Jack Welch trat im September 2001 ab.

DIE BEDEUTUNG VON ENTSCHEIDUNGEN

„Das Wesen der endgültigen Entscheidung bleibt dem Beobachter verschlossen – und oft genug selbst dem, der die Entscheidung fällt ... Die Entscheidungen werden stets dunkle und verworrene Wege gehen – und selbst für jene ein Geheimnis bleiben, die direkt daran beteiligt sind“, sagte John F. Kennedy.[2]

Die Entscheidungen und die Entscheidungsfindung sind von einem Geheimnis umgeben. Es gibt eine eigene wissenschaftliche Disziplin, die Entscheidungstheorie, die es sich zum Ziel gemacht hat, die Prozesse zu verstehen, in denen Managemententscheidungen fallen. Die Theorie stützt sich im Wesentlichen auf die Konzepte früher Unternehmensforscher, die davon ausgingen, dass das menschliche Verhalten unter bestimmten Umständen logisch und daher vorhersagbar sei. Denker wie der Computerpionier Charles Babbage und Frederick Taylor, der Begründer der wissenschaftlichen Betriebsführung, gingen davon aus, dass der Entscheidungsprozess (so wie viele andere Dinge) rationalisiert und systematisiert werden könne. Ausgehend von dieser Prämisse entwickelten sie Modelle, um die Funktionsweise der Wirtschaft zu erklären. Diese Modelle wurden auch auf die Entscheidungsprozesse angewandt.

Der Glaube an die Entscheidungstheorie ist ungebrochen. Die meisten Managementbücher und -konzepte dienen dazu, Managern dabei zu helfen, bessere Entscheidungen zu fällen. Beispielsweise stellte das Konzept des strategischen Managements ein Modell dar, anhand dessen strategische Entscheidungen gefällt werden konnten. Unglücklicherweise erforderte dieses Modell die Sammlung riesiger Datenmengen. Die Folge war, dass sich begeisterte Manager nicht in bessere Entscheidungsträger, sondern in Datensüchtige verwandelten. Die Entscheidungen wurden immer weiter hinausgeschoben, da man immer noch mehr Daten sammeln wollte, um auch garantiert die richtigen Entscheidungen zu fällen. Diese Entwicklung brachte einen neuen Slogan hervor: „Paralyse durch Analyse“.

Nun verspricht eine Vielzahl von Modellen, Softwarepaketen und Analyseinstrumenten, die Entscheidungsfindung auf eine einfache Formel zu reduzieren. Die Entscheidungsmodelle beruhen auf der Annahme, dass die gebündelten Entscheidungen aus der Vergangenheit die Menschen in die Lage versetzen werden, richtige Entscheidungen zu fällen, welche die Lehren aus den Erfahrungen anderer beinhalten. Vielfach wird ein weitreichendes Versprechen abgegeben: Gib deine spezifischen Variablen ein, und auf Knopfdruck erscheint die richtige Antwort. Doch es ist ein gefährlicher Irrglaube, dass die von einem Softwarepaket gelieferte Lösung mit Sicherheit die beste Antwort darstellen wird.

Ob sie sich nun in einem Softwarepaket oder in einem Lehrbuch versteckt: die Entscheidungstheorie beruht auf der Annahme, dass eine effektive Entscheidungsfindung in einer feststehenden Reihe logischer Schritte erfolgen muss. In diesem Zusammenhang wird vom „rationellen Entscheidungsmodell" oder vom „synoptischen Modell" gesprochen. Es enthält mehrere aufeinander folgende Schritte: Identifizierung des Problems, Klärung des Problems, Gewichtung der Ziele, Entwicklung von Optionen, Bewertung der Optionen (aufgrund einer gründlichen Analyse), Vergleich der prognostizierten Ergebnisse der einzelnen Optionen mit den Zielen, und schließlich Wahl der Option, die den Zielen am ehesten entspricht. Diesen Modellen liegt eine Reihe von Annahmen bezüglich des Verhaltens zu Grunde, das Menschen zeigen werden, wenn sie mit bestimmten Umständen konfrontiert werden. Die Annahmen erlauben es den Mathematikern, auf Grundlage der Wahrscheinlichkeitstheorie Formeln abzuleiten. Einige Entscheidungsinstrumente beinhalten Elemente wie Kosten/Nutzen-Analysen, welche den Managern dabei helfen sollen, die unterschiedlichen Optionen zu bewerten.

So verlockend sie auch sein mögen: die Entscheidungstheorien sind durchwegs problematisch, weil die Realität häufig zu verwirrend und chaotisch ist, als dass ein in sich geschlossenes Modell ihr gerecht werden könnte. Der mathematische Ansatz schlägt sich in einer Reihe irriger Annahmen nieder, wie jener, dass die auf zutreffender Information beruhende Entscheidungsfindung stets schlüssig sein wird: frei von Emotionen und Vorurteilen sowie völlig rational. Ein weiterer offenkundiger Mangel sämtlicher Entscheidungsmodelle besteht darin, dass die Feststellung, worüber eine Entscheidung gefällt werden muss, häufig bedeutsamer ist als die Entscheidung an sich. Möglicherweise ist die Entscheidung zur Lösung eines Problems richtig – nur dass das falsche Problem gelöst wird.

In Wirklichkeit fällen Manager Entscheidungen aufgrund einer Kombination von Intuition, Erfahrung und Analyse. Da es unmöglich ist, Intuition und Erfahrung exakt zu messen, ist die Versuchung groß, die analytische Seite der Entscheidungsfindung in den Mittelpunkt zu rücken und der Wissenschaft den Vorzug vor der geheimnisvollen Kunst zu geben. (Die gesamte Managementberatung konzentriert sich darauf, die Entscheidungen auf Analysen zu stützen.) Selbstverständlich kümmert es die Manager in der Realität wenig, ob sie eine Kunst oder eine Wissenschaft praktizieren. Ihnen geht es lediglich darum, Probleme zu lösen und zu verlässlichen, fundierten Entscheidungen zu gelangen.

Das bedeutet nicht, dass die Entscheidungstheorie überflüssig wäre oder dass auf die Entscheidungsmodelle verzichtet werden sollte. Ganz im Gegenteil, denn eine Reihe von Faktoren macht die Entscheidungsfindung immer anspruchsvoller. Da die Komplexität im Wirtschaftsleben zunimmt, gibt es in den Unternehmen kaum noch einfach zu lösende Probleme. Komplexe Entscheidungen sind keine Domäne der hochrangigen Führungskräfte mehr, sondern werden von vielen anderen Mitgliedern der Organisation verlangt. Dazu kommt, dass die Manager eine wahre Flut von Informationen bewältigen müssen: In einer von Reuters durchgeführten Studie gaben 43 Prozent der befragten 1200 Manager aus aller Welt an, wichtige Entscheidungen würden hinausgezögert und ihre Entscheidungsfähigkeit werde durch ein Übermaß an Information beeinträchtigt.

Diese Faktoren legen den Schluss nahe, dass die Nachfrage nach Techniken, Modellen oder Analysewerkzeugen, die es den Managern ermöglichen, schneller fundiertere Entscheidungen zu fällen, weiter steigen wird. Früher gehörten die Modelle in die Domäne der Wirtschaftswissenschaftler und Strategen. Heute finden Systeme zur Unterstützung von Entscheidungen zunehmend in anderen Bereichen Anwendung. Einige dieser Systeme liefern die in einer gegebenen Situation am besten geeigneten Entscheidungen. Üblicherweise betreffen diese den besten Ressourceneinsatz. So kann beispielsweise eine Ölraffinerie ein Unterstützungssystem verwenden, um täglich die optimale Produktionsmenge festzulegen. Fluglinien arbeiten mit ähnlichen Programmen, um die Preisgestaltung je nach Marktsituation anzupassen. Andere Systeme versprechen eine Verbesserung der Entscheidungen aufgrund der vergangenen Resultate. Diese lernorientierten Modelle ermöglichen es Unternehmen, die gesammelten Daten und ihre Analysen zentral zu sammeln und direkt mit der Entscheidung in Zusammenhang zu bringen.

Es steht außer Zweifel, dass die Entscheidungstheorie und die Verwendung von Entscheidungsmodellen Manager in trügerische Sicherheit wiegen können. Sie können Entscheidungen, die in Wirklichkeit auf Voreingenommenheit oder unbestimmten Ahnungen beruhen, den Anschein von Legitimität verleihen. Der Nutzen von Entscheidungsmodellen muss dahin gestellt bleiben. Sie sind nie eine Garantie für richtige Entscheidungen, da sie nie universell anwendbar sind. Und keines dieser Modelle wird den Unwägbarkeiten des menschlichen Verhaltens gerecht.

DIE AUSWAHLKRITERIEN

Die vorliegende Auswahl der 75 besten Managemententscheidungen wurde aus allen geschichtlichen Epochen und aus aller Welt zusammengetragen. Spitzenmanager, Berater, Kommentatoren, Gelehrte und für eigenwillige Entscheidungen bekannte Personen aus der Geschäftswelt und anderen Bereichen wurden um Vorschläge gebeten. Wie nicht anders zu erwarten, gingen die Ansichten und Vorschläge weit auseinander.

Jim Collins, Co-Autor von *Built to Last*, entschied sich für sieben Schlüsselentscheidungen:

- Boeings Wette auf die 707 in den fünfziger Jahren.
- General Electrics Entscheidung, zu Beginn des 20. Jahrhunderts das erste industrielle Forschungs- und Entwicklungslabor zu errichten.
- Procter & Gambles Erfindung der Markenpolitik.
- 3Ms Entscheidung, seinen Wissenschaftlern die Freiheit zu gewähren, 15 Prozent ihrer Zeit in ein beliebiges Projekt zu investieren.
- Motorolas Entscheidung in den sechziger Jahren, sich aus seinen Kerngeschäften zurückzuziehen, um sich selbst zu stetiger Erneuerung zu zwingen.
- Philip Morris' Entscheidung, eine für Frauen bestimmte Zigarette mit einem Macho-Image zu versehen und einen Cowboy in den Mittelpunkt der Werbekampagne zu rücken.
- Sonys Entscheidung, eine Philosophie zu entwickeln, bevor es ein einziges Produkt zu verkaufen hatte.

Andere blickten weiter zurück. „Zu meinen Lieblingsentscheidungen zählt jene von General Douglas MacArthur, die japanische Wirtschaft wieder aufzubauen und insbesondere die Telekommunikation zu fördern", erklärt Daniel Wren. „Er hätte sich auch anders entscheiden können, doch dieser schicksalhafte Entschluss hatte zur Folge, dass Deming und Juran nach Japan gingen und dieses Land in einen ausgezeichneten Wettbewerber verwandelten."

Peter Cohan, Autor von *Technology Leaders*, führte ebenfalls eine Reihe großer Entscheidungen an, darunter jene von John D. Rockefeller, den Ölpreis zu stabilisieren, indem er die gesamte Raffinierungskapazität aufkaufte, und anschließend seine finanzielle Kraft einzusetzen, um billige Transportverträge mit den Eisenbahnen abzuschließen. „Diese zusammenhängenden Entscheidungen trugen dazu bei, Rockefeller zum reichsten Mann der Geschichte zu machen“ erklärt Cohan. Er führt auch Jeff Bezos Entscheidung an, Bücher über das Internet zu verkaufen und Amazon.com zu gründen.

Alex Knight von Ashridge Consulting schlug mir vor, historische Größen und die Wohltäter der Menschheit unter die Lupe zu nehmen. Zu den seiner Meinung nach genialsten Entscheidungen zählte die Peters des Großen, Russland umzukrempeln, ohne jemals einem Menschen von seiner Vision zu erzählen, des Weiteren Michail Gorbatschows Entschluss zur Beendigung des Kalten Krieges (indem er dem damaligen amerikanischen Präsidenten George Bush während des Hubschrauberfluges nach Camp David rundweg erklärte, er werde niemals den Befehl zum Abschuss von Atomraketen geben) und Nelson Mandelas Entscheidung, seinen Erzfeind Häuptling Butelezi für drei Tage zum Präsidenten Südafrikas zu ernennen, während er und Thabo Mbeki an einer Konferenz von Staatschefs teilnahmen.

Die Auswahl, die ich schließlich getroffen habe, ist erwartungsgemäß eklektisch und exzentrisch. Die einzige Verbindung zwischen den 75 ausgewählten Entscheidungen besteht darin, dass sie durchwegs erfolgreich waren und eine große Wirkung entfalteten.

Vielfach ist nicht ganz klar, wo eine Entscheidung eigentlich zeitlich anzusetzen ist. „Es ist eine verwirrende Tatsache, dass die meisten wichtigen Entscheidungen von Führungskräften nicht unmittelbar als solche erkennbar sind, sondern dass das Wissen über solche Entscheidungen lediglich aus der Anhäufung indirekter Belege abgeleitet werden kann“, schrieb Chester Barnard, einer der ersten Managementtheoretiker. „Auf diese Entscheidungen muss man weitgehend von den allgemeinen Ergebnissen, zu denen sie lediglich als einer von vielen Faktoren beitragen, sowie von symptomatischen, schwer zu greifenden Hinweisen schließen.“[3]

Die Geschehnisse in der Umgebung haben ebenso großen Einfluss auf die Entscheidungen wie die großen Vorhaben eines Unternehmens. Charles Moore studierte vier Jahre lang die Entscheidungsprozesse bei United Parcel Service und gelangte zu folgenden Ergebnissen: Gute Entscheidungen erfordern sehr viel Zeit und die Mitarbeit zahlreicher Personen; sie setzen die Freiheit zu abweichenden Meinungen voraus; sie kommen nur dort zustande, wo die Unternehmensspitze nicht auf einen künstlichen Konsens drängt; und sie müssen all jene einbinden, die für ihre Umsetzung verantwortlich sind.[4]

Henry Mintzberg definiert eine Entscheidung als „Bekenntnis zum Handeln“ und weist darauf hin, dass „viele Entscheidungen nicht leicht zeitlich oder örtlich definiert werden“ können. Im Mittelpunkt der vorliegende Auswahl von

Entscheidungen steht das *Handeln*.[5] Die hier gesammelten Entscheidungen hatten zur Folge, dass Dinge geschahen. Die größten Entscheidungen verändern etwas, indem sie beispielsweise neue Industrien schaffen, und verändern damit unser Leben.

Manche Entscheidungen verändern unser Leben, indem sie neue Normen, neue Verhaltensmodelle hervorbringen. „Ich würde Aaron Feuersteins Entscheidung nominieren, den Betrieb bei Malden Mills aufrechtzuerhalten, nachdem ein Großbrand im Jahr 1995 den Großteil der Produktionsanlagen zerstört hatte", meint Charles Manz. Feuerstein entließ keinen einzigen seiner 2400 Arbeiter und bezahlte die Belegschaft aus seiner eigenen Tasche weiter. „Die meisten Leute wären glücklich gewesen, an ihrem siebzigsten Geburtstag das Geld von der Versicherung zu bekommen und sich nach Florida zu verabschieden, aber das möchte ich nicht tun", erklärte Feuerstein. Zu jenem Zeitpunkt schien er eine zwar sehr moralische, doch geschäftlich unkluge Entscheidung gefällt zu haben. Doch dann gelang es Malden Mills, innerhalb von 90 Tagen wieder den vollen Betrieb aufzunehmen. Die engagierte und dankbare Belegschaft arbeitete so gut, dass die Produktivität in die Höhe schoss. Am Ende hatten die Mitarbeiter Feuerstein seine Investition zehnfach zurückgezahlt.

Feuersteins Entscheidung beinhaltete alles: ein großes Risiko, eine ausgeprägte ethische Haltung, Humanität und einen finanziellen Gewinn. Sie ist der Beweis dafür, dass Entscheidungen nicht nur den Kern des Managements bilden, sondern einen wesentlichen Bestandteil des Lebens darstellen. Zu entscheiden bedeutet zu leben. Manager leben, um zu entscheiden, und entscheiden, um sich ihren Lebensunterhalt zu verdienen.

HINWEISE ZUR VERWENDUNG DES BUCHES

Die 75 in diesem Buch beschriebenen Entscheidungen wurden zehn Kategorien zugeordnet (obwohl man auch von Unordnung sprechen könnte):

- Erfinder von Industrien
- Vielsagende Namen
- Die Magie des Marketing
- Das richtige Gefühl
- Mit gutem Beispiel voran
- Die schönsten Modelle
- Wie man vorankommt
- Wettbewerbsvorteile
- Geniale Ideen
- Die Bedeutung der Menschen

Im Anschluss an die 75 großartigsten werden noch einige nicht ganz so großartige Entscheidungen beschrieben, um dem Leser in Erinnerung zu rufen, dass man im Leben und selbstverständlich auch im Geschäftsleben häufiger Rückschläge als Triumphe erlebt.

Die Einträge zu den einzelnen Entscheidungen sind von unterschiedlicher Länge. Der Reiz der Sammlung liegt in der zugegebenermaßen eigenwilligen Mischung von Beispielen aus allen Epochen. Eine solche Sammlung kann niemals umfassend sein oder Allgemeingültigkeit für sich in Anspruch nehmen. Sie kann lediglich einige interessante Geschichten erzählen und praktische Lehren für die heutige Managementpraxis daraus ziehen. Ich hoffe, dass der Leser das Endresultat als Füllhorn lehrreicher Managemententscheidungen betrachten wird.

Anmerkungen

[1] International Management Symposium, London Business School, Oktober 1997.

[2] Allison, Graham T., *Essence of Decision: Explaining the Cuban Missile Crisis* (Little Brown, 1971).

[3] Barnard, Chester, *The Function of the Executive* (Harvard University Press, 1970).

[4] Foreman, Charles, „Managing a decision into being." Management Course for Presidents.

[5] Mintzberg, Henry; Langley, Ann; Pitcher, Patricia; Posada, Elizabeth; Saint-Macary, Jan, „Opening up decision making: the view from the black stool." In: *Organization Science,* Mai/Juni 1995.

Die 75 großartigsten Managemententscheidungen aller Zeiten

ERFINDER VON INDUSTRIEN

Im Jahr 1961 wurde Jean Nidetch in der Klinik für Fettleibige des New York Department of Health auf Diät gesetzt. Sie lud sechs Freundinnen, die ebenfalls abzunehmen versuchten, ein, sich einmal wöchentlich in ihrer Wohnung in Queens zu versammeln. Diese Entscheidung legte den Grundstein für die Weight Watchers und die Diätbranche.

Nur wenige dürfen sich rühmen, eine neue Industrie begründet zu haben. Wer das tatsächlich geschafft hat, hat seinen Platz im Pantheon der Wirtschaftsgiganten ziemlich sicher. Vor dem, der eine Industrie erfindet, verbeugt sich die Wirtschaftswelt. Doch obwohl viele berufen sind, werden nur wenige auserwählt.

In einigen Fällen sieht es so aus, als wäre alles ganz leicht gewesen. Im 19. Jahrhundert entschloss sich Andrew Carnegie, Stahl und Stahlerzeugungsprozesse aus Großbritannien in die Vereinigten Staaten zu importieren, um die hölzernen Eisenbahnbrücken durch stählerne Konstruktionen zu ersetzen. Die importierten Kenntnisse gaben den Anstoß zum Entstehen der amerikanischen Stahlindustrie, und Carnegie wurde zum Stahlbaron.

Bedauerlicherweise wirkt das verbleibende Geschäftsleben für denjenigen, der eine Industrie erfunden hat, oft nur noch wie ein Abstieg. Von dort oben ist es ein weiter Weg hinab in die Niederungen des Alltags. Das Dasein an der Spitze ist unbeständig und kurzlebig. Daher gilt, es den Ruhm zu genießen, wenn sich die Gelegenheit bietet.

Großartige Entscheidung Nr. 1

Im Jahr 100 v. Chr. verlor jemand in Theben einen Sklaven namens Shem. Der Besitzer entschloss sich, eine Anzeige aufzugeben, in der er demjenigen, der ihm den Sklaven wieder bringen würde, „eine ganze Goldmünze" versprach. Dies ist die älteste Werbeanzeige und der Vorläufer des modernen Werberummels.

Die Werbung ist ein Phänomen des 20. Jahrhunderts. Es ist unmöglich geworden, sich den allgegenwärtigen Überzeugungsversuchen zu entziehen. Man muss nur einmal versuchen, eine Straße hinunterzugehen, ohne auf Werbung in einer ihrer unzähligen Erscheinungsformen zu stoßen. Es ist unmöglich: Taxis sind mit Werbung verziert, auf jeder freien Fläche verkünden Werbetafeln ihre Botschaft, am Himmel ziehen Zeppeline mit Mitteilungen von Sponsoren ihre Bahnen, und auf der Jacke des Schülerlotsen prangt das Logo eines Autoherstellers. Es gibt sogar in Museen Ausstellungen mit beliebten Werbeplakaten aus der Vergangenheit. Und das alles hat mit Shem angefangen.

Die neueste Technologie wird eingesetzt, um die Werbung vollends unausweichlich zu machen. In den Supermärkten wird bereits ein Gerät getestet, das den Kunden beeinflussen soll, während er seinen Einkaufswagen durch die Regalreihen schiebt und darüber nachdenkt, was er als Nächstes in den Karren legen soll. Nähert sich der Kunde dem Katzenfutter, so fordert ihn eine Stimme auf, eine bestimmte Marke zu kaufen. Und das Internet ist nicht nur ein großartiges Kommunikationsmedium, sondern auch das globale Werbemedium schlechthin.

Inmitten all der Feiern für die schlauesten Werbefachleute einerseits und der nostalgischen Erinnerung an vergangene Zeiten der Verbraucherunschuld andererseits wird leicht vergessen, dass die Werbung aus einem einfachen Grund allgegenwärtig ist: Sie funktioniert. Mit Werbung verkauft man Produkte. Werbung kann glänzend, kreativ, fesselnd und teuer sein, doch sie ist nichts, sofern sie nicht den Absatz eines Produktes oder einer Dienstleistung erhöht.

Möglicherweise meinen wir, Behauptungen wie Tide wasche weißer oder Heineken erfrische Körperteile, von deren Existenz wir gar nichts wussten, überzeugten uns nicht, doch die Bilder und Slogans bleiben jahrzehntelang in unser Bewußtsein eingebrannt. Wir erinnern uns, und wir kaufen.

In der Werbung geht es ausschließlich darum, den Gewinn zu erhöhen, doch nebenbei sind Werbekampagnen auch zu kulturellen Bezugspunkten geworden. Wir kaufen Platten einfach deshalb, weil eine Melodie in einer Werbekampagne verwendet wurde und weil die Figuren aus der Werbung feste Bestandteile unseres Lebens geworden sind. Selbst die Frösche von Budweiser waren liebenswert. (Aus irgendeinem Grund gilt das im Allgemeinen für Frösche.)

Die Werbung in den Massenmedien wurde in den USA erfunden. Die Vereinigten Staaten sind die Heimat der USP, der Unique Selling Proposition. Der wichtigste Anhänger der „einzigartigen Verkaufsempfehlung“ war Rosser Reeves, der Doyen der Madison Avenue, jener weltberühmten Werbehochburg in New York. Es gibt eine berühmte Anekdote über diesen Mann: Ein Kunde kam in Reeves' Büro und legte zwei neue Münzen auf den Tisch. „Die linke ist meine“, erklärte der Kunde. „Beweisen Sie, dass sie die bessere ist.“ Dies ist das fundamentale Problem, das es in der Werbung zu bewältigen gilt: Die Werbefachleute müssen beweisen, dass etwas „besser ist“, ob sie nun Hundefutter verkaufen oder die Verbraucher davon überzeugen sollen, einen Vorsorgeplan bei einer bestimmten Bank zu erwerben. Rosser Reeves war dieser Aufgabe normalerweise gewachsen. Seinem Hirn entsprang der Slogan „Sie reinigt deinen Atem, während sie deine Zähne reinigt“, mit dem sich Colgate für Jahrzehnte eine marktbeherrschende Stellung sicherte, sowie „Erleichtert den Verzicht auf Abführmittel“, welche die Little Liver Pills von Carter berühmt machte. Am umstrittensten ist sein Beitrag zur gelungenen Werbung für Eisenhower, der im Jahr 1952 zum Präsidenten gewählt wurde.

Heute sind sich Unternehmen aus den unterschiedlichsten Branchen der Macht der Werbung bewusst und nutzen sie für sich. Die Liste der Unternehmen, die gewaltige Summen in Werbekampagnen investieren, wird immer länger. Skeptiker mögen darauf hinweisen, dass die Werbung nicht dazu dienen sollte, Präsidentschaftskandidaten oder Pensionspläne zu verkaufen. Die Werbebranche antwortet auf diesen Einwand üblicherweise mit der Feststellung, dass die Werbung ein ebenso wirkungsvolles Kommunikationsmittel wie die direkte Überzeugung ist. Fest steht, dass Beschränkungen für Werbung immer seltener werden.

Die Werbung ist in der Markenpolitik aufgegangen. Die Ursprünge einiger Weltmarken liegen in einer frühen Bereitschaft, in die Werbung zu investieren. Die Werbung steht in den Markenkriegen an vorderster Front. In Anbetracht ihrer Allgegenwärtigkeit verwundert es nicht, dass sie immer häufiger zum Thema von Kontroversen wird. Natürlich können solche Kontroversen genutzt werden, um öffentliche Aufmerksamkeit zu erregen und Produkte besser zu verkaufen: Man nehme beispielsweise die Benetton-Kampagnen, die ihre Botschaft ganz unverhohlen verkünden. Handelt es sich dabei um einen legitimen Versuch, das Bewusstsein zu wecken (wie das Unternehmen behauptet), oder um eine schamlose Schocktaktik, die lediglich dazu dienen soll, den Namen Benetton in unser Gedächtnis einzubrennen? Immer häufiger versucht die Werbung, an unsere Schuldgefühle zu appellieren. Auf den Plakaten einer Bank ist ein ölverschmierter Vogel zu sehen. Die Botschaft lautet, dass die Bank ihr Geld ethisch korrekt investiert. Dahinter versteckt sich eine zweite Botschaft: „Eröffnen Sie ein Konto bei uns, und Sie können dem Leiden von Tieren Einhalt gebieten."

Mag sein, dass solche Werbung dazu dient, eine legitime Debatte auszulösen, doch vielleicht geht sie auch einfach zu weit. Maurice Saatchi hat davor gewarnt, die Kreativität in der Werbung zu unterdrücken: „Richtlinien für Werbespots im Fernsehen. Beschränkungen für Werbung. Verbote sexistischer Werbung. Wo wird das enden? Vermutlich werden zur rechten Zeit Einwände gegen Waschmittelwerbung laut, mit der Begründung, man dürfe die Menschen nicht in den falschen Glauben versetzten, sie könnten ihre Kleider schmutzig machen und damit einfach so durchkommen."

Die Debatte über die Verantwortung der Werbebranche weitet sich aus. Das kanadische Höchstgericht entschied, das Verbot von Zigarettenwerbung stelle eine unzulässige Einschränkung der Redefreiheit dar. Die Frage muss allerdings lauten, wo die Redefreiheit an ihre Grenzen stößt.

In Anbetracht der Tatsache, dass die Werbung vielfach unerwünschte Kontroversen auslöst, verwundert es nicht, dass die Retro-Werbung in Mode gekommen ist. Man besinnt sich wieder auf die geschmacklosen, jedoch unumstrittenen Triumphe vergangener Kampagnen. Die Moden kommen, gehen und kehren erneut zurück – selbst in unseren auf Aktualität fixierten Zeiten des rasanten Lebensstils. Das bedeutet nicht, dass besonders schlaue oder intensive Werbung Fehlschläge in Erfolge verwandeln könnte. Unter dem Strich bleibt immer dasselbe: Die Werbung kann die Welt versprechen, aber sie muss stets Resultate liefern. Sie kann schockieren oder informieren, doch in jedem Fall muss sie verkaufen.

DIE WICHTIGSTEN LEHREN

Die Wirkungsweise der Werbung bleibt ein Geheimnis. Werbung wirkt. Selbstverständlich tut sie das. Doch das ewige Problem liegt in der Frage, welche Werbung wirkt und auf welche Art und Weise sie wirkt. Dieses Geheimnis vergrößert den Reiz des Gewerbes (und wir werden nie erfahren, ob Shem gefunden wurde oder nicht).

Werbung kann niemals vollkommen uniform sein. Einfluss und Reichweite der Werbung sind mittlerweile tatsächlich global, und die Werbekampagnen zielen heute nicht mehr auf einzelne Länder, sondern auf ganze Kontinente. Die Vorteile liegen auf der Hand. Wenn eine Werbekampagne, die in Italien funktioniert, auch in Finnland funktionieren wird, braucht man nicht zwei Werbekonzepte entwickeln. (Natürlich wirft die Arbeit in verschiedenen Sprachen beträchtliche Probleme auf, die niemals unterschätzt werden sollten. Beispielsweise konnte Nikes Slogan „Just do it" nicht einfach ins Französische übertragen werden. Die Kompromisslösung bestand in dem Slogan „Ta vie est à toi" (Dein Leben gehört dir). Jean-Noel Kapferer von Groupe HEC fand heraus, dass 29 Prozent der Unternehmen ihre Werbung globalisiert haben. Einige, etwa Nike und Gillette, führen globale Kampagnen durch, in denen sie nur kleine lokale Anpassungen vornehmen. Es ist eigentlich überall dasselbe, allerdings mit geringen Abweichungen – insbesondere für dich, für dich und für dich.

Im globalen Werbedschungel lauern viele Fallen, die sehr unterschiedliche Formen haben und häufig übersehen werden. Die Gesetzgebung ist ein Minenfeld. So dürfen etwa in Frankreich Tankstellen mit Supermärkten nicht im Fernsehen werben, weil der Handelssektor ein Werbeverbot durchgesetzt hat. Dazu kommen kulturelle Faktoren. Das Markforschungsunternehmen Mintel fand in einer Studie heraus, dass 22 Prozent der Franzosen ein Produkt wahrscheinlich ausprobieren werden, wenn es von einem Prominenten beworben wird. Die Briten bleiben von solchen Überzeugungsversuchen völlig unbeeindruckt: Lediglich ein Prozent der Befragten gab an, sich von einer Berühmtheit in ihrem Urteil beeinflussen zu lassen. Dies wirft natürlich die Frage auf, warum es in Großbritannien in der Fernsehwerbung nur so von zweitrangigen Berühmtheiten wimmelt.

Großartige Entscheidung Nr. 2

Mit seiner Entscheidung, den ersten für den Durchschnittshaushalt erschwinglichen Computer zu entwickeln, begründete Apple eine Industrie. Der Apple 1 führte zum Apple 2, auf den der VisiCalc und schließlich der erstmals im Jahr 1984 ausgelieferte Mac folgten. Und Apples Entscheidung ließ die Entscheidung von Xerox vergessen, die Entwicklung nicht voranzutreiben, obwohl seinem PARC-Forschungsteam der eigentliche Durchbruch in der neuen Technologie gelungen war.

Als Apple den iMac auf den Markt brachte, den Internet-Computer in futuristischem Design, mit dem das Unternehmen das auf dem Markt verlorene Terrain zurückzugewinnen hofft, prangte von den Werbeplakaten der Slogan „Chic, not geek" (Schick statt schräg). Unter diesen Worten standen das Apple-Logo und ein weiterer Slogan: „Think different." Die Kampagne versuchte, den ungebrochenen Charme von Apple auszuspielen.

Wie alle guten Computerunternehmen wurde auch Apple in einer Garage geboren. Im Jahr 1977 entwickelte Steve Jobs den Apple 1, den viele für den ersten echten Personal Computer halten. Jobs und sein Partner, das technische Genie Steve Wozniak, bastelten ihr erstes Gerät in einer Garage zusammen. Gemeinsam gründeten sie die Apple Company. Bald folgte der Apple 2, später der Apple Macintosh.

Eine Zeit lang war Apple das coolste Unternehmen in der Computerbranche und in der amerikanischen Wirtschaftswelt. Die für den Aufstieg des Unternehmens wichtigste Entscheidung bestand darin, den „Computer für jedermann" zu bauen. Das Unternehmen hatte Erfolg, und es hatte Stil. In einer Branche, in der das Design auf den Bau von Kästen beschränkt war, ragten die Maschinen von Apple aus der Masse heraus.

Anstatt die Befehle in eine Zeile eintippen zu müssen, klickten die Apple-Benutzer einfach mit der Maus leicht erkennbare Symbole an – zum Beispiel einen Papierkorb oder Aktenordner. Auf einmal brauchte man kein Informatikdiplom mehr, um einen Computer bedienen zu können. Andere Unternehmen folgten dem Beispiel Apples, vor allem Microsoft. Doch während Apple der Liebling der kreativen Welt blieb, erlangten Bill Gates und sein Team nie einen vergleichbaren Status in der Welt der Bilder. Vielleicht würde sich Microsoft größerer Beliebtheit erfreuen, hätte es ebenfalls in einer Garage das Licht der Welt erblickt.

Eine Weile hielt Apple 20 Prozent der Marktanteile. Wer einen Apple besaß, der hatte eine bestimmte Identität: die des Jeansträgers in Turnschuhen, der nichts mit den braven Schlipsträgern in den Unternehmen zu tun hatte. Apple hatte eine Philosophie.

Schließlich trennten sich die Wege der zwei Freunde. Wozniak verließ das Unternehmen und wurde Lehrer, während Jobs den Apple Macintosh entwickelte, mit dem er die Computerwelt zu erobern hoffte. Statt dessen setzte sich Bill Gates die Krone auf, denn sein Unternehmen Microsoft überzeugte 80 Prozent der Computerkäufer davon, sein Betriebssystem MS-DOS zu verwenden, anstatt einen Apple zu kaufen.

Viele Branchenkenner sind immer noch der Ansicht, dass Apple durchaus den Platz hätte erobern können, den Microsoft heute einnimmt. Diese Schlacht ist geschlagen, doch die Frage, ob Bill Gates die Auseinandersetzung gewonnen oder ob Steve Jobs den Sieg verschenkt hat, bleibt ungeklärt. Die Beobachter sind sich darin einig, dass einer der schwersten Fehler von Apple darin bestand, anderen Computerherstellern die Lizenz für sein Betriebssystem zu verweigern. Damit ließ Apple die Tür offen, durch die sich Microsoft mit MS-DOS hereinschlich.

Nach den Anfangserfolgen (deren revolutionärer Charakter nicht unterschätzt werden darf) führte eine Reihe von Fehlstarts, verpassten Gelegenheiten und Produktflops dazu, dass Apples Marktanteil schrumpfte, obwohl der Markenname weiterhin beträchtliche Anziehungskraft ausübte und die Apple-Benutzer große Markentreue bewiesen.

Eine Zeitung bezeichnete Jobs als „Huckleberry Finn der Unternehmenswelt“ (was die Frage aufwirft, wer der Tom Sawyer der Branche war), der dank seiner frühen Geschäftserfolge bereits ein Teil der amerikanischen Folklore geworden sei. Das Märchen fand im Jahr 1985 ein unwürdiges Ende, als John Sculley, der Chairman von Pepsi, der das trudelnde Computerunternehmen mit ein wenig unternehmerischem Know-how versorgen sollte, an die Stelle von Jobs trat.

Im Jahr 1993 wurde Sculley seinerseits ausgebootet, nachdem Apples Marktanteil von 20 auf 8 Prozent abgestürzt war. Sein Nachfolger war Michael Spindler, der bis 1996 blieb, als der Marktanteil auf 5 Prozent gesunken war. Apple stand kurz davor, für immer in der Versenkung zu verschwinden, denn nun stiegen auch seine treuesten Anhänger auf PCs um.

Also setzte man auch Spindler vor die Tür, und Gil Amelio nahm auf dem Schleudersitz Platz. Als Apples Marktanteil nach weiteren 500 Tagen auf 4 Prozent gesunken war, entschloss sich Amelio, Steve Jobs zurückzuholen. Da der Chefsessel nicht genug Platz für zwei Männer bot, nahm Amelio kurz darauf seinen Hut und machte sich an eine wirklich gewinnbringende Arbeit: er schrieb ein Buch über seine Erfahrungen bei Apple.

Nach dreizehn Jahren im Exil war Jobs also zurückgekehrt. Der Rebell, der einst das „Computerunternehmen mit einer Einstellung" gegründet hatte, war nun Apples letzte Hoffnung auf Rettung. Der Kreis hatte sich geschlossen. In der Zwischenzeit hatte sich die Welt verändert, doch die Marke Apple und der Stil seines berühmten Gründers passten noch immer gut zusammen.

DIE WICHTIGSTEN LEHREN

Unternehmen, die aus dem Nichts entstehen, können durchaus Erfolg haben. Jobs und Wozniak ergriffen die Gelegenheit und veränderten die Welt mit einer Kombination von Unverfrorenheit, Glück, technischer Brillanz und Verkaufsgeschick.

Stil ist alles. Mit dem iMac hat Apple möglicherweise seine erfinderische Originalität wieder entdeckt. Vom iMac, einer Vision in durchscheinendem Blau, wurden innerhalb von sechs Wochen 278 000 Stück verkauft, ein Ergebnis, das die Zeitschrift *Fortune* als „eine der heißesten Computereinführungen der Geschichte" bezeichnete. Der iMac und Jobs Rückkehr trugen dazu bei, dass sich der Preis der Apple-Aktie in weniger als einem Jahr verdoppelte.

Gestalte die Zukunft. Das brillante und ungeheuer erfolgreiche Unternehmen Apple war so sehr damit beschäftigt, Produkte zu liefern, dass es keine Zeit fand, über die Zukunft nachzudenken. Die Personalpolitik war katastrophal schlecht. Es wird noch darüber gestritten, wer der Architekt der (möglicherweise kurzen) Renaissance von Apple ist. Der gefeuerte CEO Gil Amelio behauptet, Jobs sei lediglich zum richtigen Zeitpunkt zurückgekehrt, während er, Amelio, das ins Trudeln geratene Unternehmen wieder auf Kurs gebracht habe. Amelios Argument lautet, er habe ein umgebautes Unternehmen mit 1,5 Milliarden Dollar auf der Bank und einer Reihe verblüffender neuer Produkte, zu denen auch der iMac zählt, hinterlassen.

Großartige Entscheidung Nr. 3

Henry Fords Entscheidung, sein eigenes Unternehmen zu gründen, führte zur Entwicklung der ersten Fertigungsstraße für die Massenproduktion, schuf einen Massenmarkt für Automobile, legte den Grundstein zur Entstehung eines Unternehmensriesen, veränderte die Auffassung von Entfernungen, zog die Entstehung einer Vielzahl weiterer Branchen nach sich und begründete eine neue Methode der industriellen Produktion.

Henry Fords Entschluss, zur Massenproduktion überzugehen, zählte zu den am häufigsten genannten Managemententscheidungen bei meinen Nachforschungen. Es dürfte schwierig sein, eine andere Entscheidung zu finden, die derart weit reichende Auswirkungen hatte.

Zunächst zur Geschichte. Henry Ford (1863–1947) war ursprünglich Rennfahrer. Er ging einige Zeit bei einem Maschinenschlosser in die Lehre, arbeitete als Uhrmacher und Mechaniker. Im Jahr 1896 baute er sein erstes Auto. Er gelangte bald zu der Überzeugung, dass dieses Fahrzeug kommerzielles Potential habe, und gründete im Jahr 1903 sein eigenes Unternehmen. (Dies war durchaus keine ungewöhnliche Entscheidung: zwischen 1900 und 1908 wurden in den Vereinigten Staaten mehr als 500 Unternehmen gegründet, deren Zweck darin bestand, Autos herzustellen.) Fords erstes Auto war das „Model A". Ein Jahr später verkaufte er bereits 600 Stück pro Monat. Im Jahr 1908 verließ das erste „Model T" die Fabrik. Dank des innovativen Einsatzes neuer Techniken der Massenproduktion gelang es Ford, zwischen 1908 und 1927 15 Millionen Fahrzeuge dieses Typs zu produzieren. Zu diesem Zeitpunkt war Fords Fabrik in Highland Park (Michigan) bereits zur größten in der Welt aufgestiegen; mehr als 14.000 Menschen arbeiteten in der Anlage, die sich auf einer Fläche von 23 Hektar erstreckte. Und Ford sah die Welt als seinen Markt. Schon früh begann er mit der Gründung internationaler Tochterunternehmen. Die erste ausländische Verkaufsniederlassung in Frankreich wurde 1908 eröffnet, und 1911 begann Ford, in Großbritannien Autos herzustellen.

Im Jahr 1919 gab Ford die Unternehmensleitung an seinen Sohn Edsel ab. Zu diesem Zeitpunkt produzierte Ford ein Auto pro Minute. Im Jahr 1923 wurde mit 2 120 898 Autos ein Verkaufsrekord aufgestellt. Zu dieser Zeit lag der Marktanteil von Ford bei mehr als 57 Prozent.

Ford hatte Verehrer in allen Gesellschaftsgruppen. Im Jahr 1934 schrieb der berüchtigte Bankräuber Clyde Barrow einen Brief an ihn:

Sehr geehrter Herr,
solange ich noch Luft in den Lungen habe, möchte ich Ihnen sagen, was für ein wunderbares Auto Sie bauen. Ich habe stets nur den Ford gefahren, wenn ich mit einem abhauen konnte. Kein anderes Auto kann es mit dem Ford aufnehmen, weil er seine Geschwindigkeit beständig hält und nie Probleme macht. Mein Geschäft ist zwar nicht ganz legal, aber es tut niemandem weh, wenn ich Ihnen sage, was für ein feines Auto Sie mit dem V-8 gebaut haben.
Mit Hochachtung,
Clyde Champion Barrow

Henry Ford entwickelte die Massenproduktion nicht, weil er den fortschrittlichsten Produktionsmethoden blind vertraute. Er war kein Nachahmer Frederick Taylors, des Erfinders der wissenschaftlichen Betriebsführung. (Der einzigartige Ford war eigentlich kein Nachahmer von irgendjemand.) Ford glaubte an die Massenproduktion, weil sie es ermöglichte, Autos zu bauen, die sich die Leute leisten konnten. Und genau das tat er – mit überwältigendem Erfolg. Es gab eine Zeit, da hatte das Unternehmen Barreserven von einer Milliarde Dollar (was Ford nicht davon abhielt zu erklären: „Ein Unternehmen, das nichts anderes als Geld macht, ist ein armseliges Unternehmen.“)

Forts Geniestreich war die Erkenntnis, dass ein Massenmarkt für das Auto existierte; nun musste er nur noch die Produkte liefern, die dieser Markt verlangte. Das Modell T war schwarz, einfach und preiswert. Autos mit einem vernünftigen Preis erforderten Massenproduktion. Um die Kosten zu senken, musste man die Effizienz erhöhen und alles standardisieren, so dass mehr Autos produziert werden konnten. Ford verfolgte diese Strategie mit der für ihn typischen Gründlichkeit. Alfred Sloan, legendärer Leiter von General Motors, erklärte dazu: „Fords Fließbandproduktion, die hohen Mindestlöhne und das preisgünstige Auto waren revolutionär und zählen zu den bedeutendsten Beiträgen zu unserer Industriekultur. Sein Grundkonzept eines Autos, von dem nur ein praktisches Modell mit einem immer weiter sinkenden Preis erzeugt wurde, war genau das, was der Markt, insbesondere der ländliche Markt, zu jener Zeit brauchte.“

Ford war ein exzentrisches Genie mit einem untrüglichen Gespür für den richtigen Zeitpunkt. Er zählte nicht zu den liebenswertesten Zeitgenossen, doch er war zu großartigen geschäftlichen Leistungen fähig. Im Mai 1927, als das Modell T mit der Nummer 15 000 000 vom Band gelaufen war, stoppte Ford die Produktion. Das Modell T gehörte der Vergangenheit an, doch das Problem war, dass niemand wusste, was als Nächstes kommen würde. Es herrschte Stille. Die Spannung stieg. Im November gab Ford schließlich bekannt, das Modell A auf den Markt zu bringen. Im Dezember 1927 wurde das erste Exemplar verkauft. Innerhalb von sechs Wochen trafen bei Ford 750 000 Bestellungen ein. Die dramatische Ausmusterung des Modell T und die sechs Monate dauernde Zwischenphase bis zur Einführung des neuen Modells stellen eine unvergleichliche Bravourleistung des Marketing dar.

DIE WICHTIGSTEN LEHREN

Entwickle eine Vision. Im Jahr 1907 verkündete Ford sein Ziel, „ein Automobil für die Masse zu bauen... Sein Preis wird so niedrig sein, dass sich jedermann mit einem anständigen Gehalt dieses Auto leisten können wird, um mit seiner Familie die Segnungen von vergnüglichen Stunden in Gottes weiter Natur zu genießen... Jedermann wird in der Lage sein, sich ein solches Fahrzeug zu kaufen. Das Pferd wird von unseren Straßen verschwinden, und das Automobil wird zu einer Selbstverständlichkeit werden." An Fords Entschlossenheit zur Senkung der Preise kann kein Zweifel bestehen. Zwischen 1908 und 1916 senkte er die Preise um 58 Prozent – und das zu einer Zeit, als die Nachfrage derart hoch war, dass er die Preise ohne weiteres hätte erhöhen können. Warum tat er das? Weil er eine Vision hatte.

Unflexibilität treibt Unternehmen in den Ruin. Ford hielt strikt an seiner Politik der Massenproduktion und der begrenzten Auswahl fest. Da er dem Markt gegeben hatte, was dieser gewollt hatte, nahm er an, dass der Markt weiterhin dasselbe wolle. Es wird berichtet, dass er eine geringfügig modifizierte Variante des Model T in Stücke schlug, weil er unerschütterlich an die einheitliche Version glaubte. Während andere Hersteller Extras hinzufügten, blieb Ford bei seinem einfachen Design – und musste dramatische Verluste hinnehmen. Das Festhalten am Model T trieb das Unternehmen beinahe in den Ruin.

Die Gründe für dieses Verhalten erklärte Ted Levitt in seinem Artikel „Marketing Myopia", in dem er Fords Vorgehen aus Sicht des Marketing einer Neubewertung unterzog. „Branchen, in denen die Massenproduktion regiert, werden von dem starken Drang angetrieben, so viel wie möglich zu produzieren. Die meisten Unternehmen können der Aussicht auf drastisch sinkende Stückpreise bei steigender Produktion kaum widerstehen. Die Gewinnaussichten sind atemberaubend. Alle Anstrengung gilt der Optimierung der Produktion. Die Folge ist, dass das Marketing vernachlässigt wird." Schließlich wird die Konzentration auf das Produkt übermäßig groß, weil das Produkt das Primat von Messung und Analyse begünstigt.

Großartige Entscheidung Nr. 4

Als es ihm nicht gelang, Montgomery Ward zum Eintritt in das Einzelhandelsgeschäft zu bewegen, wechselte Robert E. Wood im Jahr 1924 zu Sears Roebuck. Sears-Chef Julius Rosenwald fand Gefallen an Woods Idee, in den Einzelhandel einzusteigen. 1925 eröffnete Sears seinen ersten Einzelhandelsmarkt – und wurde zur größten Handelskette der Welt.

Julius Rosenwald brachte dem noch unerfahrenen jungen Unternehmen Sears Roebuck die Spielregeln des Geschäftslebens bei. Bis zu seiner Ankunft war das Unternehmen mit unternehmerischer Begeisterung geführt worden – aber das war es auch schon. Rosenwald erschloss neue Dimensionen für Sears. Im Jahr 1906 eröffnete Sears Roebuck in Chicago eine Anlage für den Versandverkauf. Mit einer Fläche von 28 Hektar war dieser Umschlagplatz das größte Geschäftsgebäude der Welt. Doch die Effizienz konnte nicht mit der Größe mithalten. Der Betrieb von Sears war chaotisch und ineffizient. Manchmal erhielten die Kunden fünf Artikel, wo sie einen bestellt hatten, oder die georderten Waren wurden überhaupt nie geliefert. Die Logistik war eine Albtraum.

Doch das Unternehmen machte seine Hausaufgaben. (Dies war an sich bereits ein entscheidender Schritt.) Man führte einen Zeitplan ein, dem zufolge die Lieferung innerhalb einer bestimmten Zeit nach Eintreffen der Bestellung hinausgehen musste. Ein System von Förderbändern und Rutschbahnen verband den Wareneingang mit dem Warenausgang. Angeblich wurde Henry Ford bei einem Besuch im Versandlager von Sears Roebuck zur Einführung seiner Methoden der Massenproduktion angeregt.

Die nächste Herausforderung für das Unternehmen bestand darin, sich der wachsenden Konkurrenz seitens der Einzelhandelsketten zu erwehren, die den Katalogverkauf von Sears schwer traf. Der Übergang von der ländlichen zur städtischen Gesellschaft war bereits im Gang: im Jahr 1920 überstieg die städtische Bevölkerung in den USA erstmals die ländliche. Damit schrumpfte natürlich auch der Kernmarkt von Sears beträchtlich.

Robert E. Wood (1879–1969) kam im Jahr 1924 zu Sears Roebuck. Bei Montgomery Ward war sein Vorhaben, Einzelhandelsmärkte einzurichten, auf taube Ohren gestoßen, doch Julius Rosenwald fand Gefallen an der Idee. Er unterstützte Wood. 1925 eröffnete Sears seinen ersten Einzelhandelsmarkt und wurde rasch zum größten Händler der Welt. Bis 1928 war das Einzelhandelsnetz von Sears auf 192 Niederlassungen angewachsen. Die rasante Expansion wurde vorangetrieben. In einem einzigen Jahr in den Zwanzigern wurde an jedem

Werktag ein neues Sears-Geschäft eröffnet. Im Jahr 1931 machte das Unternehmen den Großteil seines Geschäfts mit den Einzelhandelsmärkten.

Der Rest der Geschichte ist weniger strahlend. Der Untergang von Imperien ist im Handel ebenso unvermeidlich wie anderswo. Dennoch ist Sears auch heute noch eine Macht im Einzelhandel. Es betreibt 833 Kaufhäuser und mehr als 1300 andere Verbrauchermärkte und verkauft eine breite Palette von Produkten in selbständigen Läden.

DIE WICHTIGSTEN LEHREN

Werbe gute Leute von der Konkurrenz ab. Rosenwald erkannte eine gute Idee und einen guten Mann und holte Wood an seine Seite.

Stecke dir neue Ziele. Sears hätte leicht ein Versandhaus für den ländlichen Raum bleiben können. Es war eine gute Entscheidung von Richard Sears, Rosenwald in das Unternehmen zu holen. Rosenwald eröffnete dem Unternehmen nach seinen Anfangserfolgen einen neuen Horizont. Unglücklicherweise konnte das hohe Tempo, mit dem das Unternehmen expandierte und neue Konzepte verfolgte, nicht aufrecht erhalten werden.

Großartige Entscheidung Nr. 5

Im Jahr 1850 setzte Julius Reuter Brieftauben ein, um zwischen dem Ende der belgischen Telegraphenleitung in Brüssel und dem Anfang der deutschen Leitung in Aachen rasch die aktuellen Aktienpreise zu übermitteln. Damit tat er den ersten Schritt zur Entwicklung der Nachrichten- und Informationsbranche.

Im Jahr 1850 gründete Julius Reuter (1816-99) ein Unternehmen, um eine Lücke von 122 Kilometern im Telegrafennetz zwischen Belgien und Deutschland zu schließen. Diese Lücke war tatsächlich auch eine Marktlücke. Reuters Unternehmen beruhte auf einer einfachen Erkenntnis: Die Kunden würden bereit sein, für pünktliche und zutreffende Information zu bezahlen. Reuter setzte Brieftauben ein, um Aktien- und Rohstoffpreise vom Ende der belgischen Telegrafenleitung in Brüssel zum Anfang der deutschen Leitung in Aachen zu übermitteln.

Wer wichtige Informationen frühzeitig erhielt, konnte an den europäischen Aktienmärkten und Warenbörsen ein Vermögen verdienen. Diejenigen, deren Geld auf dem Spiel stand, mussten sich darauf verlassen können, dass ihre Informationen zutreffend waren. Sie waren bereit, sehr viel Geld für frühe Nachrichten aus einer zuverlässigen Quelle zu bezahlen – auch wenn diese Nachrichten von einer Taube überbracht wurden. Das entscheidende Geschäft zur Begründung einer neuen Branche schloss Reuter mit Heinrich Geller ab, der sich unter anderem als Brauer, Bäcker und Taubenzüchter betätigte. Geller lieferte zunächst 45 ausgebildete Brieftauben. Später verpflichtete er all seine Tauben – insgesamt 200 Stück – zum Dienst bei Reuter.

Die Vögel wurden jeden Tag mit dem Zug nach Brüssel gebracht. Im Morgengrauen des folgenden Tages begannen sie mit Botschaften beladen ihren Rückflug. (Jede Nachricht wurde mit drei Vögeln übermittelt, um die Lieferung sicherzustellen.) Nach der Landung in Gellers Haus in Aachen wurden die Botschaften rasch in Reuters Büro gebracht, um sie telegraphisch an die Empfänger in ganz Deutschland weiterzuleiten.

In späteren Jahren, als die Lücke im Telegrafennetz kleiner wurde, verwendete Reuter an Stelle der Tauben Pferde. Am 16. April 1851 wurde die durchgehende Leitung eröffnet, womit Reuters brillant konzipiertes Monopol der Vergangenheit angehörte.

Unverdrossen zog Reuter nach London, ins Finanzzentrum der viktorianischen Welt. Reuter hatte erkannt, dass Nachrichten eine wertvolle Massenware darstellten. In London gründete er seine berühmte Nachrichtenagentur. Bis zum

Ende der fünfziger Jahre war es ihm gelungen, Standards für die Sammlung und Verbreitung von Nachrichten zu setzen. Reuter machte es sich zum Ziel „die Nachricht als erster zu bringen“. Über die Geschwindigkeit setzte er Genauigkeit, und neben die Genauigkeit stellte er die gleichberechtigte Versorgung. Objektive Berichterstattung ist schwierig, doch genau dafür wurde Reuters berühmt. Noch heute beruht die Stärke des Unternehmens auf den zentralen Werten, die ihm sein Gründer damals einimpfte.

Reuter begann, führende britische Zeitungen mit Nachrichten über Ereignisse auf dem europäischen Kontinent zu versorgen. Schließlich überzeugte er sogar die *London Times* davon, seine Berichte zu veröffentlichen. Diese Vereinbarung eröffnete ihm die Möglichkeit, seine Marke aufzubauen. Zum ersten Mal tauchte Reuters Name als Quelle unter Nachrichten auf. Das war ein Meilenstein auf dem Weg zur Informationsmarke.

Zu den ersten Knüllern von Reuters zählte die Zusammenfassung einer Rede des Königs von Sardinien, die große Bedeutung für die Vereinigung Italiens hatte. Die Erklärung des Königs war in England noch am selben Tag zu lesen. Der Bericht des eigenen Korrespondenten der *Times* erschien erst vier Tage später. (Eine weitere Exklusivmeldung, die Reuter fälschlich zugeschrieben wurde, betraf eine Rede, die Napoleon III. wenige Tage vorher gehalten hatte; in diesem Fall hatte jedoch die *Times* die Nase vorn gehabt.)

Ein Jahrhundert lang war Reuters praktisch die Nachrichtenagentur des britischen Empire. Dies ermöglichte dem Unternehmen in der ersten Hälfte des 20. Jahrhunderts eine rasche Expansion. Als die Macht des Empire schwand, ging Reuters dazu über, Wirtschaftsinformationen an die Investoren der Welt zu liefern. Ende der achtziger Jahre erzielte das Unternehmen in diesem Geschäft jährliche Gewinne von 420 Millionen Dollar vor Steuern.

Julius Reuter starb im Jahr 1899. Das humoristische Magazin *Punch* beklagte seinen Tod mit folgendem Vers:

They need full epitaph, whose fame
Were else oblivion's easy prey;
'Tis here unneeded, when each day
A myriad prints bear Reuter's name.

(Der, dessen Name ansonsten leichte Beute der Vergessenheit wäre,
braucht einen langen Nachruf.
Dies ist hier nicht nötig, tragen doch jeden Tag
Ungezählte Botschaften Reuters Namen.

DIE WICHTIGSTEN LEHREN

Information bedeutet Macht. Und frühzeitige Information bedeutet noch mehr Macht. Reuters einfache Erkenntnis hat unverändert Gültigkeit. Fragen Sie Michael Bloomberg. Sein Medien- und Kommunikationsimperium beruht auf derselben Erkenntnis.

Chancen schlummern überall. Julius Reuter war vor allem ein Unternehmer. In einer anderen Zeit hätte er sein Glück gemacht, indem er eine andere Chance genutzt hätte.

Die Zeit ist wesentlich. Julius Reuter war vielleicht nicht der Erste, der sagte: „Je schneller, desto besser." Doch dieses Motto war mit Sicherheit ganz in seinem Sinn.

Ein zeitweiliges Monopol ist das Ziel jedes Unternehmens. Im Unternehmenshimmel wartet das Monopol. Auf dieser Erde dauern Monopole zumeist nicht sehr lang. (Und solange es sie gibt, macht man besser kein allzu großes Aufheben darum.)

Großartige Entscheidung Nr. 6

Ende der siebziger Jahre lag die einst große Uhrenindustrie der Schweiz in den letzten Zügen. Doch dann entschlossen sich die Schweizer Hersteller in einem letzten Rettungsversuch, zusammenzuarbeiten, um eine Antwort auf die Herausforderung durch die Billiganbieter zu finden. Das Ergebnis war die Swatch. Praktisch über Nacht erwachte die vor sich hin dösende Schweizer Uhrenindustrie zu neuem Leben. Der einfache Zeitmesser wurde zu einem Modeartikel, und der Anteil der Schweizer Produzenten am Weltmarkt stieg von 15 auf über 50 Prozent.

Die Geschichte der Swatch ist ein klassisches Beispiel für einen Triumph über widrige Umstände. Im Jahr 1983 war der Anteil der Schweizer Uhrenproduzenten am Weltmarkt, der Mitte der siebziger Jahre noch 30 Prozent betragen hatte, auf 9 Prozent gesunken. Die Schweizer hatten also in weniger als einem Jahrzehnt zwei Drittel ihres Marktes verloren. Und als die Welle der japanischen Uhren über sie hereinbrach, verloren die Schweizer sogar ihre traditionellen Bastionen im Qualitätssegment. Der Untergang der einstmals besten Uhrmacher der Welt schien unmittelbar bevorzustehen.

Die Rettung kam in letzter Minute. Die führenden Hersteller entschlossen sich, ein Konsortium zu bilden. Dies erhielt die Bezeichnung ASUAG-SSIH und wurde später mit Hilfe des Geschäftsmannes Nicolas Hayek (geb. 1928) reformiert und in die SMH Schweizerische Gesellschaft für Mikroelektronik umgewandelt. Schließlich erhielt das Konsortium die Bezeichnung Swatch Gruppe. Die Schweizer Hersteller gelangten zu dem Schluss, es sei besser, gemeinsam und mit fliegenden Fahnen unterzugehen, als sich ängstlich in die Isolation zu fügen und zuzusehen, wie ihr Markt vollkommen zusammenbrach.

Die entscheidende Idee hatten Ernst Thomke, damaliger Präsident von ETA SA, und ETAs leitender Ingenieur Jacques Muller. Thomke war der Erfinder der Delirium, der damals schlanksten Uhr der Welt. Er schlug vor, eine preisgünstige Version der Delirium auf den Markt zu bringen, um der japanischen Bedrohung entgegenzutreten. Thomke war es auch, der die technischen Spezifikationen der ursprünglichen Swatch sowie das entscheidende Marketingkonzept entwickelte.

Beim Bau der ersten Swatch musste eine Reihe von Hindernissen überwunden werden. Zum einen musste Thomke insgeheim die Patentrechte für die Herstellung einiger Schlüsselkomponenten seiner gewagten Schöpfung erwerben. Ein weiteres Problem bestand darin, dass es den traditionellen Produktionsanlagen in der Schweiz verboten war, Spulen zu erzeugen oder mit Kunststoff zu arbeiten.

Für Forschung und Entwicklung galt strengste Geheimhaltung. Nicolas Hayek, der der Uhrenindustrie als Berater zur Seite stand, unterstützte das Projekt und hatte wesentlichen Anteil daran, dass die Produktion in der Schweiz blieb. Im Jahr 1986 wurde Hayek zum Leiter der aus der Fusion von ASUAG und SSIH entstandenen Swatch Gruppe ernannt. Das Hauptquartier dieser Gruppe, die auch die Marken Blancpain, Omega, Longines, Rado, Tissot, Certina, Mido, Hamilton, Balmain, Calvin Klein, Flik Flak und Lanco vermarktet, befindet sich in Biel-Bienne. (Thomke verließ Swatch im Jahr 1992 nach einer Auseinandersetzung mit Hayek und wurde zum Schweizer Turnaround-Experten.)

Der erste Versuch, das neue Produkt in den Vereinigten Staaten einzuführen, scheiterte im Jahr 1982 kläglich. Erst als die Swatch als „Zweituhr" mit dem Slogan „Sie haben eine Zweitwohnung, warum also nicht auch eine Zweituhr?" beworben wurde, setzte sie sich bei den Konsumenten durch.

Die Bezeichnung „Second watch" wurde auf „S-Watch" und schließlich auf Swatch verkürzt. Das einfache Grundkonzept bestand darin, die Uhr in ein austauschbares Modeaccessoire oder sogar in ein Wegwerfprodukt zu verwandeln.

Die Folge war, dass die Swatch eine sehr einfache Uhr wurde. Das erste Modell hatte weniger als 50 Teile, sehr viel weniger als jede vergleichbare Quarzuhr. Eine traditionelle mechanische Uhr hatte mehr als 125 Teile. Dem geringen technischen Anspruch standen leuchtende Farben und laufend wechselnde Stile und Varianten gegenüber. Die Leute, die hinter dieser neuen Uhr steckten, setzten auf die Hypothese, dass den Verbrauchern die Zahl der Teile vollkommen gleichgültig sein werde, während sie für die neuartige Vielfalt der Swatch-Modelle schwärmen würden.

Dass die Marke Swatch stets modern bleibt, verdankt sie seit jeher der Geschwindigkeit, mit der sie durch neue Designs und neue Technologie bereichert wird. So wurden in den letzten Jahren neben den klassischen Plastikuhren neue Entwicklungen auf den Markt gebracht. Es wurden innovative Modelle eingeführt, darunter die Chrono und die Irony (eine Metalluhr, ein ironischer Kontrapunkt zum Swatch-Konzept).

Zu den weiteren Innovationen zählen die mit Licht betriebene Swatch Solar, die mit einer melodischen Weckfunktion ausgestattete Swatch MusiCall und die weltweit erste Uhr mit einem eingebauten Pager, die Beep Swatch. Eine weitere typische Swatch-Innovation ist die Access, die über eine eingebaute Zugangskontrollfunktion verfügt und in vielen Skigebieten der Welt als Skipass verwendet werden kann. Die vielleicht interessanteste Entwicklung von Swatch ist das Miniauto, dass das Unternehmen gemeinsam mit Mercedes entworfen hat.

DIE WICHTIGSTEN LEHREN

Erfinde alte Produkte neu, um neue Märkte zu schaffen. Die Swatch wurde nicht von schweizerischen Handwerkern, sondern von Robotern gebaut. Die Produktionskosten waren gering. Die Uhren wurden in Plastikgehäuse eingeschweißt. Die Möglichkeit einer Reparatur wurde nie in Erwägung gezogen. Anders als frühere Uhren aus der Schweiz war die Swatch nicht dafür gedacht, von Generation zu Generation weitergegeben zu werden; vielmehr stellte sie die Wegwerfuhr schlechthin dar. Die Konsumenten wurden ermutigt, ihre alte Swatch wegzuwerfen und sich eine neue zu kaufen. Im Mittelpunkt der Markenpositionierung stand der Reiz eines laufend erneuerten Designangebots. Zum ersten Mal trug man in jeder Saison eine neue Uhr.

Das Design ist alles beherrschend. In einer Industrie, in der der gute Ruf davon abhing, dass man an alten Werten festhielt, hob sich die Swatch dadurch von den Konkurrenzprodukten ab, dass sie anders, frech und lustig war. Das Geheimnis der Stärke dieser Marke lag in der unablässigen Innovation. Neue Designs und Farben, die anfangs alle sechs Monate und später noch häufiger ausgetauscht wurden, waren eine Garantie für Wiederholungskäufer. Die aggressive Preisgestaltung – die Uhren kosteten zwischen 25 und 35 Dollar – gewährleisteten, dass die Uhren für junge Leute erschwinglich waren. Die Formel funktioniert heute noch. Bis 1997 waren mehr als 200 Millionen Stück verkauft worden. Swatch ist mittlerweile auf 72 Märkten in aller Welt aktiv.

Großartige Entscheidung Nr. 7

Im Jahr 1981 entschloss sich Bill Gates, IBM die Lizenz für sein Betriebssystem MS-DOS zu überlassen; dafür musste IBM auf die Kontrolle über die Lizenz für alle nicht von IBM hergestellten PCs verzichten. Diese Entscheidung legte den Grundstein für Microsofts kometenhaften Aufstieg und IBMs Absturz.

Wir haben es alle schon einmal versucht: Wir alle haben schon einmal geblufft, um den Eindruck zu erwecken, wir befänden uns in einer sehr viel besseren Verhandlungsposition als jener, die wir tatsächlich innehatten. Vielleicht war es das, was Bill Gates durch den Kopf ging, als er das Gesicht der Computerbranche veränderte.

Im Mittelpunkt der Geschichte stehen der Scharfblick, die Vision und die Anpassungsfähigkeit von Gates und seinem Partner Paul Allen, sowie die Trägheit von IBM. Obwohl es das beherrschende Computerunternehmen auf diesem Planeten war, kam IBM mit dem PC spät aus den Startlöchern. Das Unternehmen, das das Großrechnergeschäft beherrschte, erkannte nicht, welche Chance – und Bedrohung – der Personal Computer darstellte. Als sich Big Blue im Jahr 1980 entschloss, in das PC-Geschäft einzusteigen, war Apple, der Vorreiter in der Entwicklung des Desktop-Computers, bereits zu einem Unternehmen mit einem Umsatz von 100 Millionen Dollar aufgestiegen.

Frank Cary, zu jenem Zeitpunkt Chairman von IBM, befahl seinen Leuten, bis August 1981 einen IBM-PC zu bauen. Doch die Ingenieure, die bereits dazu verurteilt waren, der Entwicklung hinterherzulaufen, begingen zwei fundamentale technische Fehler, die beide ein und derselben Entscheidung entsprangen: nämlich der, zwei wesentliche Elemente der neuen Maschine – den Mikroprozessor, der das Herz des neuen PC darstellen würde, sowie das Betriebssystem – zuzukaufen. Intel erklärte sich bereit, die Chips zu liefern, und ein kleines, relativ unbekanntes Softwareunternehmen aus Seattle stellte das Betriebssystem bereit.

Die Manager von Big Blue glaubten, lediglich Zeit zu sparen, indem sie eine Entwicklung, die keine Kernaktivität darstellte, an einen kleinen Subunternehmer vergaben. Schließlich waren sie im Hardwaregeschäft tätig, wo das wirkliche Geld verdient wurde. Ohne einen Kasten von IBM war das Produkt von Microsoft bedeutungslos. Zumindest dachte man das bei IBM.

Doch Bill Gates sah sehr deutlich, was IBM verborgen blieb. Im Geschäft mit Computern stand eine Umwälzung bevor, das, was die Managementtheoretiker als „Paradigmenwechsel“ bezeichnen. Gates verstand, dass nicht die Hardware, sondern die Software den Schlüssel zur Zukunft darstellte. Die alte Garde von IBM war nicht in der Lage, das zu erkennen. Auch wusste Gates, dass er die Macht des Marktführers IBM brauchte, um eine „Plattform", das heißt einen allgemein gültigen Standard für die Softwareanwendungen durchzusetzen. Bei dieser Plattform handelte es sich um Q-DOS – ein Betriebssystem, das Microsoft für 50 000 Dollar von einer anderen Softwarefirma gekauft und auf den Namen MS-DOS umgetauft hatte. Doch auch Gates konnte unmöglich eine Vorstellung davon haben, wie lukrativ das Geschäft tatsächlich für sein Unternehmen werden würde.

Bill Gates war intelligent genug zu erkennen, dass er sein Betriebssystem zum Branchenstandard machen konnte, wenn er seine Karten richtig ausspielte. Zu jenem Zeitpunkt war sein System nur eines von mehreren auf dem Markt.

Viele Experten in der Computerbranche waren damals der Ansicht, dass MS-DOS unter rein technischen Gesichtspunkten eine Reihe gravierender Mängel aufwies. Apple hatte sich bereits als führender Anbieter von Desktop-Computern etabliert. Die Gründer von Apple hatten eine neue Philosophie und Kultur in das Computergeschäft gebracht. Apple war Microsoft weit voraus, was das Markenimage und die Einschätzung der Qualität durch den Markt anbelangte. Die Geräte von Apple waren beliebt, weil sie einfach zu bedienen waren und weil die Arbeit damit Vergnügen machte. Die Entwicklung des berühmten Betriebssystems für den Apple Macintosh – des ersten, bei dem man die Befehle durch Anklicken von Symbolen geben konnte – stand noch bevor, doch es deutete bereits alles darauf hin, dass die Leute von Apple die Nase vorn haben würden.

Die Einführung des PCs von IBM war anfangs ein Erfolg. Doch letzten Endes musste das Unternehmen den Löwenanteil der Gewinne aus dem PC-Geschäft seinen beiden Partnern überlassen. Im ursprünglichen Vertrag mit Microsoft hatte sich IBM verpflichtet, den Großteil der Entwicklungskosten für MS-DOS zu übernehmen, während es nur Microsoft gestattet war, Lizenzen für die Verwendung des Betriebssystems an Dritte zu vergeben. Dies war die entscheidende Klausel. Microsofts Entscheidung, sich eine Lizenz zu sichern, war ein kühner und brillanter Akt; keine andere Entscheidung wurde von den für dieses Buch befragten Personen häufiger zu den besten der Managementgeschichte gezählt.

Als die rasante Expansion der PC-Branche begann, drangen Tausende neuer Konkurrenten in den Markt ein. Fast alle verwendeten sie schließlich MS-DOS – und bezahlten Microsoft für dieses Privileg. Doch dies sollte nicht der letzte Fehler von IBM sein. Als Big Blue seinen Irrtum erkannte, unterließ es der Riese, einen neuen Lizenzvertrag auszuhandeln oder mit Microsoft zu brechen. Noch rätselhafter ist, warum die Unternehmensführung von IBM ein von den eigenen Ingenieuren entwickeltes Betriebssystem, das Microsofts beherrschende Position auf dem PC-Markt hätte brechen können, unterdrückte.

Mehr als ein Jahrzehnt später produzierte IBM noch immer mehr PCs als jedes andere Unternehmen, doch dieser Geschäftsbereich schrieb Verluste. Die einzigen Unternehmen, die auf dem erbittert umkämpften PC-Markt hohe Gewinne einfuhren, waren die Lieferanten von Prozessoren und Betriebssystemen. Bis heute wird die Computerbranche von zwei Marken beherrscht. Die Namen: Intel und Microsoft.

DIE WICHTIGSTEN LEHREN

Eine Vision wird sich durchsetzen. Seit den Anfängen von Microsoft verfolgte Gates seine Vision, „einen Computer auf jeden Tisch und in jedes Haus" zu bringen. (Interessant ist, dass der Slogan ursprünglich lautete: „Ein Computer in jedem Haus, betrieben mit Software von Microsoft." Der zweite Teil des Satzes wird heute zumeist weggelassen, da er vielen Leuten ein unangenehmes Gefühl vermittelt.)

Blicke in die Zukunft, und dann gestalte sie. Im Rückblick hat es den Anschein, als wäre die Ausbreitung der PCs von den Büros in die Wohnungen eigentlich unvermeidlich gewesen. Der Rückblick kann sehr aufschlussreich sein. Doch sehr viel lukrativer ist Weitblick. Bill Gates hat es bewiesen. Wir sollten auch nicht vergessen, dass die allgegenwärtigen Bildschirme und Tastaturen, die heute ein selbstverständlicher Bestandteil unseres Lebens sind, vor wenigen Jahrzehnten noch Science-Fiction waren. Als die Zukunftsforscher in den sechziger Jahren Prognosen bezüglich der wahrscheinlichen Entwicklungen bis zur Jahrtausendwende wagten, kam ihnen der Aufstieg des PC nicht in den Sinn.

Es ist nicht wahr, dass es Bill Gates allein war, der den PC in aller Welt in die Wohnungen und Büros brachte, ebenso wenig wie es wahr ist, dass Henry Ford allein für den Aufstieg des Automobils verantwortlich war. Doch beide Männer besaßen den erforderlichen Weitblick, um die Möglichkeiten zu erkennen, und ausreichende Entschlossenheit, um ihre Vision zu verwirklichen.

Gates verwirklichte seine Vision, indem er Microsoft in einen wichtigen Akteur in der Computerbranche verwandelte und seine beherrschende Stellung nutzte, um eine Plattform für die unaufhörlich wachsende Zahl von Anwendungen zu entwickeln. Er erkannte sehr früh, dass er einen Industriestandard durchsetzen musste, um seine Vision zu verwirklichen. Und er wusste, dass derjenige, der diesen Standard entwickeln würde, die Führungsposition in der Computerbranche erobern würde.

Schmiede dein Glück. Microsoft sicherte sich den Vertrag für das Betriebssystem von IBM. Gates hatte Glück. Hätte ein Konkurrent aus Silicon Valley dieselbe Gelegenheit erhalten, so hätte das Ergebnis möglicherweise ganz anders ausgesehen. Mit Bill Gates hatte sich IBM einen Mann ausgesucht, der den Ball nicht fallen lassen würde. In solchen Momenten wird Geschichte gemacht. (Es ist richtig, dass bereits MS-DOS eine Cash-Cow war, doch man könnte sagen, dass Microsoft den entscheidenden Sprung nach vorn mit der Einführung von Windows 3 machte.)

Wenn du klein bist, suche dir einen großen Freund. Ironischerweise war es der starke Arm von IBM, der dem Betriebssystem und der Marke Microsoft zur Macht verhalf. Big Blue beherrschte seit Jahren das Großrechnergeschäft und machte sich etwas verspätet daran, in den PC-Markt vorzudringen. Die Glaubwürdigkeit des Namens IBM sollte in der folgenden Auseinandersetzung den Ausschlag geben. Gates urteilte ganz richtig, der beste Weg, sich in der Auseinandersetzung um den Industriestandard gegen das Betriebssystem von Apple durchzusetzen, bestehe darin, im Kielwasser des vertrauenswürdigsten Computerherstellers der Welt zu schwimmen. Jahrelang hatte sich IBM mit dem Slogan „Es ist noch niemand gefeuert worden, weil er einen IBM gekauft hat“ gerühmt. Zu jener Zeit genoss das Unternehmen den Ruf, Systeme von unerreichter Zuverlässigkeit zu liefern. Es stand von vornherein fest, dass der PC von IBM einen beträchtlichen Anteil am PC-Markt erobern würde.

Die Tatsache, dass Geräte mit dem Markenzeichen IBM den Markt überfluten würden, bedeutete zugleich auch, dass das von IBM verwendete Betriebssystem rasch einen großen Marktanteil erobern würde. Auf jedem von IBM gelieferten PC würde MS-DOS installiert sein. Für Microsoft war der Riese das perfekte trojanische Pferd. Das Betriebssystem von Microsoft reiste auf jedem von IBM gelieferten PC gratis in ein Büro oder eine Wohnung. Dies war das unvergleichliche Glück von Bill Gates. Was danach geschah, erklärt fast vollständig, warum Bill Gates und nicht Steve Jobs oder irgendein anderer Unternehmer aus Silicon Valley heute der reichste Mann in der Computerwelt ist.

Großartige Entscheidung Nr. 8

Ende der sechziger Jahre entschied ein New Yorker Eiscremeproduzent namens Reuben Mattus, die Zukunft der Branche liege darin, das ganze Jahr über Eis an die Supermärkte zu verkaufen. Er entwickelte eine neue Marke, die für diesen Markt bestimmt war. Sie hatte Erfolg. Dies war die Geburtsstunde der luxuriösen Eiscreme, die zu Spitzenpreisen angeboten wird.

Reuben Mattus war ein polnischer Einwanderer, der im Jahr 1921 als Achtjähriger in Begleitung seiner verwitweten Mutter in die Vereinigten Staaten kam. Um Geld zu verdienen, verkaufte Reubens Mutter auf der Straße selbst gemachtes Zitroneneis.

Mattus mauserte sich schon in seiner Jugend zum Unternehmer. 1932 gründete er Senator Frozen Products in der Bronx. Bis zum Ende der fünfziger Jahre hatte er den Betrieb zu einem erfolgreichen Unternehmen gemacht, das unter anderem eine Eiscreme mit Namen Ciro's an Drogerien und Lebensmittelgeschäfte verkaufte. Ende der sechziger Jahre erkannte Mattus, dass die Zukunft den großen Märkten gehörte. Er wollte sein Eis über die überall aus dem Boden schießenden Supermärkte verkaufen. Mit ihren guten Kühlsystemen und dem großen Einzugsgebiet stellten sie seiner Meinung nach Verkaufsstandorte dar, an denen das ganze Jahr über Eis angeboten werden konnte. Doch seiner Marke Ciro's wurde bald von den großen Molkereien der Garaus gemacht, die seine Idee aufgriffen und den großen Einzelhandelsketten Konditionen anboten, mit denen Ciro's nicht mithalten konnte.

Doch so leicht ließ sich Mattus nicht ins Boxhorn jagen. Bald hatte er eine neue Idee: Eine Luxuseiscreme, die mit frischer Sahne, echten Früchten und natürlichen Zutaten zubereitet und unter Verwendung phantasievoller Geschmacksbezeichnungen vermarktet wurde. Mattus gelangte zu der etwas bizarren Einsicht, dass ein dänisch klingender Name ideal geeignet sei, um seine neue Nobelmarke von den Konkurrenzprodukten abzuheben. Die ersten drei Eissorten mit dem klingenden Namen Häagen-Dazs hatten ganz einfache Geschmacksrichtungen – Vanille, Schokolade und Kaffee – und wurden in New Yorker Delikatessengeschäften verkauft. Die Konsumenten reagierten sofort positiv auf das neue Angebot. Innerhalb weniger Wochen gaben andere Einzelhändler aus ganz Amerika Bestellungen für Häagen-Dazs auf. Der Erfolg des Produktes war derart überwältigend, dass Anfang der siebziger Jahre mit der neuen Marke mehr Umsatz gemacht wurde als mit Ciro's, woraufhin dessen Produktion eingestellt wurde.

Der Absatz von Häagen-Dazs stieg stetig, obwohl das Produkt nicht beworben und lediglich durch Mundpropaganda bekannt gemacht wurde. Doch dies genügte, um den Vertrieb auf die Ballungszentren und Universitätsstädte im Nordosten der USA auszuweiten. Aus dem ganzen Land trafen Briefe von Konsumenten ein, die wissen wollten, wo in ihrer Gegend Häagen-Dazs erhältlich sei. Einige eingefleischte Fans erklärten sich sogar bereit, das Produkt selbst zu verteilen.

Die folgenden Geschehnisse machten aus einem einfachen Eis ein echtes Einzelhandelsphänomen. Die Tochter von Reuben Mattus hatte die Idee, ein eigenes Geschäft zu eröffnen, in dem ausschließlich Häagen-Dazs angeboten werden sollte. Das erste Geschäft wurde in Brooklyn eröffnet und leitete eine neue Ära für die Marke ein. Bald entstanden überall in den Vereinigten Staaten Filialen.

Im Jahr 1982 drängte das Unternehmen bereits in neue Märkte. Der natürliche nächste Schritt bestand in der Expansion nach Kanada. Es folgte eine Kooperationsvereinbarung mit einer führenden japanischen Molkerei, und Ende der achtziger Jahre überquerte die Eiscreme den Atlantik und erreichte die Alte Welt, wo die europäischen Konsumenten die sinnliche Werbung, welche die Ankunft von Häagen-Dazs ankündigte, begeistert aufnahmen.

Die achtziger Jahre waren gute Jahre für Häagen-Dazs. Die Marke sprach die „Me generation" direkt an. Die Jugend verzehrte sich nach Genuss, und das Eis von Reuben Mattus wurde tonnenweise verzehrt. Anfang der neunziger Jahre war Häagen-Dazs zum coolsten Schlafzimmer-Accessoire auf dem Markt aufgestiegen. Werbeplakate, auf den hübsche halbnackte Männer und Frauen zu sehen waren, die das Eis aus den luxuriösen Verpackungen löffelten, schmückten Zeitschriften, Zeitungen und Plakattafeln. Unterdessen wurden hinter der Fassade die Karten neu gemischt.

In den achtziger Jahren war eine weitere Luxuseismarke auf der Bildfläche erschienen: Ben & Jerry's Homemade. Die Geschichte des von Ben Cohen und Jerry Greenfield in einer verlassenen Tankstelle in Vermont gegründeten Unternehmens ist allgemein bekannt. Dieses alternative Eiscreme-Imperium ist ein direkter Widersacher von Häagen-Dazs. (Die andere ausgezeichnete Entscheidung im Geschäft mit Eiscreme fiel im Jahr 1977, als sich Ben & Jerry entschlossen, 5 Dollar zu investieren, um einen Fernkurs zur Herstellung von Eiscreme zu belegen. Mittlerweile stellen sie sehr viel mehr Eis her, als sie je für möglich gehalten hätten.)

Ben & Jerry brachten eine Luxuseiscreme mit Hippie-Touch auf den Markt. In mancherlei Hinsicht war dies der natürliche nächste Schritt. Nachdem die Jugend in den achtziger Jahren dem ungezügelten Hedonismus gefrönt hatte, zog es die Generation der Babyboomer nun zu Desserts mit einer moralischen Botschaft. Die Bedenken wegen der Kalorien konnten warten, meinten die neuen Eissüchtigen, doch die Rettung der Welt konnte es nicht. Ben & Jerry's Kombination von fetthaltigem Eis und utopischen Unternehmenswerten war verführerisch. Dasselbe galt für ihren Hippie-Humor – eine Geschmackssorte wurde in Anlehnung an den legendären Leadsänger der Rockgruppe The Grateful Dead auf den Namen Cherry Garcia getauft. Ben & Jerry drängten energisch in den Markt, den Häagen-Dazs erschlossen hatte.

DIE WICHTIGSTEN LEHREN

Früh übt sich,... Mattus war ein Unternehmer, der früh anfing und lernte, während er wuchs.

Setze dir hohe Ziele. Als er seine Möglichkeiten auf dem Markt erwog, hätte sich Mattus auch dem unteren Billigsegment zuwenden können. Statt dessen entschied er sich für das obere Ende des Marktes, wo er Spitzenpreise verlangen konnte – eine sehr viel riskantere Entscheidung, die jedoch reiche Früchte trug.

Gehe strategisch vor. Strategie funktioniert durchaus. Die Entwicklung von Häagen-Dazs zählt zu jenen lehrreichen Beispielen, die beweisen, dass ein strategisches Vorgehen sehr wohl von Erfolg gekrönt sein kann. Mattus wägte die Situation ab und entschied sich für eine Strategie. Selbstverständlich war dann die übliche Mischung von Glück und günstigen Fügungen erforderlich, damit diese Strategie auch funktionieren konnte. (Es ist auch von Vorteil, wenn die Kinder gute Ideen haben.)

VIELSAGENDE NAMEN

Im Geschäftsleben haben Namen große Bedeutung. „Als wir uns im Winter 1969 entschieden, unser Plattenunternehmen nicht Slipped Disc Records, sondern Virgin zu nennen, hatte ich die vage Vorstellung, dass dieser Name die Aufmerksamkeit wecke und für eine Reihe weiterer Produkte für junge Leute geeignet sei", erinnert sich Unternehmenschef Richard Branson. „Es wäre interessant gewesen zu verfolgen, wie sich die Virgin-Unternehmen entwickelt hätten, wenn wir das Unternehmen Slipped Disc Records genannt hätten. Slipped Disc Condoms wäre vielleicht nicht ganz so vorteilhaft gewesen."[1]

Im Jahr 1936 dachte Kiichiro Toyoda über die Zukunft des Unternehmens nach, das sein Vater gegründet hatte. Er besuchte die Vereinigten Staaten und Europa und gelangte zu dem Schluss, dass die Zukunft dem Automobilbau gehörte. Um seinem Unternehmen eine neue Richtung zu geben, musste er ihm auch einen neuen Namen geben. Also schrieb er einen Wettbewerb aus. Noch im selben Jahr wurde das Unternehmen in Toyota umgetauft – zugegebenermaßen eine geringfügige Modifikation, doch in japanischen Zeichen vermittelt der Schriftzug Geschwindigkeit und erfordert acht Striche, wobei die Zahl acht für Wohlstand steht. Auf den westlichen Märkten ist wichtig, dass der Name leicht auszusprechen und von attraktiver Bedeutungslosigkeit ist.

Geht man zurück in die Frühzeit der Unternehmensgeschichte, so stößt man auf Harley Procter von Procter & Gamble, der in der Kirche die Bibel liest und auf den Satz „out of ivory palaces" stößt – und den Namen für ein Waschmittel gefunden hat.

Bloße Semantik? Ich denke nicht. Die ersten Entscheidungen, die ich in dieser Kategorie ausgewählt haben, verdeutlichen, worum es geht. IBM, Walt Disney und McKinsey & Co. sind ausgezeichnete Beispiele. All diese Unternehmen haben verstanden: Der Name ist wichtig.

Großartige Entscheidung Nr. 9

Im Jahr 1924 änderte Thomas Watson Sr. den Namen der Computing Tabulating Recording Company in International Business Machines. Das Unternehmen hatte noch gar kein internationales Geschäft, doch mit diesem Name legte Watson ein kühnes Bekenntnis zu seinen weitreichenden Ambitionen ab.

Thomas Watson Sr. (1874–1956) war der Schöpfer des Unternehmensriesen IBM, der heute den anerkennenden Spitznamen „Big Blue" trägt. Watson verwandelte einen unbedeutenden Betrieb in den Stoff von Unternehmens- und Börsenlegenden, in einen Konzern, der auch lange nach dem Tod Watsons noch weiter wächst und gedeiht. Unbeirrt und manchmal unbarmherzig setzte Watson seine Persönlichkeit, seine Erfahrung und seine Überzeugungen ein, um das Unternehmen nach seinen Vorstellungen zu formen. Unnachgiebig kämpfte er darum, eine starke Organisation aufzubauen.

Die Anfänge waren nicht allzu vielversprechend. Watson kam im Jahr 1914 zur Computing Tabulating Recording Company. Unter seiner Führung verdoppelte sich der Ertrag des Unternehmens innerhalb von drei Jahren von 4,2 auf 8,3 Millionen Dollar. Die Aktivitäten des Unternehmens, das anfangs alles von Fleischwaagen bis zu Fleischschneidemaschinen herstellte, verlagerten sich langsam zur Produktion von Rechenmaschinen, welche die Daten mechanisch auf Lochkarten übertrugen.

Als Watson die kühne Entscheidung fällte, die Firma in International Business Machines umzutaufen, übertrieb er in der Darstellung der Fähigkeiten des Unternehmens. Es war kein internationales Unternehmen (obwohl IBM Japan noch vor dem Zweiten Weltkrieg gegründet wurde). Es war nicht einmal ein besonders großes Unternehmen.

Die Wirkung des neuen Namens beruhte auf dem Anspruch, den er vermittelte, und auf der bedeutungsschweren Zusammenfassung der Geschäfte, in denen das Unternehmen tätig war. Diese zweite Feststellung scheint trivial, doch tatsächlich handelte es sich bei „business machines" um eine weitblickende Formulierung. Sie umfasste den Computer und die Hightech-Produkte, die das Unternehmen heute herstellt, ebenso wie die grundlegenden Produkte, die es damals erzeugte.

IBM wurde zum Archetypus des modernen Unternehmens und seine Führungskräfte wurden mit ihren dunklen Anzügen, weißen Hemden, einfarbigen Krawatten, ihrer Leidenschaft für das Verkaufen und ihrem Unternehmenssong zu den Rollenvorbildern für Generationen von Managern. Hinter dem Stereotyp verbarg sich ein unerschütterliche Glaube an harten Wettbewerb und ausgezeichnete Betreuung der Kunden. Später sollten sich die Konkurrenten darüber beklagen, dass IBM allein aufgrund seiner Größe Aufträge erhielt. Doch diese Klage war nur zum Teil berechtigt: Die Größe des Unternehmens verdeckte ein tiefes Bekenntnis zum Einsatz für die Kunden, zu guten Dienstleistungen und zur Pflege der Beziehungen

Die Entwicklung von IBM wurde durch den Wages and Hours Act von 1937 begünstigt, ein Gesetz, das die amerikanischen Unternehmen verpflichtete, Aufzeichnungen über die Arbeitszeit und die Gehälter ihrer Mitarbeiter zu führen. Die damaligen Maschinen waren dieser Aufgabe nicht gewachsen. Watson beauftragte seine Ingenieure damit, eine Lösung für das Problem zu finden. Im Jahr 1944 stellte IBM den Mark 1 vor, auf den drei Jahre später der Selective Sequence Electronic Calculator folgte. Zu diesem Zeitpunkt betrugen die Einnahmen von IBM 119 Millionen Dollar im Jahr, und das Unternehmen schickte sich an, den entscheidenden Schritt zum größten Computerunternehmen der Welt und zu einer der wertvollsten Marken auf dem Planeten zu tun.

Watsons Nachfolger war sein Sohn, Thomas Watson Jr. „Schon früh lehrte mich mein Vater das Geheimnis des Erfolgs: Man muss sich stets Sorgen über die Zukunft machen und nie glauben, dass man es geschafft hat", erklärte der Sohn einmal. Unter Thomas Watson Sr. hatte nie die geringste Gefahr bestanden, sein Sohn oder das Unternehmen als Ganzes könnten selbstzufrieden werden.

DIE WICHTIGSTEN LEHREN

Think big. Auch American Business Machines hätte sich möglicherweise durchgesetzt, doch der Name International Business Machines war von einem Elan und Ehrgeiz, die nicht wenig zur Kultur des Unternehmens und zu seinem Wachstum beitrugen.

Denke international. Eigentlich war Thomas Watson ein typischer Geschäftsmann des frühen 20. Jahrhunderts. Er reiste nicht viel (obwohl er fünf Sprachen beherrschte). Doch er erkannte das globale Potential. Er dachte international, obwohl er kein Internationalist war.

Großartige Entscheidung Nr. 10

Walt Disney hörte auf seine Frau Lillian und entschloss sich, seine neue Comicfigur, eine kleine Maus, nicht Mortimer, sondern Mickey zu nennen. Mit ihrem Debüt in Steamboat Willie *(1928) veränderten Mickey und Minnie die Unterhaltungsindustrie für alle Zeiten.*

„Ich hoffe, dass wir eines nie vergessen werden – nämlich, dass dies alles mit einer Maus angefangen hat", pflegte Walt Disney in seinen späten Jahren zu sagen.[2] Es gibt zahlreiche Versionen der Geschichte, wie Disney zu dieser Comicfigur inspiriert wurde. So wird zum Beispiel berichtet, er habe am Anfang seiner Laufbahn Freundschaft mit einer Mäusefamilie geschlossen, die in seinem Büro Quartier bezogen hatte. Die regelmäßigen Besuche der kleinen Nager auf seinem Zeichenbrett erwiesen sich als inspirierend. Jedenfalls eine nette Geschichte.

Eine andere Version lieferte die Zeitschrift *Daily Sketch* im Jahr 1938: „Auf der Rückreise von einem auswärtigen Termin fand er im Zug keinen Schlaf. Das unentwegte Knirschen in den Holzwänden des Abteils klang wie eine Konferenz von Millionen Mäusen. Bei diesem Gedanken musste er lachen, und innerhalb von Augenblicken war die Mickey Mouse geboren." Nun, auch so könnte es gewesen sein.

Tatsache ist, dass die fragliche Maus ihr Leben als Mortimer Mouse begann. Walt Disneys Frau Lilly fand keinen Gefallen an dem Namen und schlug vor, ihn durch Mickey zu ersetzen. Walt hörte auf sie. Ob er es tat, um seiner Frau einen Gefallen zu tun oder weil er zu der tiefen Überzeugung gelangte, dass sich der Name Mickey ideal eigne, um ein Unternehmensimperium darauf aufzubauen, werden wir nie erfahren. (Selbstverständlich steht die Frage, warum Mickey funktionierte und Mortimer nicht, im Mittelpunkt einer ernsthaften Debatte. „Mickey Mouse klang vielleicht nicht ganz so onomatopoetisch wie Mortimer Mouse, doch es war ein freundlicherer, kindlicherer Name, der eher den Geschmack des Durchschnittsbürgers traf", steht in einem angemessen gelehrten Buch zu lesen.[3])

Am 18. November 1928, es war ein Sonntag, hatte die Mickymaus ihren ersten großen Auftritt in einem Kinoepos von sieben Minuten Länge, das den Titel *Steamboat Willie* trug. Erstmals wurde in einem Zeichentrickfilm Synchronton verwendet. *Steamboat Willie* gab der Laufbahn Walt Disneys eine andere Richtung. „Eine durch und durch fabelhafte Synchronisation, heiter, schwungvoll und perfekt pointiert," kommentierte *Variety*. „Das Publikum hörte nicht auf zu lachen und zu kichern", hieß es in der *Weekly Film Review*.

Walt Disney war dankbar für jedes Kichern, denn bis zu diesem Zeitpunkt war seine Karriere ziemlich holprig verlaufen. Walter E. Disney (1901-1966) wurde in Chicago geboren und wuchs auf einer Farm in Missouri auf. Er kehrte in seine Geburtsstadt zurück, um Kunst zu studieren. Im Jahr 1920 ging Disney nach Kansas City, wo er für den Zeichentrickfilmer Ub Iwerks zu arbeiten begann. Zwischenzeitlich ging er einmal bankrott, als seine Firma Laugh O Gram Company ihre Schulden in Höhe von 15 000 Dollar nicht mehr bezahlen konnte. Im Jahr 1923 verließ er Kansas City und ging nach Los Angeles, um sich einen Job im Filmgeschäft zu suchen. Er war nicht der erste und sicherlich nicht der letzte, der mit diesem Vorhaben nach Westen aufbrach. Anfangs war Disney ausgesprochen erfolglos. Es wollte sich einfach kein Arbeitsplatz für ihn finden. Er glaubte bereits, seine Chancen endgültig vergeben zu haben.

Disney hätte nach Kansas zurückkehren können. Doch er tat es nicht. Statt dessen mietete er eine Kamera, stellte sich einen Zeichentisch zusammen und baute in der Garage seines Onkels ein Studio auf. Im Jahr 1923, im Alter von 21 Jahren, war Walt Disney gemeinsam mit seinem älteren Bruder Roy endlich im Geschäft. Noch im selben Jahr entstand die Gesellschaft Disney.

Der Start für das neue Unternehmen verlief miserabel. Mit dem ersten Film *Alice* verdiente Disney kaum genug Geld, um den Betrieb weiter finanzieren zu können. Der zweite Film, *Oswald the Rabbit*, kam 1927 heraus. Walts geschäftlicher Scharfsinn verließ ihn zeitweilig, und er musste die Filmrechte abgeben. Doch dann wandelte sich das Glück: Die Maus erwachte zum Leben, und Walt hörte auf seine Frau.

Walt Disney erinnerte sich später an den Augenblick der Schöpfung: „Inmitten all der Schwierigkeiten und der Verwirrung tauchte eine aufgeweckte, spöttische kleine Figur auf. Zunächst unbestimmt und schwer zu greifen. Doch sie wuchs und wuchs. Und endlich stand sie vor mir: eine Maus. Eine ausgelassen herumtollende kleine Maus. Die Idee schlug mich vollkommen in ihren Bann."

Von diesem Zeitpunkt an ging es mit Disney nur noch steil bergauf. Mit *Flowers & Trees* (1932) schenkte er der Welt Technicolor. 1937 war Disney in der Lage, den abendfüllenden Trickfilm *Schneewittchen und die sieben Zwerge* zu drehen. Es folgten weitere Spielfilme, darunter *Pinocchio* (1940), *Fantasia* (1940), *Dumbo* (1941) und *Bambi* (1942). Nach dem Zweiten Weltkrieg gesellten sich in Klassikern wie *Die Schatzinsel* (1950), *Davy Crockett* (1955) und *Mary Poppins* (1964) richtige Schauspieler zu Disneys Ensemble von Zeichentrickfiguren. Ein triumphaler Erfolg folgte auf den anderen. Darufhin wurden die Vorhaben noch ehrgeiziger. 1955 eröffnete Disney das Disneyland in Anaheim (Kalifornien). Disney World in Orlando (Florida) öffnete im Jahr 1971 die

Pforten. Dann wurde das Magic Kingdom in die harte Geschäftsrealität zurückgeholt, bis es 1987 mit den Straßenfegern *Drei Männer und ein Baby, Good Morning, Vietnam, Die Schöne und das Biest* und *Der König der Löwen* wieder auf Erfolgskurs einschwenkte. Eurodisney und Disneys Leiter Michael Eisner ist es ausgezeichnet gelungen, Walts Konzept der Gegenwart anzupassen.

DIE WICHTIGSTEN LEHREN

Höre zu und du wirst erhört werden. Selbst eine epochale Persönlichkeit wie Walt Disney wusste nicht alle Antworten. Zuhören zu können gehört zu den wichtigsten, wenn auch kaum anerkannten Fähigkeiten von Unternehmensführern.

Sei beharrlich, beharrlich, beharrlich. „Er war zumindest zur Hälfte davon überzeugt, etwa sechs Jahre zu spät gekommen zu sein, um sich noch im Trickfilm etablieren zu können, doch dies war das einzige Feld, auf dem er über Erfahrung verfügte", schrieb einer von Disneys späteren Biographen.[5] Die Disney Corporation entstand nicht über Nacht, und die Hindernisse, die sie zu überwinden hatte, machten sie vermutlich zu einem um so besseren Unternehmen. Walt Disney bewies Durchhaltevermögen. Er glaubte an seine Sache und scharte Menschen um sich, die ebenfalls daran glaubten.

Großartige Entscheidung Nr. 11

Nach dem Tod des Unternehmensgründers gingen die beiden Niederlassungen des Beratungsunternehmens McKinsey & Co. im Jahr 1939 getrennte Wege. A. T. Kearney eröffnete in Chicago eine Firma unter seinem eigenen Namen. Marvin Bower behielt in New York den Namen McKinsey bei. Er gelangte zu der treffenden Einschätzung, dass er die Klienten mit der Verwendung seines eigenen Namens nur dazu bewegen würde, bei jedem Auftrag seine persönliche Beteiligung zu verlangen. Aus McKinsey wurde das *Unternehmen in der Beratungsbranche.*

Die Kenner von McKinsey & Company bezeichnen dieses Beratungsunternehmen nur als *Die Firma*. Die einhellige Einschätzung lautet, dass McKinsey in der Managementberatung auf einer anderen Ebene arbeitet – auf der die Rechnungen höher, die Arbeitszeiten länger, die Standards anspruchsvoller, die Resultate besser und die Mitarbeiter intelligenter sind. Die Berater von McKinsey betrachten sich selbst als die Kinostars der Unternehmenswelt. Sie beeindrucken ihre Klienten nicht mit ihrem teuren Haarschnitt, sondern mit ihrem Intellekt.

Die Firma ist mehr als nur ein Beratungsunternehmen. Sie hat ihren eigenen Ethos: Gesetzte Anzüge und hohe Standards. Stets ordentlich und konservativ. Das Unternehmen arbeitet mit obsessiver Professionalität und ist ungeheuer erfolgreich: eine glänzende, gut geölte Finanzmaschine. McKinsey zählt zu den großen Marken der Dienstleistungsindustrie.

Überall stößt man auf Hommagen für McKinsey. Die meisten Untersuchungen über die Beratungsbranche machen bei diesem Unternehmen halt, um ihm Respekt zu zollen. „Das bekannteste, verschwiegenste, teuerste, angesehenste, erfolgreichste, vertrauenswürdigste, am meisten beneidete und am meisten verabscheute Beratungsunternehmen der Welt", schrieb *Fortune* über McKinsey. Tom Peters zieht die folgende Charakterisierung vor: „McKinsey besitzt einen überirdischen Glauben an sich selbst." In diesem Fall übertreibt Peters kein bisschen. Es ist eine einfache Feststellung, und sie trifft zu.

McKinsey wird von seinem Glauben voran getrieben, von seinem Glauben an die McKinsey-Doktrin. Zurückhaltende Bescheidenheit hat keinen Platz in seinem Selbstbild. Bescheidenheit und McKinsey passen so wenig zusammen wie die Königin von England und Arnold Schwarzenegger.

Doch was, abgesehen von seinen etwas maßlosen Ansprüchen, ist so besonders an McKinsey? Das älteste Beratungsunternehmen ist es jedenfalls nicht. Arthur D. Little kann auf eine Geschichte verweisen, die bis in die achtziger Jahre des 19. Jahrhunderts zurück reicht. Und McKinsey ist auch nicht das größte

Beratungsunternehmen der Welt. Andersen Consulting – inzwischen umbenannt in Accenture – übertrifft es deutlich, was die Einnahmen und die Zahl der Berater anbelangt (jedoch bezeichnenderweise nicht, was die Einnahmen pro Berater betrifft). McKinsey ist so besonders, weil es sich selbst für den Besten hält, und es hat eine unerschütterliche Aura entwickelt, die fraglos die beste ist.

McKinseys Vertrauen in seine eigene Brillanz ist Teil einer einzigartigen Unternehmenskultur. Diese wurde im Wesentlichen von einem einzigen Mann namens Marvin Bower entwickelt, der im Jahr 1933 in das Unternehmen eintrat.

Als Marvin Bower (geboren 1903 in Cleveland) 1933 in die kurz zuvor entstandene Firma von James O. McKinsey (1889-1937) aufgenommen wurde, sprach man noch nicht von Consulting, sondern von „Management engineering". Bower war ein in Harvard ausgebildeter Rechtsanwalt. Bald nach seinem Eintritt verließ McKinsey das Unternehmen, um die Leitung von Marshall Field & Company zu übernehmen. Als er im Jahr 1937 starb, führte Bower die Niederlassung in New York weiter; ein zweites Büro in Chicago wurde von A.T. Kearney geleitet. Im Jahr 1939 trennten sich die beiden, und Kearney gründete ein neues Unternehmen unter seinem eigenen Namen.

Bower änderte den Namen seiner Firma nicht. Er war klug genug zu erkennen, dass die Klienten seine persönliche Beteiligung an jedem Projekt verlangen würden, wenn das Unternehmen seinen Namen trüge. Auf den ersten Blick mag dies wie eine zweitrangige Entscheidung wirken. Doch sie vermittelte Understatement, Zurückhaltung und Professionalität und wurde mit Blick auf ihre geschäftlichen Auswirkungen gefällt.

„Ich hatte die Vision, Spitzenmanager in Managementfragen zu beraten, und unserer Arbeit die professionellen Standards einer führenden Rechtsanwaltsfirma zu Grunde zu legen", erinnerte sich Bower. Folglich wurden die Berater von McKinsey als „Partner" bezeichnet, die „Engagements" hatten, anstatt einfach nur einer Arbeit nachzugehen. Das Unternehmen war „kein Betrieb, sondern eine Praxis" (auch dies ein Beweis dafür, dass die Semantik tatsächlich Bedeutung hat). „Der Ethos von McKinsey beruhte auf der Vorstellung, dass es sich hier um sehr respektable Personen handelte, um jene Art von Personen, mit denen Unternehmensleiter selbstverständlichen Kontakt pflegen. Dieses Erbe von Marvin Bower hat die Zeit überdauert", erklärt der McKinsey-Berater George Binney.

In den vierziger und fünfziger Jahren expandierte McKinsey in ganz Nordamerika. Im Jahr 1959 eröffnete das Unternehmen in London seine erste Niederlassung auf einem anderen Kontinent. Es folgten Büros in Melbourne, Amsterdam, Düsseldorf, Paris, Zürich und Mailand. Im Jahr 1997 hatte McKinsey 74 Niederlassungen in 38 Ländern.

Bowers Grundsatz lautete, die Interessen des Klienten hätten stets an erster Stelle zu stehen; erst an zweiter Stelle stand die Erhöhung der Einnahmen des Unternehmens. „Wir konnten nicht mit dem Klienten arbeiten, wenn er McKinsey nicht vertrauen konnte", erklärte Bower. Wenn man für den Klienten sorgte, würden sich die Gewinne von selbst einstellen. Die hohen Gebühren dienten laut McKinsey nicht dazu, die Gewinne in die Höhe zu treiben, sondern stellten ein einfaches und wirkungsvolles Mittel dar, um dafür zu sorgen, dass die Klienten das Unternehmen ernst nahmen.

Bower stellte eine Reihe weiterer Regeln auf: Die Berater hatten über die Angelegenheiten der Klienten Stillschweigen zu wahren. Sie mussten ihnen schonungslos die Wahrheit sagen und bereit sein, die Auffassungen der Klienten in Frage zu stellen. Sie durften nur Aufträge annehmen, die notwendig waren und die sie wirklich bewältigen konnten. Ergänzt wurden diese Grundsätze durch einige exzentrische Vorschriften wie jene, dass alle Berater von McKinsey Kniestrümpfe und Hüte zu tragen hatten – von dieser Regel war aus unerfindlichen Gründen nur das Büro in San Francisco ausgenommen.

Bower änderte auch die Personalpolitik des Unternehmens. Anstatt erfahrene Manager zu rekrutieren, die fundiertes Wissen über eine bestimmte Branche besaßen, begann er Universitätsabsolventen einzustellen, die im Unternehmen die Problemlösung lernen und sich zu guten Beratern entwickeln konnten. Zu jener Zeit war dies ein neuartiger Ansatz, der jedoch Vorbildwirkung hatte und die Gewichte in der Beratungsbranche von der Vermittlung eng begrenzter Erfahrungen zur Anwendung breit gefächerter Analyse- und Problemlösungstechniken verschob.

Es gelang Bower, sein Unternehmen von der übrigen Beratungsbranche abzuheben, die in dem Ruf stand, opportunistisch und in erster Linie daran interessiert zu sein, hohe Gebühren in Rechnung zu stellen. Ob dies nun zutraf oder nicht: Sein Unternehmen erweckte den Eindruck, hart zu arbeiten und von unantastbarer Anständigkeit zu sein. Noch heute wissen neu engagierte Berater von McKinsey sofort, wo sie stehen. Die Firmenpolitik bleibt stets geradlinig: „Bei McKinsey hängt der Rang direkt von der Leistung ab." Schlechte Berater werden vor die Tür gesetzt. „Wenn ein Berater in seiner Entwicklung stagniert oder nicht in der Lage ist, die geforderten Fähigkeiten und Eigenschaften unter Beweis zu stellen, wird er aufgefordert, McKinsey zu verlassen", heißt es in der Rekrutierungsbroschüre des Unternehmens.

In Bowers Ansatz spiegeln sich gesunder Menschenverstand und ein Verzicht auf modischen Firlefanz wider. „Das Wesen der Unternehmen hat sich in den vergangenen sechzig Jahren nicht geändert. Sie werden heute im Grunde nicht anders geführt als damals. An den Methoden wurden Tausende Änderungen vorgenommen, nicht jedoch am Prinzip von Befehl und Kontrolle. Viele Unternehmen erklären, sich ändern zu wollen, doch dazu müssen sie den Mitarbeitern auf den unteren Ebenen mehr Eigeninitiative zugestehen. Statt der Hierarchie muss der Zusammenhalt gestärkt werden", erklärte er im Jahr 1995.

Die von Bower entwickelte Kultur bildet weiterhin das Fundament für ein blühendes Unternehmen. Die Faszination von McKinsey, die Faszination „der Firma" ist ungebrochen. Das Unternehmen ist obsessiv professionell und ungeheuer erfolgreich, und es neigt nicht zu falscher Bescheidenheit. „Wir lernen nicht von unseren Klienten. Ihre Standards sind nicht hoch genug. Wir lernen von den anderen McKinsey-Partnern," vertraute ein Berater von McKinsey einmal der Zeitschrift *Forbes* an.

DIE WICHTIGSTEN LEHREN

Das Unternehmen ist größer als seine einzelnen Mitglieder. Der Name Bower & Co hätte das Schicksal des Unternehmens zwangsläufig mit der Karriere von Marvin Bower verknüpft. Bower erkannte, dass das Unternehmen größer sein musste als eine einzelne Person. Er selbst lieferte ein schönes Beispiel für diesen Grundsatz. Als er im Jahr 1963 sechzig Jahre alt wurde, verkaufte er seine Firmenanteile zum Buchwert an McKinsey. Das Unternehmen legte seine Karten auf den Tisch. Es spielte hart, aber sauber. War Big Blue das Computerunternehmen, dem man vertrauen konnte, so war McKinsey das Beratungsunternehmen, dem man vertrauen konnte. Es gelang „der Firma" weitgehend, diesen Status aufrechtzuerhalten.

Setze hohe Standards. Als die Managementberatung noch nicht als seriöse Tätigkeit anerkannt war, sorgte Marvin Bower dafür, daß sie sich diese Anerkennung verdiente. Für professionelle Arbeit müssen auch professionelle Honorare bezahlt werden.

Stehe für etwas. Die Klienten wussten – und wissen – stets, woran sie bei McKinsey sind. Das Unternehmen hat einen klaren Ethos und verfolgt eine klare Vorgehensweise. Bower war der Ansicht, die Werte machten sowohl die Person als auch das Unternehmen aus. Harvey Golub, Leiter von American Express und ehemaliger Berater von McKinsey, bezeichnet Bower als „eine der besten Personen, die je ein amerikanisches Unternehmen geleitet haben", und sagt über ihn: „Er führte dieses Unternehmen gemäß bestimmter Werte, und sein Prinzip, die Organisation anhand von Werten zu formen und zu führen, war vermutlich das Wertvollste, was ich mitnahm, als ich McKinsey verließ."

Anmerkungen

[1] Branson, Richard, BBC „Money Programme“, Vortrag, 1998.

[2] Holliss, Richard, und Sibley, Brian, *The Disney Studio Story* (Octopus, 1988).

[3] Ebd.

[4] Ebd.

[5] Schickel, Richard, *The Disney Version* (New York: Simon & Schuster, 1968).

DIE MAGIE DES MARKETING

„Großartige Geräte kommen aus dem Labor, aber großartige Produkte kommen aus der Marketingabteilung", erklärt der Autor William Davidow. Diese Aussage trägt möglicherweise zur Klärung der Frage bei, worum es im Marketing eigentlich geht. Wir geraten unvermeidlich in Verwirrung, wenn uns Alfred Taubman erklärt: „Zwischen den Marketingaufgaben, ein Gemälde von Degas und eine Limonade zu verkaufen, besteht größere Ähnlichkeit, als man meinen würde."

Überzeugende Vermarktungsexperten machen alles möglich. Der Verleger P.T. Barnum entschloss sich Ende der dreißiger Jahre des 19. Jahrhunderts, eine Frau zu promoten, die behauptete, George Washingtons Amme gewesen zu sein. Barnum wurde zu einem Meister der Promotion und legte den Grundstein sowohl für die Unterhaltungsindustrie als auch für die modernen Promotiontechniken.

Das Marketing bildet den Kern der Unternehmenstätigkeit. „Das Marketing stellt jene Funktion dar, die ein Unternehmen von anderen unterscheidet und einzigartig macht. Das Unternehmen hebt sich dadurch von allen anderen menschlichen Organisationen ab, dass es ein Produkt oder eine Dienstleistung vermarktet", erklärt Peter Drucker. Wir alle verkaufen etwas. Nur können einige von uns besser verkaufen als andere.

Die größten Marketingentscheidungen zeichnen sich durch ihre Einfachheit, ihr Gespür für die richtige Gelegenheit und ihren Erfolg aus. „Gute Unternehmen befriedigen Bedürfnisse, großartige Unternehmen schaffen Märkte", erklärt der führende Marketingtheoretiker Philip Kotler. „Die Marktführerschaft erlangt man, indem man sich neue Produkte, Dienstleistungen, Lebensstile und Methoden zur Hebung des Lebensstandards ausdenkt. Es besteht ein gewaltiger Unterschied zwischen Unternehmen, die imitative Produkte anbieten, und solchen, die neue Produkt- und Dienstleistungswerte schaffen, von denen der Markt noch überhaupt keine Vorstellung hat. Letzten Endes geht es im Marketing darum, Werte zu schaffen und den Lebensstandard der Welt zu heben."[1]

Noble Vorstellungen. Die Wahrheit ist, dass ganz gewöhnliche Marketingentscheidungen die Welt verändern können. „Das Marketing ist zu wichtig, um es der Marketingabteilung zu überlassen", meint David Packard, Mitbegründer von Hewlett-Packard. Vielmehr sollte sich jedermann im Unternehmen mit dem Marketing befassen. Der Unternehmensleiter muß zugleich auch Marketingleiter sein.

Großartige Entscheidung Nr. 12

Richard Sears' Entscheidung, all seine Produkte in einem Katalog zusammenzufassen, legte den Grundstein für den gewaltigen Erfolg von Sears Roebuck. Und sie erschloss dem Unternehmen einen vollkommen neuen ländlichen Markt.

Es gab eine Zeit, da schlummerten noch überall unentdeckte Märkte und gewaltige Möglichkeiten, die darauf warteten, erschlossen zu werden. Wer das Glück hatte, diese Märkte zu entdecken, veränderte häufig das Gesicht einer ganzen Industrie. Sears Roebuck ist ein Beispiel dafür. Der Erfolg von Sears beruht im Wesentlichen auf der Entdeckung eines riesigen neuen Marktes: der abgelegenen ländlichen Gemeinschaften in den Vereinigten Staaten.

In den achtziger Jahren des 19. Jahrhunderts hatten die USA 58 Millionen Einwohner, also etwa ein Fünftel der gegenwärtigen Bevölkerung. Die Mehrheit dieser Menschen – rund 65 Prozent – lebten auf dem Land. Richard Sears war einer von ihnen. Er war in dem isolierten Flecken North Redwood in Minnesota als Handelsvertreter an der Eisenbahnstrecke zwischen Minneapolis und St. Louis tätig. Nur selten hielt ein Zug in North Redwood, und Sears handelte mit den wenigen Waren, die gelegentlich eintrafen – mit Dingen wie Bauholz und Kohle. Eines der Produkte, die Sears in die Hände bekam, war ein Posten Taschenuhren. Da sich die Uhren gut verkauften, entschloss sich Sears, einen weiteren Posten zu bestellen. Im Jahr 1886 gründete er in Minneapolis die R.W. Sears Watch Company.

Einige Jahre später ging Sears nach Chicago und stellte Alvah C. Roebuck als Assistenten ein. Im Jahr 1893 wurde Sears Roebuck & Company gegründet. Das Unternehmen verlegte sich auf den Versandverkauf von Uhren und Schmuck. Im Jahr 1891 gab es einen 32 Seiten starken Katalog heraus. Vier Jahre später war dieser Katalog auf 532 Seiten angewachsen und enthielt alles vom Angelgerät bis zu Glaswaren, von Modewaren bis zu Sätteln. Im Jahr 1893 betrug der Umsatz 400 000 Dollar, zwei Jahre später über 750 000 Dollar.

Das Unternehmen war also ein triumphaler Erfolg. Nun bestand die Herausforderung darin, seine Entwicklung weiter voranzutreiben. Im Jahr 1895 kaufte Julius Rosenwald, ein Textilfabrikant aus Chicago, einen Anteil am Unternehmen. Er baute auf dem soliden Fundament auf, dass die Unternehmensgründer Sears und Roebuck gelegt hatten.

Rosenwald brachte unternehmerische Energie und Marketingfähigkeiten in das Unternehmen. Zu seinen Initiativen zählte die Einrichtung eines Systems von Vergünstigungen für Kunden, die den Katalog an Freunde und Verwandte weitergaben. Diese Idee wurde erstmals in Iowa ausprobiert. Die Kunden erhielten 24 Exemplare des Katalogs, um sie weiterzureichen. Gaben die Empfänger eine Bestellung auf, so erhielt der ursprüngliche Kunde eine Prämie.

Der Sears-Katalog zählt zu den Klassikern des Marketing. Er brachte die Welt in die abgelegenen Farmen in Nebraska und im Mittleren Westen. Der Tag, an dem der Katalog von Sears eintraft, war ein Festtag für die neuen Kunden. Ein Klavier? Für 138 Dollar gehört es Ihnen (im Katalog von 1909). Einer dieser neumodischen Photoapparate? Kostet nur etwas mehr als 100 Dollar. Küchengeräte? Probieren Sie doch einmal das Set emaillierter Stahlkochtöpfe für 25 Dollar aus. Oder Mode? Seidenkrawatten für 29 Cents. Im Katalog von Sears fand man die ganze Welt, und sie wurde bis ins abgelegenste Haus gebracht.

DIE WICHTIGSTEN LEHREN

Zufriedene Kunden sind die beste Werbung. Sears ging vielleicht nicht besonders systematisch an das Geschäft heran, doch er verstand zu verkaufen. Der Aufstieg von Sears Roebuck ist exemplarisch dafür, wie man richtig kauft und verkauft. Sears bewegte sich gestützt auf persönliche Empfehlungen von einem zufriedenen Kunden zum nächsten weiter und machte seine Kunden zu seiner Werbeagentur.

Erst vorausstürmen, dann organisieren. Sears war ein stürmischer Unternehmer, Rosenwald ein Organisator. „Richard Sears gab dem Unternehmen seinen Namen. Doch er war nicht derjenige, der es zu einem modernen Unternehmen machte", berichtet Peter Drucker.[2] „Sears' eigene Aktivität konnte kaum als ‚Unternehmenstätigkeit' bezeichnet werden. Er war ein gewiefter Spekulant, der stark herabgesetzte Ware notleidender Anbieter aufkaufte und den gesamten Posten mit spektakulärer Werbung an den Mann brachte. Jede seiner Transaktionen war ein Geschäft für sich; einmal abgeschlossen, löste sich das Geschäft und mit ihm das Unternehmen wieder auf. Doch mit dieser Art, Geschäfte zu machen, war kein Unternehmen aufzubauen, geschweige denn aufrechtzuerhalten. Tatsächlich wäre er so wie viele derartige Geschäftsleute vor ihm innerhalb weniger Jahre aus dem Geschäft gedrängt worden."

Großartige Entscheidung Nr. 13

Im Jahr 1915 entschloß sich Coca-Cola, einen Wettbewerb zu veranstalten, um ein geeignetes Design für die Flasche zu finden, in der sein Erfrischungsgetränk abgefüllt werden sollte, das sich wachsender Beliebtheit erfreute. Das Resultat war eines der bekanntesten Symbole des 20. Jahrhunderts, das kostenlos und mit einem enormen Publizitätsgewinn entwickelt wurde. Eine großartige Entscheidung? Man sehe sich nur diese Marke an.

Das Marketing muss ein Unternehmen im Blut haben. Großartige Marketingentscheidungen sind selten isolierte Ereignisse. Phantasievolles Marketing ist genauso in der Kultur eines Unternehmens verankert wie alle anderen wesentlichen Fähigkeiten. Coca-Cola zählt zu den Unternehmen mit einer besonders langen und beeindruckenden Marketingtraditionen. Schon in seiner Jugendzeit wusste dieses Unternehmen den Zauber des Marketing für sich zu nutzen.

Die legendenumwobene Marke wurde im Mai 1886 in Atlanta (Georgia) von einem Apotheker namens John Styth Pemberton erfunden. Sein „Gehirntonikum" enthielt den Extrakt einer südamerikanischen Pflanze und westafrikanische Samen sowie Karamel, Phosphorsäure und eine Kombination von sieben „natürlichen Geschmacksstoffen", die bis heute ein gut gehütetes Geheimnis darstellt. Pembertons Buchhalter Frank Robinson taufte das Getränk auf den Namen Coca-Cola. Robinson war es auch, der den berühmten geschnörkelten Namenszug entwarf. (Einige Zeit später, im Jahr 1894, begann Caleb Bradham in North Carolina, ein Getränk zu verkaufen, das er entwickelt hatte, um Verdauungsstörungen zu lindern. Dieses Getränk enthielt Pepsin und entwickelte sich zu Pepsi-Cola. Doch das ist eine andere Geschichte.)

Pembertons Getränk wurde anfangs von Willis Venable an einem Sodastand in der Jacob's Pharmacy in Atlanta verkauft. Der Preis lag bei fünf Cents pro Glas. Im ersten Jahr auf dem Markt wurden durchschnittlich sechs Gläser pro Tag verkauft. Der jährliche Gewinn belief sich auf beachtliche 50 Dollar.

Coca-Cola verstand sich von Anfang an auf schwungvolle Werbung und Promotion. Im ersten Jahr, in dem das Getränk angeboten wurde, gab John Pemberton 73,96 Dollar für Banner und Werbeanzeigen aus. (Ja, er arbeitete tatsächlich mit Verlust.) Coca-Cola erkannte lange vor anderen, etablierten Unternehmen die Macht der Massenmedien. Es betreibt seit jeher mit Leidenschaft Werbung.

Kurz vor seinem Tod im Jahr 1888 verkauften Pemberton und sein Sohn die Rechte an ihrem Getränk an Asa Candler (1851–1929). Candler, der später zum Bürgermeister von Atlanta gewählt wurde, war ebenso wie seine Vorgänger ein Anhänger der Werbung (nebenbei war er Arzt, Apotheker, Bauträger und Unternehmer).

Doch nicht nur die Werbung, sondern auch die Verpackung des Produktes wurde eingesetzt, um Kunden anzulocken. So entstand die kurvenreiche Coke-Flasche, eines der Symbole des 20. Jahrhunderts. Und obwohl Coke die Flasche schon seit einigen Jahren nicht mehr verwendet, ist sie unauslöschlich in unser Gedächtnis eingebrannt. Noch heute ist auf jeder Coke-Dose die Flasche abgebildet, um uns an ihre Schönheit zu erinnern.

Die Flasche war das Ergebnis eines Designwettbewerbs, den Coca-Cola im Jahr 1915 veranstaltete. Der siegreiche Vorschlag kam von der Root Glass Company. (Natürlich handelte es sich bei dem Wettbewerb auch um ein schlaues Marketingmanöver.) Asa Candler, der Präsident von Coke, erklärte: „Wir brauchen eine Flasche, die man selbst im Dunkeln als Coca-Cola erkennt." Die Flasche trug wesentlich zur Differenzierung der Marke und zur Stärkung ihrer Identität bei. (In Dosen wurde Coca-Cola erst ab dem Jahr 1955 verkauft.)

Die Vorkriegsslogans von Coca-Cola haben die Zeiten überdauert.

1886:	Drink Coca-Cola
1904:	Delicious and Refreshing
1905:	Coca-Cola Revives and Sustains
1906:	The Great National Temperance Drink
1917:	Three Million a Day
1922:	Thirst Knows No Season
1925:	Six Million a Day
1927:	Around the Corner from Everywhere
1929:	The Pause That Refreshes
1932:	Ice-Cold Sunshine
1938:	The Best Friend Thirst Ever Had
1939:	Coca-Cola Goes Along

1942: Wherever You Are, Whatever You Do, Wherever You May Be, When You Think of Refreshment, Think of Ice-Cold Coca-Cola

1942: The Only Thing Like Coca-Cola Is Coca-Cola Itself. It's The Real Thing.

DIE WICHTIGSTEN LEHREN

Verkaufe, verkaufe, verkaufe. Das ganze Dasein von Coca-Cola kreist um den aggressiven Verkauf eines milden Getränks. Der Verkauf ist der *modus operandi* dieses Unternehmens.

Promote unermüdlich. Aus den Firmenbüchern geht hervor, dass die erste Werbung für Coca-Cola nur drei Wochen erschien, nachdem Pemberton das Getränk erfunden hatte. Es ist anzunehmen, dass die Befehlskette ziemlich kurz war. Die Werbeanzeige erschien im *Atlanta Journal* und verkündete: „Coca-Cola. Köstlich! Erfrischend! Prickelnd! Anregend! Das neue Erfrischungsgetränk mit den Wirkstoffen der wunderbaren Coca-Pflanze und der berühmten Cola-Nüsse." Später erschienen Anzeigen, in denen für das „köstliche und erfrischende" Getränk geworben wurde, in den Schulberichten von Georgia. Eine von Asa Candlers Initiativen bestand darin, tausende Gutscheine für eine Gratisprobe des Getränks verteilen zu lassen.

Wecke positive Assoziationen. Wesentlich für den Erfolg von Coca-Cola waren die positiven Assoziationen, die durch die Werbung und die Promotionaktivitäten geweckt wurden. Coca-Colas Verkaufsargument war durch und durch amerikanisch: In einigen frühen Werbeanzeigen war der Baseballstar Ty Cobb zu sehen, andere zeigten idyllische Bilder des amerikanischen Lebens. Im Jahr 1931 ging man noch einen Schritt weiter und stellte den Weihnachtsmann als begeisterten Coke-Trinker dar.

Großartige Entscheidung Nr. 14

In den zwanziger Jahren war Matsushita ein junges Unternehmen, das mit großen Schwierigkeiten kämpfte und gerade ein Produkt (ein Fahrradlicht) auf den Markt gebracht hatte, das sich nicht richtig durchsetzen konnte. In dieser Situation befahl Konosuke Matsushita seinen Vertretern, in jedem Laden, den sie besuchten, eine funktionierende Lampe zu hinterlassen. Dies war eine Marketingentscheidung von brillanter Einfachheit. Als die Kunden sahen, wie das Fahrradlicht funktionierte, änderten sie ihre Einstellung. Der Absatz schnellte in die Höhe, und der Aufstieg des Unternehmens begann.

„Wir werden gewinnen, und die westlichen Industrieländer werden verlieren; daran ist wenig zu ändern, denn die Gründe für euer Versagen liegen in eurem Wesen“, erklärte Konosuke Matsushita (1894-1989) in einer der provokantesten Passagen der Managementliteratur für westliche Manager.[3] Matsushita legte genau dar, warum der Westen seiner Ansicht nach zur Niederlage verurteilt war und warum die Japaner im Kampf um die industrielle Vorherrschaft zwangsläufig die Oberhand behalten würden. Er argumentierte aus einer ungemein starken Position.

Dabei waren seine Anfänge bescheiden gewesen. Matsushita wuchs in Armut in einem kleinen Ort bei Wakayama auf. Er hatte sieben Geschwister. Seine einst relativ wohlhabende Familie war in wirtschaftliche Bedrängnis geraten, nachdem sein Vater bei Spekulationen an den Rohstoffbörsen viel Geld verloren hatte. Im Jahr 1904 verließ Matsushita im Alter von zehn Jahren die Schule und ging bei einem Handwerker in die Lehre, der Holzkohlengrills herstellte. Der junge Mann arbeitete sich zum Inspektor in der Osaka Electric Light Company empor und gründete im Jahr 1917 sein eigenes Unternehmen, Matsushita Electric.

Matsushitas erstes Produkt war ein Fassungsstecker. Er hatte die Idee seinem vorigen Arbeitgeber vorgelegt, der jedoch kein Interesse daran gezeigt hatte. Das überraschte nicht, denn Matsushita wusste eigentlich nicht, wie er das Produkt tatsächlich herstellen sollte. Es dauerte vier Monate, bis er gemeinsam mit vier Kollegen herausgefunden hatte, wie er die Stecker bauen konnte. Doch niemand wollte sie kaufen.

Der erste Durchbruch gelang Matsushita, als er einen Auftrag zur Herstellung von Isolierplatten erhielt. Der Auftrag wurde zeitgerecht erfüllt, und die Produkte waren von hoher Qualität. Matsushita begann, Geld zu verdienen. Als Nächstes entwickelte er eine innovative Fahrradlampe. Erneut zeigten die Einzelhändler wenig Interesse. Also wies Matsushita seine Vertreter an, in jedem Geschäft, das sie aufsuchten, eine eingeschaltete Lampe zu hinterlassen. Diese einfache Produktvorführung verfehlte ihre Wirkung auf die Kunden nicht, und das Geschäft begann zu laufen. Im Jahr 1932 hatte Matsushita mehr als 1000 Angestellte, 10 Fabriken und 280 Patente. Mit seiner Entscheidung, den Einzelhändlern und Kunden zu demonstrieren, wie sein Produkt funktionierte, hatte er den Grundstein für ein Unternehmensimperium gelegt.

Im Zweiten Weltkrieg baute Matsushita Schiffe und Flugzeuge für die japanische Kriegsmaschinerie, obwohl er in keinem dieser Bereiche über Erfahrung verfügte. Im Jahr 1958 erhielt Matsushita Electric einen Preis für die Qualität seiner Fertigungsabläufe, und im Jahr 1990 (ein Jahr, nachdem Sony Columbia Pictures gekauft hatte) übernahm der Konzern MCA. Dies ist eine brutal verkürzte Version der Geschichte, wie Matsushita aus dem Nichts ein Unternehmen mit einem Umsatz von 61 Milliarden Dollar aufbaute. Daneben schuf er mit Panasonic eine der erfolgreichsten Marken der Welt und häufte ein Privatvermögen von 3 Milliarden Dollar an.

DIE WICHTIGSTEN LEHREN

Die Menschen glauben nur, was sie sehen. Wenn man ein innovatives und neuartiges Produkt hat, muss man den Kunden dabei helfen, seine Möglichkeiten zu verstehen. Man muss ihnen das Produkt erklären. Matsushita glaubte an Produkte, die praktisch in der Anwendung waren und einen klaren Nutzen hatten. „Verkaufe den Kunden keine Produkte, die ihnen gefallen. Verkaufe ihnen Produkte, die einen Nutzen für sie haben werden“, lautete sein Credo. „Die Betreuung nach dem Geschäftsabschluss ist wichtiger als die Verkaufsberatung. Mit dieser Betreuung gewinnt man treue Kunden.“[4]

Verlange Qualität und Effizienz. Matsushita bewunderte Henry Ford und legte größten Wert auf eine effiziente Produktion und hochwertige Produkte: „Nicht lieferfähig zu sein ist ein Zeichen von Achtlosigkeit. In diesem Fall musst du dich bei deinem Kunden entschuldigen. Bitte ihn um seine Adresse und sage ihm, dass du das Produkt unverzüglich liefern wirst.“

Philosophiere. Matsushita war ein Bewunderer Henry Fords, doch er steckte seinem Unternehmen auch höhere spirituelle Ziele. Gewinne allein genügten ihm nicht. „Ein Hersteller sollte es sich zur Aufgabe machen, die Armut zu überwinden und der gesamten Gesellschaft Wohlstand zu bringen.“ Matsushitas „grundlegendes Managementziel“, geprägt im Jahr 1929, lautete: „Wir bekennen uns zu unserer Verantwortung als Industrielle und werden uns in unseren unternehmerischen Aktivitäten für den Fortschritt und die Entwicklung der

Gesellschaft und für das Wohlergehen des Volkes einsetzen und damit die Lebensqualität der ganzen Welt erhöhen."

Die Unfähigkeit, Gewinne zu erzielen, betrachtete Matsushita als „eine Art von Verbrechen gegen die Gesellschaft. Wir nehmen das Kapital der Gesellschaft, wir nehmen die Menschen und wir nehmen die Rohstoffe. Wenn wir keinen guten Gewinn erzielen, verschwenden wir wertvolle Ressourcen, die anderswo besser eingesetzt werden könnten."

Nutze die Intelligenz. Für Matsushita war die Unternehmenstätigkeit eine anspruchsvolle, ernsthafte Aktivität von größter Bedeutung: „Wie wir wissen, ist die Unternehmenstätigkeit heute derart komplex und schwierig, ist das Überleben der Unternehmen in einem zunehmend unberechenbaren, von erbitterten Auseinandersetzungen und großen Risiken gekennzeichneten Umfeld derart unsicher, dass ihr Fortbestehen davon abhängt, jeden Tag von neuem alle verfügbare Intelligenz zu mobilisieren." Matsushita wußte über den Wert des intellektuellen Kapitals Bescheid, lange bevor die Managementtheoretiker ihre Liebe für dieses Thema entdeckten.

Großartige Entscheidung Nr. 15

Im Jahr 1961 erhielt die erfolgreichste Puppe der Welt einen Spielgefährten. Es wurde eine ungeheuer erfolgreiche Markenerweiterung. Ken wurde Barbies Partner fürs Leben, und der Hersteller Mattel hat die Barbie-Marke seitdem stetig erweitert.

Wer hätte das für möglich gehalten? Auch im Zeitalter von Nintendo, Play Stations und einem unerschöpflichen Angebot von Videos sind Puppen nicht aus dem Leben von Kindern wegzudenken. Vielleicht setzen sich die Kleinen zwischendurch vor den Bildschirm, um ein paar Monster aus dem Weltall abzuschießen, doch sie kehren immer wieder zu ihren Puppen zurück. Puppen sind ein universelles Spielzeug. Jungen werden augenblicklich zu Marineinfanteristen, wenn sie einen Action Man oder GI Joe in die Hand nehmen, Mädchen fahren sich mit den Fingern durchs Haar und verkünden ihre Unabhängigkeit, wenn man ihnen eine Barbie vorsetzt. Puppen sind ein großes Geschäft.

Man sehe sich nur das Marketingtheater an, das zum vierzigsten Geburtstag von Barbie veranstaltet wurde, der Puppe, die vielfach als das erfolgreichste Spielzeug aller Zeiten bezeichnet wird. Anfang des Jahres 1999 ging eine freudige Nachricht um die Welt: „Vierzig Jahre voller Träume", verkündete Mattel, der Hersteller von Barbie. Es darf weiter geträumt werden. Auch mit vierzig Jahren leugnet Barbie das Alter auf eine herausfordernd altmodische Art und Weise. Keine Cellulite weit und breit: Barbie hat immer noch die längsten Beine und die am besten geformte Figur, die man sich vorstellen kann. Würde man sie von der Puppengröße in die Realität übertragen, so wäre Barbie 2,10 Meter groß und hätte Beine von 1,50 Metern Länge. Ihre Maße wären 102-56-91. Man sollte meinen, dass der sexistische Barbie-Stil mittlerweile aus der Mode sei. Doch davon kann keine Rede sein. Alle zwei Sekunden wird irgendwo auf der Welt eine Barbie-Puppe gekauft. Die Barbie-Bevölkerung ist mithin auf über eine Milliarde angewachsen. Mit dieser Puppe, die im Jahr 1959 bei der jährlichen Spielzeugmesse in New York ihren ersten großen Auftritt hatte, wird mittlerweile ein Umsatz von 1,9 Milliarden Dollar im Jahr erzielt. Da läßt jemand wirklich die Puppen tanzen.

Barbie (deren wirklicher Name Barbara Millicent Roberts lautet) war die Idee von Ruth Handler, der Ehefrau eines der Mattel-Gründer. Mrs. Handler sah ihre Tochter – deren Name zufällig Barbara war – mit Papierpuppen spielen und kam auf den Gedanken, ein etwas dauerhafteres und realistischeres Spielzeug zu entwickeln. „Wenn sich ein kleines Mädchen in ihren Rollenspielen mit einer 16- oder 17-jährigen identifizierte, erschien es mir nicht besonders gescheit, ihr eine flachbrüstige Puppe zu geben. Daher stattete ich die Puppe mit schönen Brüsten aus“, erklärte Mrs. Handler. Die Brüste waren nicht überall von Vorteil für Barbie. In Japan entwickelte sich der Absatz anfangs schleppend. Die Marktforscher fanden heraus, dass die japanischen Mädchen und ihre Eltern die Brüste der Puppe für zu groß hielten. Gemessen an japanischen Standards waren sie es. Also änderte Mattel die Puppe für den japanischen Markt. Bald verkaufte der japanische Lizenznehmer zwei Millionen Exemplare der flachbrüstigen Barbie.

Die Langlebigkeit von Puppen ist, so sonderbar es scheinen mag, ein Lehrbeispiel für modernes Management. Der Berater Ian Ritchie von der Oxford Group hat mit dem Spielzeughersteller Hasbro gearbeitet und eine Reihe bedeutsamer Lehren aus den Methoden der Spielzeugbranche gezogen: „Entscheidend ist, das Spielzeug so schnell wie möglich zur Marktreife zu bringen. Die Zeit, die ein Hersteller benötigt, um eine Idee in die Regale der Spielzeughandlungen zu bringen, kann über Erfolg oder Fiasko entscheiden. Dann ist da die Frage des Timings. Auf dem Puppenmarkt muss man genau den richtigen Zeitpunkt wählen – man muss dafür sorgen, dass die Puppen, die einem erfolgreichen Film, einem Buch oder einer Fernsehserie entlehnt sind, zeitgerecht im Handel erhältlich sind.“ Hasbro hat bei der Produktentwicklung ein sehr viel höheres Maß an Teamarbeit erreicht als viele andere Unternehmen der Branche. In den Teams arbeiten Leute aus verschiedenen Abteilungen zusammen, um Produktmodifizierungen, Design und Lieferlogistik zu verbessern. Heute braucht das Unternehmen 70 Prozent weniger Zeit als früher, um seine Produkte zur Marktreife zu bringen.

Ein weiterer wichtiger Punkt ist die Erweiterung von Produktlinien. Die Puppenhersteller sind Meister darin, ihre Produktlinien unentwegt zu erweitern. Die Barbie-Puppe ist zwar ein (weitgehend) global standardisiertes Produkt, doch ihr Erfolg beruht nicht zuletzt auf der Vielzahl verfügbarer Kleidervarianten. Jedes Jahr kommen mehr als 100 neue Kleiderkombinationen auf den Markt. Das ist notwendig, da Barbie ein Renaissancemensch ist. Sie kann einfach in jede Rolle schlüpfen. „Sie ist eine Geschäftsfrau, ein Mitglied einer Rockgruppe und eine Fußballspielerin“, erfahren wir auf ihrer Website. Und es gibt einen Mann in ihrem Leben: Ken. Er ist die ideale Ergänzung Barbies, eine echte Markenerweiterung. Der im Jahr 1961 eingeführte Lebensgefährte hält sich stets im Hintergrund und begnügt sich anscheinend damit, Barbie dabei zuzusehen, wie sie in ihrem erfüllten Leben von Erfolg zu Erfolg stürmt. Die Entscheidung, die Barbie-Marke mit der Einführung Kens zu erweitern, gab den Anstoß zu einer ganzen Serie von Erweiterungen, die dafür sorgen, dass die Marke stets im Rampenlicht bleibt.

Barbie hat auch eine Freundin namens Midge, die 1963 das Licht der Welt erblickte, um dann jedoch für viele Jahre in der Versenkung zu verschwinden. Im Jahr 1988 feierte sie allerdings ein verblüffendes Comeback. 1964 wurde Skipper geboren, Barbies wenig bekannte jüngere Schwester. 1968 überschritt Barbie die ethnischen Grenzen und freundete sich mit einem schwarzen Mädchen namens Christie an. 1988 gesellte sich eine Spanisch sprechende Freundin namens Teresa dazu. Es folgten Kira, Barbies asiatische Freundin (1992), ihre sehr viel jüngere Schwester Stacie, die geradezu unwahrscheinlich junge Schwester namens Kelly, und im Jahr 1997 stieß Becky zu der Gruppe, die im Rollstuhl lebt.

DIE WICHTIGSTEN LEHREN

Markenerweiterungen ermöglichen es einem Unternehmen, das kommerzielle Potential eines Grundkonzepts besser zu nutzen und das Produkt mit frischem Blut zu versorgen. In den Ramschverkäufen wimmelt es von Puppen, denen es nicht gelungen ist, mit der Zeit zu gehen. Der Action Man von Hasbro kam im Jahr 1964 auf den Markt und hat mittlerweile über 350 verschiedene Gestalten angenommen. Der 30 Zentimeter hohe Krieger war schon Polarforscher, Weltraumpolizist, Lebensretter, Wüstenkämpfer und Footballspieler.

Produkte müssen sich entwickeln. Barbie hat sich praktisch jeder lächerlichen und flüchtigen Mode vorbehaltlos angeschlossen. Erst ließ sie sich von den Beatles inspirieren, um sich dann ausgerechnet in einen „Mod“ zu verwandeln. Im Lauf der Zeit probierte sie auch den „Prärie-Look“ aus – was immer das auch sein mag – und wurde zu einer Anhängerin der Diskomusik. In den achtziger Jahren verwandelte sie sich in einen selbstbewussten Managertyp, fand dabei jedoch noch Zeit, um sich als Aerobic-Trainerin zu verdingen. Das Sportthema zieht sich übrigens durch ihr ganzes Leben: Am Ende des 20. Jahrhunderts begann Barbie, Basketball und Fußball zu spielen.

Mattel ist ungemein stolz auf sein Konzept, Barbie durch eine Vielzahl von Karrieren zu schleusen. „Barbie besitzt die einzigartige Fähigkeit, das Selbstbewusstsein und das Auftreten all jener zu verbessern, die sie lieben, und ihren Abenteuersinn zu wecken“, behauptet das Unternehmen. „Als Astronautin war sie 1994 und 1986, ja sogar schon im Jahr 1965 – 20 Jahre vor Sally Ride! – ein Rollenvorbild für die Frauen. Als Universitätsabsolventin im Jahr 1963, Chirurgin im Jahr 1973, Unternehmensleiterin im Jahr 1986, Gipfeldiplomatin und Pilotin im Jahr 1990, als Präsidentschaftskandidatin im Jahr 1992 und Zahnärztin im Jahr 1997 hat die Barbie-Puppe den Mädchen Träume vorgelebt, die Anfang der sechziger Jahre noch in weiter Ferne lagen. Tatsächlich hat die beliebteste Modepuppe der Welt seit ihrer Schöpfung 75 Karrieren bewältigt." Unglücklicherweise rückt Mattel keine Informationen über ihren Erfolg der Gipfeldiplomatin heraus.

Markenentwicklung bedeutet in diesem Fall, dass Barbie mittlerweile in 15 000 Kombinationen erhältlich ist. Dabei mögen die Kleidung, die Augen und die Hautfarbe verändert werden – jedoch niemals die Beine.

Großartige Entscheidung Nr. 16

Die Segmentierung zählt zu den grundlegenden Instrumenten des Marketing. Die Wurzeln dieser Methode können bis zu Alfred P. Sloans Entscheidung zurückverfolgt werden, bei General Motors für jedes Marktsegment ein eigenes Automodell zu entwerfen.

Im Jahr 1908 gründete William Crapo Durant (1861-1947) die General Motors Company of New Jersey. Weniger als ein halbes Jahrhundert später, zu Beginn der fünfziger Jahre, erklärte der damalige Unternehmensleiter Charles E. Wilson vor dem Militärausschuss des amerikanischen Senats: „Was für das Land gut ist, ist auch gut für General Motors, und was für General Motors gut ist, ist auch gut für das Land." Zu jener Zeit gab es kaum jemanden, der diese Ansicht nicht geteilt hätte. Über weite Strecken des 20. Jahrhunderts war GM ein Symbol für die Macht der amerikanischen Unternehmen.

Wesentlichen Anteil daran, dass GM dieses Format erlangte, hatte Alfred P. Sloan (1875–1966), der legendäre Leiter des Unternehmens in den frühen Jahren. Als sie für ihr Buch *The Change Masters* eine Fallstudie über General Motors vorbereitete, erfuhr Rosabeth Moss Kanter vom damaligen Chairman Roger Smith, sein Ziel sei es, „das Management dieses Unternehmens wieder so zu gestalten, wie Sloan es konzipiert hatte" – und das mehr als dreißig Jahre nach Sloans Tod.[5]

Im Alter von 24 Jahren leitete Alfred Sloan die Hyatt Roller Bearing Company. Als Hyatt mit United Motors fusionierte, wurde Sloan Präsident des neuen Unternehmens, das seinerseits 1917 von General Motors übernommen wurde. Bei General Motors war Sloan anfangs Direktor und Bereichsleiter und wurde im Jahr 1946 zum Leiter des Konzerns bestellt. Von 1956 bis zu seinem Tod war er Ehrenvorsitzender des Board.

Als Sloan die Führung von General Motors übernahm, wurde der wachsende Automobilmarkt von Ford beherrscht. Ford hatte die Massenproduktion in die Industrie eingeführt. Im Jahr 1920 fuhr bei Ford jede Minute ein Auto vom Band, und das unscheinbare Model T hatte einen Marktanteil von 60 Prozent. Mit viel Mühe schaffte es General Motors, sich auf einen Anteil von rund 12 Prozent empor zu arbeiten.

Da Ford den Massenmarkt beherrschte, herrschte allgemein Einigkeit darüber, dass die Konkurrenten nur eine Wahl hatten: Sie mussten sich auf den verschwindend kleinen Markt für Luxuswagen konzentrieren. Doch Sloan dachte anders. Er lenkte GMs Aufmerksamkeit auf die damals noch gar nicht existierende Mittelklasse. Sein Ziel war es, ein Auto „für jede Brieftasche und jeden Zweck" zu bauen.

Zu jener Zeit war General Motors ein schwerfälliges Konglomerat von Unternehmen, die acht verschiedene Modelle herstellten. Diese kämpften im Grunde genauso gegeneinander wie gegen Ford. Sloan strich drei Modelle und entschied, dass die übrigen nicht mehr miteinander konkurrieren, sondern jeweils auf ein bestimmtes Segment des Marktes zugeschnitten werden sollten. „Damals wusste jeder amerikanische Konsument bei der Erwähnung des Namens *Pontiac* sofort, was für eine Person dieses Auto fuhr", hieß es in *BusinessWeek*. Die fünf Modelle von General Motors – Chevrolet, Oldsmobile, Pontiac, Buick und Cadillac – sollten von nun an regelmäßig aktualisiert und modifiziert werden und wurden in verschiedenen Farben angeboten. Ford bot weiterhin funktionelle, zuverlässige und einheitliche Autos an. GM gestattete den Kunden zu wählen.

„Die Unterabteilungen von General Motors sorgten dafür, dass die Kunden ihr Leben lang Autos von GM kauften, und boten ihnen eine vielfältige Auswahl, während Ford Autos in jeder Farbe produzierte, die der Kunde wollte, solange die Farbe schwarz war."[6]

DIE WICHTIGSTEN LEHREN

Verstehe deinen Markt. Sloan verstand die Bestrebungen und Erwartungen seines Marktes so wie Henry Ford sie verstanden hatte, als er sein Unternehmen gründete.

Bemühe dich ständig um Veränderung. Das Modell von gestern ist Geschichte. Sloan bewies, dass die Verbraucher laufende Veränderungen wollen und mit der Mode gehen. Neuheiten sind gut für das Geschäft.

Großartige Entscheidung Nr. 17

The Grateful Dead sicherten sich in den achtziger Jahren die unverbrüchliche Treue ihrer Kunden, indem sie sich entschlossen, den Fans zu erlauben, ihre Konzerte auf Band aufzunehmen. Das Ergebnis: Im Jahr 1996 wurden Merchandising-Produkte im Wert von rund 50 Millionen Dollar verkauft, und täglich besuchten 100 000 Menschen die Internetsite der Gruppe.

Jeder Manager lernt, dass der geschäftliche Erfolg davon abhängt, ob es gelingt, Kunden anzulocken und bei der Stange zu halten. Doch solche weisen Lehren geraten rasch wieder in Vergessenheit. Hat ein Unternehmen einmal Kunden gewonnen, so verliert es häufig die zweite Hälfte der Gleichung aus den Augen. Denn die Manager betrachten es als die langweilige Seite des Geschäfts, dafür zu sorgen, dass ein Kunde auch ein Kunde bleibt.

Jedes Jahr büßen die Unternehmen ungeheuer viel Geld ein, weil sie der Aufgabe, die vorhandenen Kunden an sich zu binden, nicht ebenso viel Aufmerksamkeit widmen wie dem Bemühen, neue Kunden zu gewinnen. Schätzungen zufolge verliert das durchschnittliche Unternehmen jedes Jahr zwischen 10 und 30 Prozent seiner Kunden. Berücksichtigt man den unablässigen Wandel unserer Märkte, so überrascht dies nicht. Überraschend ist jedoch, dass kaum ein Unternehmen weiß, wie viele Kunden es verloren hat.

Erst in jüngster Zeit haben die Unternehmen begonnen, sich mit diesen entgangenen Möglichkeiten zu befassen und ihre finanziellen Auswirkungen zu berechnen. Ein Unternehmen, das die Zahl der verlorenen Kunden verringert, kann sein Ergebnis überproportional verbessern. Studien in den Vereinigten Staaten haben gezeigt, dass die Gewinne um 25 bis 85 Prozent steigen, wenn es gelingt, die Zahl der abwandernden Kunden um 5 Prozent zu senken.

Xerox misst der Frage der Kundenbindung derart große Bedeutung bei, dass die Kundentreue einen zentralen Platz in den Bonusprogrammen des Unternehmens einnimmt. Domino's Pizza schätzt, dass ein regelmäßiger Kunde in zehn Jahren mehr als 5 000 Dollar wert ist. Ein Kunde, der beim ersten Besuch ein minderwertiges Produkt oder eine schlechte Dienstleistung erhält und nicht wiederkommt, kostet das Unternehmen Tausende Dollar an potentiellen Einnahmen (die Einbußen sind noch viel höher, wenn man bedenkt, wie vielen Leuten dieser Kunde von seiner schlechten Erfahrung erzählen wird).

Ausgezeichnete Lektionen in Sachen Kundenbindung gibt es vielleicht von Leuten, von denen man sie kaum vermuten würde: Fragen wir Jerry Garcia, Marketingleiter und Sänger von The Grateful Dead. Er hat ein erfolgreiches Unternehmensimperium aufgebaut. Keine schlechte Leistung für einen erklärten Hippie und Drogenkonsumenten. Im Jahr 1994 erzielte die Band Einnahmen von rund 95 Millionen Dollar. Sie verkaufte Eintrittskarten im Wert von 50 Millionen, verdiente rund 35 Millionen mit Merchandising-Produkten und setzte nebenbei noch ein paar CDs ab. Da beginnt man zu verstehen, warum jene anderen Hippiekapitalisten namens Ben und Jerry eine Eissorte auf den Namen Garcia getauft haben.

Warum sind The Grateful Dead eine Quelle der Inspiration für Manager? Aus einer Reihe von Gründen.

Erstens hatte diese Rockgruppe unvergleichlich loyale Kunden. Das erreichte sie, indem sie ihren Fans erlaubte, ihre Konzerte auf Band aufzunehmen, und den Zugang zu den Karten erleichterte, indem sie Bestellungen per Post ermöglichte. Auch die Mitarbeiter der Gruppe erwiesen sich als loyal. Bei den Tourneen konnte die Band stets auf dieselbe Crew zählen. Auch wenn die Gruppe nicht auf Tournee war, wurde die Crew bezahlt, und zwar sehr gut. Ausfälle und Mitarbeiterfluktuation waren in diesem Unternehmen Fremdworte. Die Botschaft an andere Unternehmen lautete: Kümmere dich um deine Mitarbeiter, und diese werden sich um deine Kunden kümmern.

Zweitens erweiterten The Grateful Dead ihre Marke. Die Händler, die am Rand der Konzerte Mechandising-Produkte verkauften, wurden als offizielle Lizenznehmer an das Unternehmen gebunden. Sie wurden zu Mitgliedern des Teams gemacht, und beide Seiten wurden reich. Mittlerweile kann man Golfbälle und Babykleidung mit dem Konterfei der Grateful Dead kaufen.

Schließlich gab die Band ihren Kunden Zugang zur Marke. Die Gruppe ging lieber auf Tournee, als viele Platten aufzunehmen. Sie gab der Qualität Vorzug vor der Quantität. Und die Kunden identifizierten sich mit ihr.

Gekrönt wurde diese großartige Marketingpolitik mit einem sehr starken Image. The Grateful Dead boten ein andersartiges Produkt an und spielten nach anderen Regeln. Das bedeutet, dass sie sich nicht sklavisch jeder Mode unterwarfen. Sie erweckten nicht den Eindruck, im Geschäft zu sein, um die Leute abzukassieren oder Geld zu machen – und machten dennoch Geld.

Auch nach dem Tod des Leadsängers Jerry Garcia trat die Band weiter auf – und noch immer nahmen viele Menschen die Konzerte von The Grateful Dead mit ihren Kassettenrekordern auf.

DIE WICHTIGSTEN LEHREN

Respektiere die Kunden, wie sie es verdienen. The Grateful Dead zollten ihren Fans Respekt. Sie gelangten zu dem Schluss, dass es nicht in ihrem Interesse sei, ihre Fans auszunutzen, und dass es nicht im Interesse der Fans sei, die Band auszunutzen. Das nennt man reifes Marketing.

Loyalität ist billig – und wirft enorme Dividenden ab. Die Loyalität ihrer Anhänger zu gewinnen, kostete die Band nicht viel – es drohten schlimmstenfalls kurzfristige Ertragseinbußen. Doch langfristig trug diese Entscheidung reiche Früchte.

Beziehungen sind wichtig. Kundentreue erzeugt man durch Beziehungsmarketing: indem man die Beziehungen zu den Kunden pflegt und dadurch ihre Loyalität weckt. Die Bemühungen zur Pflege der Kundenbeziehungen umfassen mittlerweile eine Vielzahl von Aktivitäten – von Kundenmagazinen über Gutscheine bis zu Geschenken. Im Grunde besteht das Ziel darin, eine Person davon zu überzeugen, einem bestimmten Anbieter den Vorzug zu geben, um in den Genuss der angebotenen Vorteile zu kommen – ob es sich dabei nun um eine Reise nach Acapulco oder einen Gutschein für ein verbilligtes Diätgetränk handelt. Skeptiker werden einwenden, daran sei nichts Neues. Tatsächlich gewähren die Unternehmen seit jeher langjährigen Kunden Preisnachlässe und locken sie mit Vergünstigungen. Doch eines ist heute anders: Nie zuvor versuchten die Unternehmen derart systematisch, die Beziehungen zu ihren Kunden zu festigen und sich ihre Loyalität zu sichern.

Großartige Entscheidung Nr. 18

In den fünfziger Jahren entschloss sich der Tabakkonzern Philip Morris, seine Zigarettenmarke für Frauen neu zu positionieren und als Männerzigarette zu vermarkten. Der Marlboro-Cowboy half dabei, eine der erfolgreichsten und dauerhaftesten Marken der Welt aufzubauen.

In den fünfziger Jahren hatte der Tabakkonzern R.J. Reynolds allen Grund, mit sich zufrieden zu sein. Sein Marktanteil näherte sich der 35 Prozent-Marke. Das Unternehmen war die beherrschende Kraft in der amerikanischen Zigarettenindustrie. Zu den Konkurrenten, die sich verzweifelt um Anschluss an den Marktführer bemühten, gehörte Philip Morris. Dieses Unternehmen belegte den sechsten Rang in der Branche und hatte einen Marktanteil von weniger als 10 Prozent. Zweifellos lehnten sich die Manager von R.J. Reynolds in ihren Schreibtischsesseln zurück und pafften genüsslich eines ihrer erfolgreichen Produkte.

In der Zwischenzeit wälzte man bei Philip Morris Pläne. Das Unternehmen schien sich in einer aussichtslosen Lage zu befinden. Eine seiner Marken, die Marlboro, konnte sich einfach nicht auf dem Markt durchsetzen. Diese Zigarette war für die weibliche Kundschaft bestimmt. Sie war in den zwanziger Jahren mit dem angemessen weiblichen Slogan „Mild wie der Mai" auf den Markt gebracht worden. Doch im Zweiten Weltkrieg wurde die Marlboro-Produktion eingestellt: Zu stark war die Vormachtstellung von Camel, Lucky Strike und Chesterfield. Diese drei Marken beherrschten auch in den fünfziger Jahren, als der Tabakkonsum beträchtlich stieg, den Markt.

Anfang der fünfziger Jahre kam die Marlboro erneut als Frauenzigarette auf den Markt. Die Angst vor dem Lungenkrebs nahm zu, und die Marlboro erhielt einen Filter. Die männlichen Konsumenten lehnten den Filter als weibisch ab.

Also gab Philip Morris der Werbeagentur Leo Burnett den Auftrag herauszufinden, wie man die Marlboro auch für Männer attraktiv machen könne. Das Ergebnis war eine Werbekampagne im Jahr 1955, in deren Mittelpunkt ein tätowierter Mann stand. Der Marlboro-Raucher wurde neu definiert als „schlanker, gelassener Abenteurer – ein Rinderzüchter, Marineoffizier oder Flieger –, dessen tätowierter Unterarm auf eine romantische Vergangenheit schließen ließ. Ein Mann, der hart gearbeitet hatte, der die Dinge im Griff hatte, der Respekt verdiente." Der Marlboro-Absatz schnellte in die Höhe. In New York stieg der Umsatz innerhalb von acht Monaten um 5000 Prozent.

Der ursprüngliche Marlboro Man war sehr gesprächig – er hatte einiges zu erklären. In den ersten Jahren bot er in der Werbung bereitwillig die Geschichte seines Lebens dar („Ich bin ein Rancher. Bin in diesem Teil des Landes aufgewachsen....“), doch im Lauf der Zeit wurde er immer schweigsamer. Einen wichtigen Beitrag zur Entwicklung der Marke trug auch eine gut gestaltete Schachtel mit leicht zu erkennenden Farben bei. Die Schachtel wurde zur Mitgliedskarte. Wer sie bei sich trug, wurde ebenfalls zu einem Cowboy – selbst wenn er mitten in der Stadt lebte und das Vorderteil einer Kuh nicht von ihrem Hintern unterscheiden konnte.

Im Jahr 1989 entfiel ein Viertel des Zigarettenumsatzes in den USA auf die Marlboro, und Philip Morris hatte einen Marktanteil von 43 Prozent erreicht. In Marlboro country herrschte eitel Sonnenschein, doch schon bald zogen wieder dunkle Wolken am Horizont auf, und es begann das Drama, das als „Marlboro Friday“ bekannt werden sollte.

DIE WICHTIGSTEN LEHREN

Du hast immer eine Chance. Anfang der fünfziger Jahre siechte die Marke Marlboro dahin und schien dazu verurteilt, für alle Zeiten eine unbedeutende Nischenmarke zu bleiben. Doch eine geschickte und ausdauernd geführte Werbekampagne veränderte praktisch über Nacht ihre Rolle im Leben der Raucher.

Die Markenpolitik ist unglaublich wirkungsvoll. Marlboro ist mehr als eine Marke. Die Marlboro ist ein internationales Produkt, dessen Image in aller Welt bekannt ist. Das unverwechselbare, in Rot und Weiß gehaltene Design der Schachtel und die Werbung, die ein romantisches Bild des amerikanischen Cowboys heraufbeschwört, werden rund um den Erdball sofort erkannt.

MARLBORO FRIDAY

Am 2. April 1993 senkte der amerikanische Tabakriese Philip Morris den Preis für seine Markenzigaretten, darunter auch die Marlboro, um 25 Prozent. Einen Tag zuvor hätten die Leute wahrscheinlich noch gedacht, das Unternehmen erlaube sich einen Scherz, doch es war Philip Morris vollkommen Ernst. Etwas mehr als ein Jahr später, am 19. Juni 1994, trat Michael Miles, der Mann, der diese Entscheidung gefällt hatte, von seinem Posten als Chairman und CEO von Philip Morris zurück. Die Geschichte hinter den Ereignissen, die als „Marlboro Friday" bekannt geworden sind, wirft eine Reihe grundlegender Fragen zur Markengestaltung und zum modernen Markenmanagement auf.
Marlboro und andere Marken in der Produktlinie von Philip Morris verloren seit längerer Zeit Marktanteile bei den Generika, den Zigaretten ohne Markenbezeichnung. (Es sollte beachtet werden, dass Philip Morris selbst zu den Produzenten billiger Zigaretten gehörte, welche die Position der Marlboro untergruben. Allerdings waren die Gewinnmargen bei diesen Marken verständlicherweise geringer.) Bis zum Marlboro Friday hatten die Zigaretten ohne Markennamen fast 40 Prozent des amerikanischen Marktes erobert. Indem sie ihre Zigaretten für den halben Preis der Marlboro verkauften, hatten die billigeren Konkurrenten gemeinsam mit der Marke Camel von RJR Nabisco den Marktanteil Marlboros von fast 30 auf gerade 22 Prozent gedrückt. Daher war Michael Miles zu dem Entschluss gelangt, dass etwas geschehen müsse.
Miles wurde als „realitätsfern und unkommunikativ" bezeichnet. Das Magazin *Fortune* hatte ihn als „Geschäfts-Junkie" beschrieben, als „pragmatisch, unerbittlich, konzentriert ... kaltblütig". Obendrein war er Nichtraucher und kam aus der Nahrungsmittelsparte des Unternehmensriesen Philip Morris, dessen Gesamtumsatz im Jahr 1993 bei 61 Mrd. Dollar lag. Miles' Herkunft aus dem Nahrungsmittelbereich war angeblich der Grund dafür, dass es ihm an Begeisterung für die Marke und an Verständnis für das Tabakgeschäft und Marlboros Bedeutung mangelte. Die normale Reaktion auf einen Rückgang des Marktanteils wäre eine aggressive Werbekampagne, eine kleine Preissenkung oder eine Kombination beider Maßnahmen gewesen. Diese Eingriffe hätten

die Entwicklung des Marktanteils möglicherweise in die richtige Richtung gelenkt.

Die Lösung, für die sich Miles entschied, war drastischer und kam unerwartet: eine massive Preissenkung. Tatsächlich war es eine sehr gewagte Entscheidung, den Preis der weltweit führenden Zigarettenmarke um ein Viertel zu senken, um den schwindenden Marktanteil wieder zu stabilisieren. Viele Beobachter und Branchenanalysten sahen in dieser Strategie eher eine Panikreaktion als eine wohl durchdachte Maßnahme.

Abgesehen von der Verbilligung der Zigaretten hatte der Marlboro Friday auch weitreichendere Konsequenzen: Mit einem Schlag machte er der romantischen Verklärung der Marken, die sich in den achtziger Jahren durchgesetzt hatte, ein Ende. Plötzlich waren die Marken keine unfehlbaren Maschinen zur Geldvermehrung mehr, sondern wurden als anfällige Produkte entlarvt, die unabhängig von ihrer Größe Attacken der Konkurrenz zum Opfer fallen konnten. Der Realismus hielt Einzug. In den achtziger Jahren waren viele Marken im Wesentlichen aufgrund einer Positionierung durch Spitzenpreise gewachsen. Vorangetrieben wurde die Entwicklung durch jährliche Preissteigerungen, die vielfach bis zu 15 Prozent ausmachten. Die rasch aufeinander folgenden Preiserhöhungen hatten die Kunden auf vielen Märkten Konkurrenten in die Arme getrieben; daher die Ausbreitung der Eigenmarken.

Der Marlboro Friday leitete den Beginn einer neuen und nicht allzu vielversprechenden Ära ein. Wie so oft, wenn sie völlig unvorbereitet getroffen werden, quittierten die Aktienmärkte die Entscheidung mit Unglauben. Die Aktien von Philip Morris verloren an einem einzigen Tag 23 Prozent. (Als letzte Beleidigung für Michael Miles zog ihre Notierung unmittelbar nach seinem Ausstieg aus dem Konzern wieder an.)

Im Grunde war der Entschluss von Miles nachvollziehbar. Er erkannte, dass das Unternehmen für die Marke Marlboro nicht länger einen Spitzenpreis verlangen konnte, den viele Konsumenten offenkundig für überhöht hielten. Möglicherweise mit Blick auf Compaqs Vorgehen im PC-Geschäft versuchte Miles, die Preise zu senken und die ungeheure Stärke der Marke zu nutzen, um den Marktanteil zu stabilisieren.

Und seine Strategie funktionierte auch. Kurze Zeit nach dem Marlboro Friday machte der Kurs der Philip Morris-Aktie die erlittenen Verluste weitgehend wett, und das Unternehmen konnte seinen Gesamtanteil am amerikanischen Tabakmarkt von 42 auf 46 Prozent erhöhen, wobei sich allein Marlboro von 22 auf 27 Prozent erholte. Im Juli 1994 konnte Philip Morris bekannt geben, dass der Gewinn nach Steuern allein im zweiten Quartal um 17,6 Prozent auf 1,23 Mrd. Dollar gestiegen war. Bezeichnend war, dass dies der erste Gewinnanstieg seit dem Marlboro Friday war. Der Umsatz in den Vereinigten Staaten war um fast 22 Prozent gestiegen, womit sich der Marktanteil von Philip Morris um 5 Prozent auf 46,6 Prozent erhöhte. Marlboro hatte einen Rekordanteil von 28,5 (plus 6,5 Prozent) erreicht.

Beendet wurde die Karriere von Miles bei Philip Morris schließlich dadurch, dass er den Plan vorlegte, die beiden Kerngeschäfte des Konzerns – Tabak sowie Nahrungsmittel und Getränke – zu trennen (zum zweiten Bereich gehörten Maxwell House, Kraft und Miller Beer). Dieses Vorhaben stieß auf entschiedenen Widerstand beim ehemaligen Chairman Hamish Maxwell, der die Diversifizierung des Konzerns in den achtziger Jahren konzipiert und mit strategischen Übernahmen (General Foods, Kraft und Jacobs Suchard) in die Tat umgesetzt hatte. Auch in diesem Fall war Miles' Gedankengang nachvollziehbar: Maxwell hatte den Nahrungsmittelbereich des Unternehmens in den achtziger Jahren ausgebaut, als alles darauf hindeutete, dass das Tabakgeschäft schrumpfen und möglicherweise in Zukunft große Probleme verursachen würde. Die Strategie funktionierte so gut, dass auf den Bereich Nahrungsmittel bis 1993 fast die Hälfte des Umsatzes von Philip Morris entfiel, obwohl dieses Geschäft bei weitem nicht so rentabel war wie die Tabakbranche. Miles war der Leiter von Kraft gewesen und praktisch von Philip Morris übernommen worden, als der Konzern Kraft gekauft hatte. Da er aus dem Nahrungsmittelgeschäft kam, lag ihm sehr daran, die beiden Imperien zu trennen. Auch reagierte er auf die wachsende Opposition gegen das Rauchen in den Vereinigten Staaten und wollte den Konzern gegen drohende Schadenersatzklagen schützen.

In einer sechsstündigen Boardsitzung wurde Miles Plan abgelehnt. Da seine Position unhaltbar geworden war, verließ er wenige Wochen später das Unternehmen. An seine Stelle traten zwei Raucher aus dem Tabakbereich von Philip Morris. Im Marlboro-Land waren die Raucher noch immer die Herren.

Großartige Entscheidung Nr. 19

Im Jahr 1892 gelangte Henry Heinz vom Nahrungsmittelunternehmen H.J. Heinz zu dem Schluss, das Unternehmen brauche einen Slogan. Mit Blick auf das vorhandene Angebot entschied er sich für „57 Sorten". Dies war einer der wenigen Fälle von erfolgreichem Understatement im Marketing – tatsächlich stellte Heinz zu jenem Zeitpunkt 60 Produkte her – und obendrein ein Slogan, der die Zeit überdauerte.

Henry John Heinz (1844-1916) stammte aus Pittsburgh und war ein frühreifer Unternehmer: Im Alter von acht Jahren (in anderen Büchern ist von zwölf Jahren die Rede) verkaufte er Gemüse aus dem Garten seiner Eltern. Dieses Unternehmen wuchs rasch zu einem Imperium heran. Im Jahr 1860 lieferte Heinz jede Woche drei Wagenladungen Gemüse an eine Reihe von Lebensmittelläden in Pittsburgh.

Das Geschäft wuchs stetig, und im Jahr 1869 gründete er mit mehreren Partnern einen Betrieb, der geriebenen Meerrettich verkaufte. Bemerkenswert an diesem Meerrettich war seine Reinheit: Henry widerstand der Versuchung, so wie viele andere Hersteller Steckrüben unter den Rettich zu mischen. Zum Beweis für die Qualität füllte er das Produkt in einem durchsichtigen Glas ab. Nach sechs Jahren ging die Partnerschaft in Folge eines Ernteüberschusses, der die Preise drückte, bankrott. Doch Heinz ließ sich nicht vom Kurs abbringen und gründete im Jahr 1876 F. & J. Heinz, eine Firma, in der sein Bruder und sein Cousin Partner waren und er selbst als Manager fungierte. Das neue Unternehmen stellte eingelegtes Gemüse und Gewürzmischungen her. Eines der ersten Produkte war ein Tomatenketchup.

1888 wurde die Firma als H.J. Heinz neu gegründet, und vier Jahre später entschied Henry Heinz, dass das Unternehmen nun einen Slogan brauche. In Anspielung auf das Angebot an Produkten entschied er sich für „57 Sorten". Dies war einer der wenigen Fälle von Zurückhaltung im Marketing – tatsächlich stellte Heinz zu jenem Zeitpunkt 60 Produkte her – und obendrein ein Slogan, der die Zeit überdauerte. Heinz war ein geborener Marketingkünstler. „Es kommt nicht so sehr darauf an, was du sagst, sondern wie, wann und wo du es sagst", erklärte er.

Im Jahr 1905 ging das Unternehmen an die Börse, Henry Heinz wurde Präsident. Seine Unternehmensphilosophie könnte direkt dem Handbuch eines viktorianischen Philanthropen entstammen: „Stärke des Herzens ist mehr wert als Pferdestärken", lautete sein Credo. Seine Fabrik am Allegheny River war vorbildlich, was die Behandlung der Arbeiter und die Sauberkeit anbelangte. Heinz begann, für interessierte Personen Fabrikrundgänge zu organisieren. Als er im Jahr 1916 starb, beschäftigte sein Unternehmen in 25 Fabriken Tausende Menschen.

Erst im Jahr 1965, als R. Burt Gookin CEO wurde, gab die Familie Heinz die Kontrolle über die Führungspositionen im Unternehmen aus der Hand. Gookins Nachfolger war der frühere irische Rugbystar Tony O'Reilly. Doch einige Dinge änderten sich nie: „Für mich besteht die Nagelprobe darin, festzustellen, ob eine Hausfrau, die in einem Supermarkt ein Tomatenketchup von Heinz kaufen möchte und entdeckt, dass es vergriffen ist, das Geschäft verlassen und anderswo nach dem Produkt suchen oder auf ein anderes Produkt umsteigen wird", erklärte Tony O'Reilly.[8]

Im Lauf seiner Entwicklung übernahm Heinz StarKist (1963), Ore-Ida (1965) und Weight Watchers International (1978). Der gegenwärtige CEO William R. Johnson, der die Funktion 1998 übernahm, ist erst der sechste, der an der Spitze von Heinz steht. Die Marktkapitalisierung des Unternehmens liegt heute bei ca. 14 Mrd. Dollar. Heinz hat über 40 000 Mitarbeiter und verkauft in über 200 Ländern mehr als 5 000 Artikel.

DIE WICHTIGSTEN LEHREN

Denke international. Henry Heinz verfolgte kühne Ziele. „Unser Markt ist die Welt", pflegte er mit besonderem Vergnügen zu verkünden. Auf der Suche nach neuen Märkten reiste er durch Europa. Berühmt ist ein Auftritt in London, wo er im noblen Lebensmittelgeschäft Fortnum & Mason mit fünf Kisten voller Produkte erschien. Nachdem er die Proben gekostet hatte, soll der Einkäufer von Fortnum & Mason gesagt haben: „Mr. Heinz, ich denke, wir werden den Posten nehmen." Im Jahr 1900 verkaufte Heinz seine 200 Artikel umfassende Produktpalette in alle Welt. Es hieß, seine Erzeugnisse hätten „jeden bewohnten Kontinent" gesehen.

Gib das Erbe weiter. Heinz hat großes Geschick darin bewiesen, den Stab von einer Generation an die nächste weiterzugeben. Der gegenwärtige CEO William Johnson bekennt sich zu ähnlichen Werten wie der Unternehmensgründer. Johnson hat eine als „V5V" bezeichnete Erfolgsformel aufgestellt: „Heinz wird den Erfolg mit Hilfe der fünf Vs erreichen. Dies sind: eine auf globalem Kategorienmanagement und Wachstum beruhende Vision; ein an Verfressenheit grenzender Appetit auf Erfolg; eine unerschütterliche Konzentration auf die Erhöhung des Shareholder Value; ein Bekenntnis zum auf Kostensenkungen gestütztes Volumenwachstum; und eine Verpflichtung zu dynamischer Veränderung."

Zahle deine Schulden. Heinz zahlte nach seinem Bankrott sämtliche Gläubiger aus. Das dauerte lang, doch sein Verhalten legte den Grundstein für jenes Entgegenkommen der Geschäftspartner, das den Aufstieg seines nächsten Unternehmens begünstigte.

Großartige Entscheidung Nr. 20

William Hoover gab in der Lokalzeitung eine Anzeige auf, in der er jedem, der schriftlich sein Interesse bekundete, versprach, zehn Tage lang kostenlos seinen neuen Staubsauger ausprobieren zu dürfen. Doch anstatt die Geräte direkt an die Haushalte zu schicken, lieferte er sie an angesehene Händler in der Nachbarschaft der interessierten Kunden. In einer beigelegten Mitteilung bat Hoover den Händler, das Gerät auszuliefern. Kam es zu einem Verkauf, so durfte sich der Händler die Kommission abziehen. Auf diese Art sorgte Hoover nicht nur für unmittelbare Verkaufsabschlüsse, sondern baute auch innerhalb kürzester Zeit ein großes Händlernetz auf. Eine Marke war geboren.

William H. Hoover wurde 1849 im Lancaster County (Pennsylvania) geboren. Im Jahr 1875 kaufte er in einem Flecken in Ohio, der heute den Namen North Canton trägt, die Gerberei John Lind. Dort ließ er sich mit seiner Familie und seinem Unternehmen nieder, das später den Namen W. H. Hoover Company erhielt.

Murray Spangler, ein Vetter von Hoovers Frau, war Nachtwächter im Krämerladen von Canton. Da er an Asthma litt, suchte Spangler nach einer Methode, um zu verhindern, dass Staub aufstieg, wenn er den Boden wischte. Mit einer kleinen Blechdose, einem Ventilator, einem Kopfkissenbezug und einem Besenstiel bastelte er ein einfaches, 18 Kilo schweres Gerät zusammen, das den Staub aufsaugte, während er den Boden wischte. Der Staubsauger war geboren.

Spangler wandte sich an die Hoovers, da er finanzielle Unterstützung brauchte, um das von ihm entwickelte Gerät zu produzieren und zu vermarkten. Aufgrund einer Produktempfehlung von seiner Frau, die das Gerät in der heimischen Wohnung ausprobiert hatte, kaufte William Hoover im Jahr 1908 Spangler das Patent ab und gründete die Hoover Suction Sweeper Company. Spangler wurde als Fabrikaufseher in das Unternehmen aufgenommen, um bei der Aufnahme des Produktionsbetriebs zu helfen. Im ersten Jahr bauten und verkauften sechs Angestellte fast 350 „Saugwischer“.

Die elektrischen Reinigungsgeräte waren anfangs ein Nebengeschäft für die W.H. Hoover Company und wurden in einem Nebenraum in der Lederfabrik hergestellt. Die gesamte Produktion wurde von weniger als 20 Arbeitern bewältigt. Die Produktionskapazität der Fabrik war auf sechs bis acht Geräte pro Tag beschränkt.

Doch im Jahr 1907 fällte Hoover eine Entscheidung, welche die Marke Hoover zum Synonym für den Staubsauger machen sollte. Er gab in der Lokalzeitung eine Anzeige auf, in der er jedem, der schriftlich sein Interesse bekundete, versprach, zehn Tage lang kostenlos sein neues Gerät ausprobieren zu dürfen. Doch anstatt die Maschinen direkt an die Haushalte zu schicken, lieferte er sie an angesehene Händler in der Nachbarschaft der interessierten Kunden. In einer beigelegten Mitteilung bat Hoover den Händler, das Gerät auszuliefern. Kam es zu einem Verkauf, so durfte sich der Händler die Kommission abziehen. Auf diese Art sorgte Hoover nicht nur für unmittelbare Verkaufsabschlüsse, sondern baute auch innerhalb kürzester Zeit ein großes Händlernetz auf.

Zwei Jahre später entwickelte das in Racine (Wisconsin) ansässige Unternehmen Hamilton and Beach einen Kleinmotor, der universell einsetzbar war. Indem Hoover diesen Motor in sein Kehrgerät einbaute, konnte er das Gewicht der Maschine beträchtlich verringern. Als Nächstes führte Hoover ein eigenes Entwicklungs- und Designprogramm ein. Ein Ergebnis war die Entwicklung des Prinzips der Teppichvibration zur Staubentfernung. Indem Hoover diese Funktion weiterentwickelte, verlieh er seinen Staubsaugern ein exklusives Merkmal: eine bewegliche Feder klopfte den Teppich sanft aus, um tief sitzenden Schmutz zu lösen. Gemeinsam mit der Bewegung der sich drehenden Bürsten und der starken Saugwirkung ergab diese Funktion die berühmte „dreifache Wirkung" der Hoover-Staubsauger, die sich in dem bekannten Slogan niederschlug: „It beats, as it sweeps, as it cleans" (Er klopft aus, während er kehrt, während er reinigt).

Hoovers Ruf breitete sich bald über die Grenzen der Vereinigten Staaten hinaus aus. 1911 nahm er ein Werk in Kanada in Betrieb. Acht Jahre später eröffnete er eine Verkaufsniederlassung in England. Unterdessen ersetzte das Automobil die Pferdekutsche, und die Nachfrage nach Geschirren und Lederwaren ging stetig zurück. Im Jahr 1919 entschloss sich Hoover, diesen Teil des Betriebs stillzulegen, und die Hoover Suction Sweeper Company (später abgekürzt auf Hoover Company) richtete ihre gesamte Aufmerksamkeit auf Herstellung und Verkauf von Staubsaugern.

Hoover starb am 25. Februar 1932. Der Markenname gehört immer noch zu den angesehensten in der Welt.

DIE WICHTIGSTEN LEHREN

Denke voraus. Nicht viele Unternehmer sind in der Lage zu erkennen, wann Veränderungen in der Luft liegen, und finden eine geeignete Antwort auf diese Veränderungen. Die meisten geben sich mit dem gegenwärtigen Zustand zufrieden und machen weiter wie bisher. Oder sie stecken den Kopf in den Sand, um sich der Herausforderung nicht stellen zu müssen. Nur wenige Unternehmen sind bereit, sich der Wirklichkeit zu stellen, wenn ihr Geschäft keine Zukunft mehr hat. William Hoover zählt zu den bemerkenswertesten Ausnahmen von dieser Regel. Die weitblickende Erkenntnis, dass sein Geschäft (Lederzubehör für Pferdegespanne) bald dem Vormarsch des Automobils zum Opfer fallen würde, bewegte ihn im Jahr 1908 zur Gründung der Electric Suction Sweeper Company. Das neue Unternehmen entwickelte den Staubsauger für den Massenmarkt und lieferte eine (weithin ignorierte) Anleitung dazu, wie man mit der Zeit gehen kann.

Bringe die Einzelhändler auf deine Seite. Hoover hätte die Einzelhändler umgehen und sich die Provisionen ersparen können. Doch im Interesse der langfristigen Entwicklung band er die Händler ein und machte sie zu seinen Verbündeten.

Großartige Entscheidung Nr. 21

Im Jahr 1981 übernahm eine Gruppe von 13 Spitzenmanagern unter der Führung von Vaughn Beals den Motorradhersteller Harley-Davidson. Gefeiert wurde der gelungene Management Buyout mit einer Triumphfahrt vom Harley-Davidson-Werk in York (Pennsylvania) zur Zentrale in Milwaukee. Dann fällten die neuen Besitzer eine großartige Entscheidung: Sie riefen die Harley Owners Group (H.O.G.) ins Leben, um die Kunden enger an die Marke zu binden. Der Erfolg war überwältigend.

Die Marke Harley-Davidson steht für Freiheitsliebe und Individualismus. Die wertvollsten Vermögenswerte des in Milwaukee ansässigen Motorradherstellers sind eine romantische Verklärung seiner Vergangenheit und seine ungemein treuen Kunden, die diese Romantik weitertragen. Für Harley begann die Vergangenheit zu Beginn des 20. Jahrhunderts in Milwaukee, als der 21 Jahre alte William Harley gemeinsam mit seinem um ein Jahr jüngeren Freund Arthur Davidson erste Versuche unternahm, „den Radfahrern die Arbeit abzunehmen". Später gesellten sich Arthurs Brüder Walter und William dazu.

An der Maschine waren zahlreiche Änderungen erforderlich, bevor ihre Konstrukteure zufrieden waren. (Der bekannte „45∞V-Twin" wurde erst im Jahr 1909 eingeführt.) Im Jahr 1903 begann die Produktion der Motorräder, die bereits das berühmte gewundene Design aufwiesen. Drei Jahre später errichtete Harley-Davidson sein erstes Firmengebäude am gegenwärtigen Standort in der Juneau Avenue, und im Jahr 1907 wurde das Unternehmen eingetragen. In jenem Jahr wurden insgesamt 150 Motorräder gebaut. Als zwei Jahre später die Produktion des legendären V-Motors aufgenommen wurde, lieferte das Unternehmen bereits mehr als 1100 Maschinen im Jahr aus.

Die Modelle von Harley beherrschten die Motorradrennen in den Vereinigten Staaten und fanden Verwendung beim amerikanischen Militär, nachdem sie sich in den Grenzgefechten mit Pancho Villa als nützlich erwiesen hatten. In den zwanziger Jahren hatte sich Harley-Davidson zum größten Motorradhersteller der Welt gemausert und exportierte seine Maschinen in 67 Länder.

Die wilden Zwanziger brachten viele jener Innovationen hervor, die zu Markenzeichen der Harley wurden, darunter den Benzintank in Tränenform und die Neuerung einer Vorderbremse. Der Börsenkrach im Jahr 1929 und die anschließende Wirtschaftskrise schlugen sich auch im Motorradabsatz nieder, doch mit der Einführung des Modells EL (der „Knucklehead") feierte das Unternehmen eine triumphale Rückkehr. Es folgten die Sportster (1957), die Duo Glide (1958), und die Electra Glide (1965).

In den sechziger und siebziger Jahren hatte das Unternehmen hart mit der japanischen Konkurrenz zu kämpfen, doch in den achtziger Jahren fand Harley-Davidson wieder zu alter Größe zurück. Im Jahr 1981 kaufte eine Gruppe von Spitzenmanagern unter der Führung von Vaughn Beals das Unternehmen. Gefeiert wurde der gelungene Management Buyout mit einer Triumphfahrt vom Harley-Davidson-Werk in York (Pennsylvania) zur Zentrale in Milwaukee. Die neuen Besitzer riefen die Harley Owners Group (H.O.G.) ins Leben, um die Kunden enger an die Marke zu binden. Im Jahr 1993 feierte das Unternehmen seinen 90. Geburtstag mit über 100 000 Harley-Anhängern, die in Milwaukee zusammenkamen, um an einer Parade von 60 000 Harley-Davidsons teilzunehmen.

DIE WICHTIGSTEN LEHREN

Liebe dein Produkt. Wie viele Unternehmensführungen empfinden wirkliche Liebe zu ihrem Produkt? Nicht viele. Mit ihrer Triumphfahrt legten die Harley-Manager ein unübersehbares Bekenntnis zu ihrem Produkt ab.

Suche den Kontakt zu deinen Kunden. Die Harley Owners Group hat inzwischen über 600 000 Mitglieder. Und es dürften noch mehr werden: Harley hofft, die Produktion von 118 000 Stück im Jahr 1996 bis zum hundertsten Geburtstag des Unternehmens im Jahr 2003 auf 200 000 bis 300 000 erhöhen zu können.

Schreite voran. Harley macht geschickt Gebrauch von seiner Geschichte, anstatt in seiner Vergangenheit stecken zu bleiben. Als Richard Teerlink im Jahr 1989 die Führung von Harley-Davidson übernahm, erbte er eines der stärksten Markenimages der Welt. Doch obwohl die Markentreue der leidenschaftlichen Harley-Anhänger unerschütterlich war, drohte das Unternehmen abzugleiten. Die Qualität der Maschinen war ins Gerede gekommen, nachdem der berühmte amerikanische Hersteller versucht hatte, im Wettbewerb mit den aggressiven japanischen Produzenten die Kosten zu senken. Um der Verletzung noch eine Kränkung hinzuzufügen, drangen die Japaner in Harleys Markt für spezialgefertigte Tourenmaschinen ein, indem sie Motorräder anboten, die auf dem Design der Harley beruhten.

Also griff Teerlink auf den größten Vermögenswert der legendären amerikanischen Marke zurück: die Menschen, welche die Harley-Davidson liebten. Er begann außerhalb des Unternehmens einen Dialog mit den loyalen Kunden und innerhalb der Organisation ein Gespräch mit der Belegschaft.

Rücke die Qualität in den Mittelpunkt. Teerlink führte auch ein neues System zur strikten Qualitätsüberwachung ein, um sicherzustellen, dass jede Maschine, die das Werk verließ, des Namens Harley-Davidson würdig war. Dies bedeutete, dass die Kunden manchmal etwas länger auf die Lieferung ihres Motorrades warten mussten, doch es gab ihnen die Gewissheit, dass die Maschine höchsten Qualitätsstandards gerecht werden würde.

Locke neue Kunden an. Klammere dich nicht an die Vergangenheit. Heute ist der durchschnittliche Harley-Kunde 42 Jahre alt. Vor zehn Jahren lag das Durchschnittsalter noch bei 32 Jahren. Die Marke profitiert von der Sehnsucht einer neuen Kundengruppe: Wirtschaftsprüfer und Anwälte schlüpfen am Wochenende in das lederne Motorrad-Outfit, um fernab vom Büro nach der Freiheit zu suchen. (Die Zahl der Motorradkäufer, die entweder ihre erste Maschine erwarben oder nach einer Pause wieder Motorrad fuhren, stieg zwischen 1987 und 1994 um das Dreifache). Die Bestellungen eilen der Produktion davon, so dass es für viele Modelle eine Warteliste gibt. Der Preis einer ein Jahr alten Harley übersteigt den Listenpreis einer fabrikneuen Maschine um 25 Prozent.

Im Jahr 1995 brachte Harley die an den Klassiker aus den vierziger Jahren angelehnte Heritage Springer Softail auf den Markt und machte damit deutlich, dass es mit der ihm eigenen Vermarktung der Vergangenheit Anspruch auf die Zukunft erhebt. 1997 erzielte das Unternehmen einen Rekordumsatz von 1,75 Mrd. Dollar und verkaufte 132 000 Motorräder. Sein Anteil am nordamerikanischen Markt für schwere Straßenmotorräder lag bei 48 Prozent.

Großartige Entscheidung Nr. 22

Im Zweiten Weltkrieg entschloss sich Robert Woodruff, der Präsident von Coca-Cola, das Erfrischungsgetränk der Firma für einen Nickel pro Flasche an Angehörige der Streitkräfte zu verkaufen. Noch nie hatte die Kundentreue weniger gekostet.

Der Zweite Weltkrieg zählt zu den bedeutsamsten Wendepunkten der Geschichte, besonders auch der Unternehmensgeschichte. Eine Reihe von Unternehmen legten mit einem vorbehaltlosen Bekenntnis zu der Sache der Alliierten den Grundstein zu ihrem späteren Erfolg.

Nehmen wir beispielsweise Nestlé und Nescafé. Die Entwicklung des Nescafé, des ersten wasserlöslichen Kaffees, in den Forschungslaboratorien im schweizerischen Vevey dauerte acht lange Jahre. Im Jahr 1930 nahm das Brasilianische Kaffeeinstitut Kontakt zum damaligen Leiter von Nestlé, Louis Dapples, auf. Brasilien hatte beträchtliche Ernteüberschüsse angehäuft und suchte verzweifelt nach neuen Möglichkeiten zur Vermarktung seiner Kaffeevorräte. (Großartige Entscheidung: Fasse jede Möglichkeit ins Auge.) Nestlé machte sich daran, das Problem Brasiliens zu lösen, doch es dauerte bis 1937, bis die schweizerischen Wissenschaftler „Heureka!“ rufen konnten, weil sie ihre Version des Pulverkaffees gefunden hatten.

Das neue Produkt wurde unverzüglich auf den Markt gebracht. Während des Zweiten Weltkriegs war die gesamte Produktion der amerikanischen Niederlassung – über eine Millionen Kisten – für das Militär reserviert. Die Nachfrage nach Nescafé stieg rasant, und der Umsatz von Nestlé erhöhte sich von 100 Millionen auf 225 Millionen Dollar. Heutzutage werden Schätzungen zufolge weltweit in jeder Sekunde 3000 Tassen der führenden Kaffeemarke getrunken.

Nescafé war nicht das einzige Produkt, das sich im Krieg durchsetzte. Als die Alliierten im Jahr 1944 in der Normandie landeten, brachten sie Dosensuppen von Heinz mit. Zu den Slogans, die Heinz im Krieg verwendete, zählten unvergessliche Schöpfungen wie „Bohnen für die Bomber“.

Doch den größten Erfolg errang zweifellos Coca-Cola. Die Kinder von Asa Candler hatten das Unternehmen schließlich an einen anderen Geschäftsmann aus Atlanta, Ernest Woodruff, verkauft und die damals riesige Summe von 25 Millionen Dollar für Coca-Cola kassiert. Im Jahr 1923 wurde Ernest Woodruffs Sohn Robert (1890–1985) Präsident des Unternehmens. In seiner Amtszeit, die mit Sicherheit zu den längsten in der Wirtschaftsgeschichte zählt, verankerte das Unternehmen sein Produkt weiter im Bewusstsein der Menschen. Die Badenixenkalender von Coke waren in den dreißiger Jahren nicht aus den amerikanischen Drogerien wegzudenken. Später richtete Coke seinen Blick auf den Himmel: Die heimkehrenden Astronauten der Apollo-Mission wurden mit einem Schild begrüßt, auf dem zu lesen stand: „Willkommen daheim auf der Erde, in der Heimat von Coca-Cola."

Auf dem Heimatplaneten hatte das Getränk im Jahr 1926 die Eroberung begonnen, als eine Abteilung für den Auslandsverkauf gegründet wurde. In aller Welt bekannt wurde Coca-Cola im Zweiten Weltkrieg. Damals hatte das Unternehmen die kühne und ehrgeizige Ankündigung gemacht, jeder amerikanische Soldat könne sich für einen Nickel (5 Cent) eine Coke leisten. So wurde Coke zum Symbol des amerikanischen Geschmacks. Um sein Versprechen erfüllen zu können, baute Coke 60 mobile Abfüllanlagen, die es mit der Armee auf die Reise schickte. In jeder dieser Anlagen konnte ein Bedienungsteam von zwei Personen 1370 Flaschen pro Stunde abfüllen. (Die etwas zynische Seite der Geschichte ist, dass Coke die Regierung davon überzeugte, sein Getränk sei unerlässlich für das Wohlbefinden und das Glück der amerikanischen Soldaten, um der befürchteten Zuckerrationierung zu entgehen.)

In der Nachkriegszeit weitete Coke sein Imperium aus, um seinen Anteil am „Kehlenmarkt" zu erhöhen. Das Unternehmen erweiterte seine Produktpalette um neue Erfrischungsgetränke, darunter Fanta, Sprite und TAB. Doch keines davon kam der Popularität der ursprünglichen Marke nahe.

In den siebziger Jahren lernte Coca-Cola erstmals Selbstzweifel kennen. Pepsi-Cola wurde ein ernst zu nehmender Herausforderer. Coke musste sich der Möglichkeit echter Konkurrenz stellen. Nach einer bemerkenswerten Regierungszeit trat Woodruff im Jahr 1981 die Unternehmensführung an Roberto Goizueta (1931–1997) ab.

Heute werden jeden Tag mehr als 900 Millionen Coca-Cola verkauft. Coca-Cola ist die bekannteste Getränkemarke der Welt und praktisch überall auf dem Planeten erhältlich; die einzigen Ausnahmen sind Libyen, der Iran und Kuba, wo die Abwesenheit von Coke allerdings eher eine politische als eine Geschmacksfrage ist.

DIE WICHTIGSTEN LEHREN

Die langfristige Kundenloyalität kann einen kurzfristigen Verlust wert sein. Der Krieg sicherte Coke einen festen Platz in den Herzen der Amerikaner. Das Magazin *Time* feierte Cokes „friedliche Eroberung der Welt". Die Konkurrenten beklagten sich über eine in ihren Augen unzulässige Bevorzugung Cokes und über die Übertreibung seiner Bedeutung. Fest steht: Loyalität gewinnt man nie, indem man sich auf den kurzfristigen Gewinn fixiert. Sehen wir uns eine ältere Entscheidung an: Im 18. Jahrhundert schrieb der britische Banker Thomas Coutts die Spielschulden der königlichen Familie ab, um sie als Kunden zu behalten. Hier handelt es sich um eine großartige Lockvogelstrategie: Coutts ist bis heute „die Bank der oberen Zehntausend" und zählt die Queen zu ihren Kunden.

Denke in großem Maßstab. Bescheidenheit zählte nie zu den Eigenschaften von Coca-Cola. In einer Werbeveröffentlichung des Unternehmens hieß es: „Vor einer Milliarde Stunden tauchte der Mensch auf der Erde auf. Vor einer Milliarde Minuten begann die Geschichte der Christenheit. Vor einer Milliarde Sekunden traten die Beatles in der *Ed Sullivan Show* auf. Vor einer Milliarde Coca-Colas begann der gestrige Tag." Von postmoderner Ironie nichts zu bemerken.

Großartige Entscheidung Nr. 23

Probleme mit dem Marketing? Stellen Sie eine Rangliste auf. Im Jahr 1929 gründete Henry Luce das Magazin Fortune *und rief die Fortune 500 ins Leben. Diese Rangliste diente für den Rest des 20. Jahrhunderts als Bezugspunkt für Unternehmen – und stellte nebenbei auch einen schlauen Marketingeinfall für die Zeitschrift dar.*

Auf Journalisten und Zeitungsleser üben Ranglisten eine unwiderstehliche Anziehung aus. Henry Luce (1898–1967) wusste diese Anziehungskraft zu nutzen.

Luce war der Mann, der hinter den Zeitschriften *Time* (gegründet 1923) und *Fortune* (1929) stand. Die von ihm eingeführte Liste der Fortune 500 diente den Unternehmen für den Rest des 20. Jahrhunderts als Orientierungspunkt und ist heute noch ein wichtiger Barometer zur Beurteilung von Erfolg und Misserfolg in der Unternehmenswelt. Peter Drucker hat vor kurzem verkündet, die Zeit von Fortune 500 sei vorüber, doch dieses Urteil scheint verfrüht zu sein.

Die Rangliste der Fortune 500 ist ein großartiges Marketinginstrument. Mit jeder Erwähnung dieser Liste wird uns gleichzeitig der Name von Luces Zeitschrift in Erinnerung gerufen. Die Fortune 500 verleihen dem Magazin Autorität und Gewicht. Einen ähnlichen Zugang wählte Luce bei *Time* mit der alljährlichen Krönung des "Man of the year". Im Grunde handelt es sich dabei um eine weitere Rangliste.

Wie groß der Einfluss derartiger Ranglisten ist, wird am Erfolg der Rangliste der besten Wirtschaftsuniversitäten deutlich, die *Business Week* zweimal im Jahr veröffentlicht. Die Auflage der entsprechenden Ausgabe der Zeitschrift erreicht normalerweise Rekordwerte, da alle Studenten, Dekane und Fakultätsmitglieder unbedingt wissen wollen, welchen Rang ihre Universität einnimmt.

Selbstverständlich dienen Ranglisten vor allem dazu, Aufmerksamkeit zu erregen, und stellen vielfach einen oberflächlichen Werbegag dar. Der erste Platz in der Rangliste der Fortune 500 ist keine Gewähr für zukünftigen Erfolg, und auch sein Aussagewert bezüglich der gegenwärtigen Leistungsfähigkeit eines Unternehmens ist unter Umständen beschränkt. Darüber hinaus können solche Listen den Gelegenheitsleser verwirren. Doch als Marketingentscheidung war Luces Einfall ungemein phantasievoll, wirkungsvoll und dauerhaft.

DIE WICHTIGSTEN LEHREN

Gib den Leuten etwas Nützliches und Informatives. Das Großartige an der Fortune 500-Rangliste ist, dass sie einen praktischen Nutzen hat. Dazu kommt, dass die Personen, die diese Liste verwenden, zugleich auch die potentiellen Kunden des Magazins *Fortune* sind.

Anmerkungen

[1] Kotler, Philip, *Marketing Management* (Prentice Hall, 1994).

[2] Drucker, Peter, *The Practice of Management* (Harper & Row, 1954).

[3] Kotter, John, *Matsushita Leadership* (Free Press, 1997).

[4] Ebd.

[5] Kanter, Rosabeth Moss, *The Change Masters* (Simon & Schuster, 1983).

[6] Cohan, Peter, *Technology Leaders* (Jossey-Bass, 1997).

[7] Hill, Sam, und Rifkin, Glen, *Radical Marketing* (Harper Business, 1999).

[8] Kotler, Philip, *Marketing Management* (Prentice Hall, 1996).

DAS RICHTIGE GEFÜHL

„Wir sind uns stets nur eines kleinen Teils dessen bewusst, was wir wissen. Die Intuition erlaubt es uns, aus dem reichen Vorrat an unbewusstem Wissen zu schöpfen, das nicht nur all das enthält, was wir bewusst oder unbewusst erfahren oder gelernt haben, sondern auch das unerschöpfliche universelle Bewusstsein beinhaltet, das die Grenzen der individuellen Erinnerung überschreitet", erklärt der Psychologe Francis E. Vaughan. Die Intuition eröffnet uns demnach Zugang zum kollektiven Wissen der Zivilisation, und das ist etwas, was bislang noch kein Software-Paket leisten kann.

Viele großartige Entscheidungen entspringen dem, was man schlicht als „das richtige Gefühl" bezeichnen könnte. Manchmal tun Menschen aus unerfindlichen Gründen genau das Richtige – ohne Zahlen durch endlose Datenbanken zu schleusen, ohne sich zu Tode zu analysieren. Sie haben einfach das Gefühl, das Richtige zu tun, und tun es. Sie gehorchen ihrem Gespür.

Diese Art der Intuition ist allumfassend und folglich nicht zu bestimmen. Sie ist unerklärlich, doch sie kann alles erklären. Sie ist eine menschliche Konstante, die sich jedoch jederzeit in Nichts auflösen kann.

Einige der größten Figuren der Unternehmensgeschichte machen laufend Gebrauch von ihrer Intuition. „Man muss manche Dinge nicht diskutieren. Man kann sie spüren. Der Bauch ist ebenso wichtig wie der Kopf", erklärte Sir David Simon, der ehemalige Chairman von British Petroleum. Michael Eisner begründete seine Entscheidung, Jeffrey Katzenberg nicht zum Präsidenten von Disney zu machen, mit „einer Vielzahl sehr logischer und einigen intuitiven Gründen". Lou Gerstner von IBM sagte: „Sobald ich ein Gespür für die Möglichkeiten habe, bereiten mir die Entscheidungen keine Schwierigkeiten mehr." Oder nehmen wir die folgende Beschreibung, die Barry Diller, der frühere Vorgesetzte von Michael Eisner bei ABC und Paramount, vom Disney-Chef gab: „Michael sieht wie Goofy aus. Er benimmt sich oft wie Goofy, und zweifellos hat er einen echten Goofy-Körper! Aber er ist einer der klügsten Köpfe, denen ich je begegnet bin. Man kann förmlich sehen, wie die elektrischen Ladungen in seinem Gehirn von einem Punkt zum anderen springen. Der Mann besitzt einen außergewöhnlichen Instinkt. Natürlich liegt er nicht immer richtig, und wenn die Rede darauf kommt, setzt seine Erinnerung manchmal aus."[1] Fest steht: Ein „außergewöhnlicher Instinkt" kann Hunderte Millionen Dollar wert sein.

Richard Branson von Virgin ist ein weiterer Unternehmensleiter, der bereit und in der Lage zu sein scheint, seinem Instinkt zu folgen, wenn sich eine Gelegenheit dazu bietet. Branson erinnert sich, wie er sich im Jahr 1984 entschloss, eine Fluglinie zu gründen: „Aus rein wirtschaftlicher Sicht hielt alle Welt diesen Schritt für verrückt, einschließlich meiner engsten Freunde. Doch ich hatte das Gefühl, in diesem Bereich etwas leisten zu können, was andere nicht konnten."[12] Das Geschäft war nicht lohnend, doch Branson spürte, dass da etwas zu holen sei, und blieb beharrlich. Großartige Entscheidung.

Die Intuition kann uns jene Zuversicht geben, die erforderlich ist, um Dinge zu tun, vor denen wir normalerweise zurückschrecken würden. Überall in der Geschichte stößt man auf derart tollkühne Entscheidungen, die nur aus einer tiefen, instinktiven Überzeugung entstehen konnten. Als Arthur Guinness im Jahr 1759 in einer verlassenen Brauerei in Dublin sein Unternehmen gründete, wusste er, dass er Erfolg haben würde. Er war sich seiner Sache so sicher, dass er für einen jährlichen Betrag von 45 Pfund einen Pachtvertrag für 9000 Jahre unterzeichnete.

Jack Welch von General Electric ist ein weiterer Manager, der sich zur Intuition bekennt oder zumindest erklärt, seinen Sinnen zu vertrauen. „Hier in der Zentrale gehen wir den Dingen nicht allzu genau auf den Grund, aber wir haben eine Nase dafür, was richtig ist", erklärt er. „Unsere Aufgabe besteht darin, intellektuelles und finanzielles Kapital zur Verfügung zu stellen. Die Nase in den Wind halten, spüren, zuhören, dann die Mittel zuteilen. Wir platzieren Wetten, mit Menschen und Dollars. Und wir machen Fehler."[3] Vertraue deinem Gespür.

WAS IST GESPÜR?

Auf die Frage, worin Intuition eigentlich besteht, geben Manager die unterschiedlichsten Antworten. Jagdish Parikh vom IMD in der Schweiz beschäftigte sich mit dem Thema und stellte 1312 Spitzenmanagern aus neun Ländern die Frage: „Was ist Intuition?" Er erhielt eine Vielzahl von Antworten. (Besonders interessant ist, dass jede dieser Antworten glaubwürdig und plausibel ist. Wenn ein Manager der Meinung ist, dass Intuition gleichbedeutend mit Instinkt ist, kann man diese Meinung eigentlich nicht widerlegen.)
Der britische Forscher Phil Hodgson gelangte bei den Nachforschungen für sein Buch *What Do High Performance Managers Really Do?* zu dem Ergebnis, dass Manager, die ihre Intuition wirkungsvoll einsetzen und ihr regelmäßig gehorchen, zumeist eine Reihe klar erkennbarer Merkmale aufweisen:[4]

- Sie fällen ihre Entscheidungen rasch und selbstbewusst. Sie sind bereit, zu ihrem Urteil zu stehen, und verbringen nicht viel Zeit damit, die Möglichkeiten abzuwägen.
- Sie greifen nur auf Daten zurück, wenn dies erforderlich ist. Sie sind nicht auf den Computerausdruck angewiesen, der jede verfügbare Statistik enthält.
- Sie betrachten die Intuition als Fähigkeit und als festen Bestandteil ihres Managementinstrumentariums.
- Sie akzeptieren und fördern jederzeit neue Ideen, gleichgültig, woher diese kommen und wie nützlich sie auf den ersten Blick zu sein scheinen.
- Sie vertrauen ihrem intuitiven Urteil, anstatt es in Frage zu stellen.
- Sie akzeptieren keine rigide oder falsche Vorgehensweise. Wenn sie das Gefühl haben, dass etwas richtig ist, werden sie es tun.

WAS IST INTUITION?[5]

Beschreibung	**%**
Entscheidung/Wahrnehmung ohne Rückgriff auf logische/rationale Methoden	23,4
Inhärente Wahrnehmung; unerklärliches Verständnis; ein inneres Gefühl	17,1
Integration früherer Erfahrung; Verarbeitung gesammelter Information	16,8
Gespür	12,0
Entscheidung/Problemlösung ohne vollständige Daten/Fakten	8,6
Sechster Sinn	7,4
Spontane Wahrnehmung/Vision	7,3
Erkenntnis	6,7
Unterbewusster Prozess	6,1
Instinkt	5,7

Großartige Entscheidung Nr. 24

Dem 1999 verstorbenen Leiter von Sony, Akito Morita, fiel auf, dass Jugendliche überall, wo sie sich aufhielten, Musik hören wollten. Er zählte zwei und zwei zusammen, und sein Unternehmen entwickelte ein Gerät mit Namen Walkman. Der Walkman kam im Jahr 1980 auf den Markt. Marktforschung war nicht erforderlich. „Die Verbraucher wissen nicht, was möglich ist, aber wir wissen es", erklärte Morita.

Akito Morita (1921-1999) diente im Zweiten Weltkrieg als Offizier in der japanischen Marine. Er wurde zum Physiker und Wissenschaftler ausgebildet und hätte der Familientradition folgen und in die Sakeproduktion gehen können. (Er bezeichnet sich selbst als „Erstgeborenen in der fünfzehnten Generation einer der angesehensten und ältesten Familien in der japanischen Sakebranche".) Doch Morita entschloss sich, unmittelbar nach Kriegsende gemeinsam mit Masaru Ibuka (1908–1997) ein Unternehmen zu gründen.

Die beiden investierten den Gegenwert von 845 Pfund und eröffneten in einem ausgebombten Kaufhaus in Tokio ein Geschäft. Dort gingen Glück und Weitsicht sofort eine vorteilhafte Symbiose ein. Als Ibuka und Morita Tokyo Tsushin Kogyo gründeten, schrieben sie als erstes die Unternehmensphilosophie nieder. (Jim Collins, einer der Autoren von *Built to Last*, bezeichnet schon diesen Entschluss als mutige und großartige Entscheidung.) Die ersten Produkte des Unternehmens überdauerten die Zeit nicht, doch Sonys Philosophie tat es. Von Anfang an stand dieses Unternehmen für etwas.

Ibuka war der technische Experte, Morita der Verkäufer. Tokyo Tsushin Kogyo KK (übersetzt: Tokioter Telekommunikationstechnik) hatte einen schwierigen Start. Anfangs stellte das Unternehmen unter anderem Radiokomponenten und einen Reiskocher her. Heute erzielt das Unternehmen von Ibuka und Morita mit mehr als 180 000 Mitarbeitern einen Umsatz von 59 Mrd. Dollar. Laut einer von Harris durchgeführten Umfrage ist Sony die angesehenste Marke in den Vereinigten Staaten.

Sonys Erfolg beruht in erster Linie auf der stetigen Innovation, auf einer instinktiven Wahrnehmung der Chancen, die sich auf dem Markt bieten, und auf der Entschlossenheit, mit der das Unternehmen diese Chancen wahrnimmt.

Im Jahr 1949 entwickelte das Unternehmen das Magnetband, ein Jahr später verkaufte es den ersten Kassettenrekorder in Japan. Im Jahr 1957 produzierte es ein Taschenradio, und ein Jahr später änderte es seinen Namen in Sony (nach dem lateinischen Wort *sonus* für Klang). 1960 baute Sony das erste Transistorfernsehgerät der Welt.

Das Unternehmen weitete seinen Markt Schritt für Schritt auf die ganze Welt aus. (Großartige Entscheidung: Blicke in die Welt hinaus.) Das Prinzip des Unternehmens, immer kleinere Produkte auf höchstem technologischen Standard zu entwickeln, erwies sich als unwiderstehlich. 1961 wurde die Sony Corporation of America als erstes japanisches Unternehmen in den Handel an der Wall Street aufgenommen, und im Jahr 1989 kaufte Sony Columbia Pictures. Zwei Jahre später waren unter den 135 000 Angestellten erstmals mehr Ausländer als Japaner.

Morita wurde berühmt als das akzeptable Gesicht der japanischen Industrie. Mit seinem geschliffenen Auftreten und seinem Unternehmergeist widersprach er den stereotypen Vorstellungen, die man im Westen vom japanischen Manager hatte. (In dem Buch *The Japan That Can Say No*, das er gemeinsam mit dem japanischen Politiker Ishihara Shintaro verfasste, trat er auch für einen forscheren japanischen Auftritt ein.)

Moritas und Sonys herausragende Eigenschaft bestand in der Fähigkeit, neue Märkte zu erfinden. Mit Blick auf den „Pioniergeist" von Sony erklärte Morita: „Sony ist ein Pionier und hat keinerlei Interesse daran, anderen nachzueifern. Sony will mit fortschrittlichen Entwicklungen der ganzen Welt dienen. Es wird stets unbekanntes Terrain erforschen... Es ist ein Prinzip von Sony, die Fähigkeiten der Menschen zu respektieren und zu fördern ... und stets das Beste in ihnen zu Tage zu fördern. Darin liegt Sonys Lebenskraft." Während Unternehmen wie Matsushita begabte Nachahmer waren, gab Sony mit immer neuen Produkten und immer neuen Innovationen das Tempo vor.

Sony brachte der Welt die handgestützte Videokamera, den ersten Heimvideorecorder und die Floppy Disk. Sein wohl berühmtester Produkterfolg war Moritas Idee, der Walkman. Um die Entwicklung dieses Produktes, das seinen Besitzer überall hin begleitet, rankt sich eine Unternehmenslegende: Morita beobachtete, dass die jungen Leute überall, wo sie sich befanden, Musik hören wollten. Also entschloss er sich, einen einfachen Weg zu finden, wie man beim Gehen Musik hören konnte. Er zählte zwei und zwei zusammen und entwarf den Walkman. „Ich glaube, auch die aufwendigste Marktforschung hätte uns nicht verraten, dass wir mit diesem Produkt Erfolg haben würden", sagte er. „Die Verbraucher wissen nicht, was möglich ist. Wir wissen es."

Dieses brillante Marketingkonzept war kein bloßer Zufall. „Wenn du mit der Überzeugung durch das Leben gehst, stets auf dem richtigen Weg zu sein, werden dir alle neuen Ideen entgehen", erklärt Morita, der die Auffassung vertritt, dass Analyse und Bildung nicht zwangsläufig die besten geschäftlichen Entscheidungen hervorbringen. „Mit einer Maschine kann man völlig rational arbeiten. Doch wenn man mit Menschen arbeitet, muss die Logik manchmal dem Einfühlungsvermögen den Vortritt lassen."

DIE WICHTIGSTEN LEHREN

Praktiziere Management mit Verantwortungsgefühl. Abgesehen von seinem Marketingtalent betonte Morita die kulturell begründete Einstellung der Japaner zur Arbeit. „Zerbrich nie die Reisschale eines anderen Mannes", lautete sein Rat. Und: „Die Japaner hegen eher die Vorstellung, dass Arbeit, und zwar jede Art von Arbeit, ehrenhaft ist." In Moritas Augen trägt das Management die Verantwortung für die Menschen im Unternehmen: „Wenn wir in eine Rezession geraten, sollte das Unternehmen keine Mitarbeiter entlassen, sondern eher einen Teil seines Gewinns opfern. Das Management trägt das Risiko und die Verantwortung. Die Mitarbeiter tragen nicht die Schuld, warum also sollen sie leiden?"

Beginne mit einer Philosophie. Die Geschichte von Morita und Sony entwickelte sich parallel mit dem Wiederaufstieg Japans zur Industriemacht. „Wir in der freien Welt können großartige Dinge erreichen. In Japan haben wir dies bewiesen, indem wir das Image der zuvor als minderwertig betrachteten japanischen Produkte änderten und den Aufdruck ‚Made in Japan' zum Inbegriff von Qualität machten", sagt Morita. Es sollte nicht vergessen werden, dass Produkte aus Japan zu der Zeit, als Sony erstmals versuchte, sich auf den westlichen Märkten durchzusetzen, in dem Ruf standen, von miserabler Qualität zu sein. Die Überwindung dieses Hindernisses war eine große Leistung.

Vertraue deinem Riecher. Moritas Hinterlassenschaft des verantwortungsbewussten Managements auf der Grundlage eines phantasievollen Marketings hat weiterhin Gültigkeit. Die Philosophie des Unternehmensgründers findet auch im Bekenntnis des gegenwärtigen Präsidenten von Sony, Nobuyuki Idei, Ausdruck: „Man muss kein Ingenieur sein, um ein Unternehmen wie Sony zu führen. Dazu braucht man vor allem einen guten Riecher."

Vergiss die Marktforschung. Morita brauchte keine Marktforschung: er wusste, dass es einen Markt für den Walkman gab. Eine ähnlich großartige Entscheidung, die als Schlag ins Gesicht der Marktforscher bezeichnet werden kann, fällte Ted Turner, als er im Jahr 1980 seinen Fernsehsender Cable News Network (CNN) ins Leben rief. Niemand glaubte, dass sich ein Sender, der rund um die Uhr Nachrichten sendete, durchsetzen könnte. Doch er setzte sich durch.

Großartige Entscheidung Nr. 25

In den siebziger Jahren des 19. Jahrhunderts entschlossen sich einige Ärzte in Hartford im amerikanischen Bundesstaat Connecticut, die neueste Technologie einzuführen: das Telefon. Als sich in der Nähe ein Eisenbahnunglück ereignete, wurden die Ärzte telefonisch benachrichtigt und waren rasch zur Stelle, um zu helfen. Das Ereignis bewies, dass das neue Gerät funktionierte: Die Skepsis wich der Begeisterung.

Im 19. Jahrhundert steckte die Telefontechnologie noch in den Kinderschuhen. Im März 1876 schüttete sich Alexander Graham Bell Säure auf die Hose und rief um Hilfe. Sein Assistent hörte seinen Schrei über ein Gerät, das als Audiotelegraf bezeichnet wurde.

Das Problem war, dass Bell für seinen ersten funktionstüchtigen Prototypen kaum Interessenten fand. Der Leiter der Western Union lehnte das Gerät sogar als „elektrisches Spielzeug" ab. Die Western Union kaufte Bells Patent nicht (eine Entscheidung, die später wiederholt zum Gegenstand von Auseinandersetzungen wurde).

Starke Konkurrenz hatte das Telefon im Telegrafen. In den siebziger Jahren des 19. Jahrhunderts vernetzten die Telegrafenleitungen die ganze Welt. In den Vereinigten Staaten war das Telegrafennetz über 200 000 Meilen lang, und es gab 8500 Telegrafenbüros. Der Telegraf war etabliert und marktbeherrschend, das Telefon war fremdartig und geheimnisvoll.

Mit zwei Entscheidungen nahm Bell seinem Gerät das Geheimnisvolle. Erstens entschloss er sich gemeinsam mit seinen Geldgebern, das Telefon in erster Linie als Gerät für den persönlichen Gebrauch zu vermarkten. Man konzentrierte sich auf die Tatsache, dass das Telefon den Menschen die Möglichkeit gab, über weite Strecken hinweg miteinander Kontakt zu halten. Anstatt sich auf die Technologie zu konzentrieren, rückten Bell und seine Kollegen das Resultat in den Mittelpunkt – die persönliche Verbindung.

Die zweite großartige Entscheidung war prosaischer: Jede Erfindung ist am Anfang auf die Unterstützung einiger glühender Verehrer angewiesen. Die gläubigen Anhänger des Telefons fand man in Hartford im Bundesstaat Connecticut. Viele der dortigen Ärzte hatten erkannt, wie nützlich das neue Gerät war, und Telefone in ihren Praxen installiert. Dann kam es im Januar 1878 zu einem Zugunglück im nahegelegenen Tarriffville. Sofort lief jemand zum Telefon im örtlichen Krämerladen und rief die Ärzte in Hartford an, die binnen kürzester Zeit am Schauplatz des Unglücks eintrafen. Das Telefon hatte bewiesen, dass es Leben retten konnte.

Die Geschichte ging durch die Medien, und der Rest ist Geschichte. Im Jahr 1890 bedeckte das Telefonnetz ganz Neuengland. In den neunziger Jahren dehnte es sich nach Chicago und südlich bis Texas aus. Und im Jahr 1904 erstreckte es sich über ganz Nordamerika.

DIE WICHTIGSTEN LEHREN

Innovationen brauchen gläubige Anhänger. Sobald sich eine Gruppe von Menschen gefunden hat, die eine Erfindung rückhaltlos unterstützt, ist deren Vormarsch kaum noch aufzuhalten. Wie groß der Anreiz ist, sich ein Mobiltelefon oder einen Internetanschluss zuzulegen, hängt direkt davon ab, wie viele andere Menschen ebenfalls ein Handy besitzen oder Zugang zum Web haben. Die beste Werbung für das Mobiltelefon ist die Person, die ein Gerät in der Hand hält.

Beweise den Wert der Innovation. Das Telefon stieß auf große Skepsis, bis der Beweis erbracht war, dass es von großem Nutzen war. Wenn ein Produkt seinen Wert bewiesen hat, hat es den halben Weg zum Erfolg geschafft. Der Schreibmaschine fiel es anfangs ähnlich schwer, sich durchzusetzen. Bis 1880 waren lediglich 5000 Geräte verkauft worden. Die Menschen begriffen nicht, warum sie diese Maschine brauchten, wo sie doch auch so sehr gut lesen und schreiben konnten. Doch dann wurde klar, welche Vorteile die Schreibmaschine im Geschäftsleben hatte. Zwischen 1880 und 1886 wurden zehnmal so viele Geräte verkauft wie zwischen 1874 und 1880.

Großartige Entscheidung Nr. 26

Im Jahr 1959 ging Honda mit seinen großen Motorrädern auf den amerikanischen Markt. Die Kunden waren nicht gerade versessen auf diese etwas problematischen Maschinen, doch sie liebten die kleinen Supercubs, mit denen die Vertreter von Honda herumfuhren. Also änderte Honda den Kurs und begann, den Amerikanern die kleineren Motorräder anzubieten. Mit dieser Entscheidung veränderte es praktisch über Nacht den Motorradmarkt.

Im Jahr 1959 gründete der japanische Motorradhersteller Honda die American Honda Motor Co und unternahm einen ersten Versuch, auf den amerikanischen Markt vorzudringen, der damals von Harley-Davidson, den britischen Marken BSA, Triumph und Norton sowie dem italienischen Hersteller Moto-Guzzi beherrscht wurde.

Zu jener Zeit stießen japanische Produkte im Westen noch auf großes Misstrauen. Sie galten allgemein als minderwertig, als billige Imitationen der ‚echten' Produkte. Daher schienen die Aussichten Hondas, sich in den Vereinigten Staaten durchzusetzen, einigermaßen schlecht.

Honda entschied, seine Motorräder zunächst in Los Angeles einzuführen, um von dort aus die USA zu erobern. Die amerikanische Niederlassung hatte ihren Sitz in 4077 Pico Boulevard. Honda schickte zwei Manager nach Kalifornien, um die Werbetrommel für seine großen Motorräder zu rühren. Die Japaner dachten, dass die Modelle mit 250 und 350 Kubikzentimeter Hubraum am ehesten für den amerikanischen Markt geeignet sein würden. Das Problem war, dass diese Maschinen unzuverlässig waren, häufig Öl verloren und Kupplungsprobleme hatten.

Um sich in der Stadt zu bewegen, verwendeten die Vertreter von Honda einige der neu entwickelten Maschinen mit 50 Kubikzentimetern Hubraum. Diese Winzlinge zogen überall die Blicke auf sich. Nach einiger Zeit trafen bei der Honda-Niederlassung Anfragen von potentiellen Abnehmern ein – allerdings nicht von Motorradhändlern, sondern von Sportfachgeschäften und anderen Einzelhändlern. Anscheinend war das Interesse an den großen Maschinen gering, während sich die kleinen Motorräder entgegen allen Erwartungen der Japaner als potentieller Verkaufsschlager erwiesen.

Also fällte Honda die weitreichende Entscheidung, den Kurs zu ändern und zu versuchen, sich mit den kleinen Maschinen in den Vereinigten Staaten durchzusetzen. Der Werbeslogan lautete: „Auf einer Honda trifft man die nettesten Leute." Diese Entscheidung öffnete Honda den amerikanischen Markt. Motorradneukunden liefen in Scharen zu Honda. In den sechziger Jahren waren 65

Prozent der Honda-Kunden Erstkäufer von Motorrädern. Innerhalb von vier Jahren liefen fast 50 Prozent aller in den Vereinigten Staaten verkauften Motorräder bei Honda vom Band. Bis 1974 hatte Honda über 10 Millionen 50ccm-Maschinen verkauft

DIE WICHTIGSTEN LEHREN

Lerne, anstatt zu bestrafen. Das Honda-Team in den Vereinigten Staaten wurde nicht nach Tokio zurückbeordert, weil die großen Motorräder bei den amerikanischen Konsumenten keinen Anklang fanden. Statt dessen entschied das Unternehmen, eben die kleinen Maschinen zu verkaufen, wenn die Leute diese wollten. Das Unternehmen hatte viel in eine Strategie investiert, mit der einem Produkt zum Durchbruch auf einem wichtigen Markt verholfen werden sollte. Honda hätte eine Vielzahl anderer Lösungen wählen können: Es hätte die Verkäufer hinauswerfen können, da es ihnen nicht gelungen war, die großen Maschinen zu verkaufen. Es hätte eine neue Verkaufsstrategie entwerfen und die Werbung für die großen Motorräder ausweiten oder ändern können. Vielen anderen Unternehmen wäre es in dieser Situation schwer gefallen, ihre Marketingstrategie aufzugeben – vor allem auf Anraten einiger vergleichsweise junger Manager, die Tausende Meilen entfernt auf einem Markt tätig waren, von dem man noch nicht allzu viel wusste.

Unterschätze niemals die Konkurrenz. Die Einstellung der westlichen Motorradhersteller gegenüber Honda war von extremer Selbstgefälligkeit gekennzeichnet. Dabei übersahen die traditionellen Hersteller in den USA und Europa zwei wesentliche Fakten: Im Jahr 1960 waren in der Forschungsabteilung von Honda 700 Personen beschäftigt, während es bei seinen westlichen Konkurrenten im Durchschnitt etwa 100 waren; und Hondas Produktion pro Mannjahr belief sich im Jahr 1962 auf 159 Einheiten – ein Wert, den Harley-Davidson erst im Jahr 1974 erreichte.

Anmerkungen

[1] Zitiert nach Huey, J., „Eisner explains everything." In: *Fortune*, 17. April 1995.

[2] Vries, M. Kets de, und Dick, R., „Branson's Virgin: The Coming of Age of a Counter-Cultural Enterprise", Veröffentlichung des INSEAD, 1995.

[3] Zitiert nach Jackson, T., und Gowers, A., „Big enough to make mistakes." In: *Financial Times*, 21. Dezember 1995.

[4] Hodgson, Phil, *What High Performance Managers Do?* (FT/Pitman, 1995).

[5] Parikh, Jagdish, *Intuition* (Blackwell, 1996).

MIT GUTEM BEISPIEL VORAN

Großartige Entscheidungen dienen nicht nur finanziellen Interessen. Auch sind sie nicht ausschließlich persönlich. Die großartigsten Entscheidungen weisen durchweg auch ein ethisches Element auf.

Konosuke Matsushita, der Schöpfer des gleichnamigen Unternehmensimperiums, tritt dafür ein, auch im Geschäft auf das eigene Gewissen zu hören. In seinem Fall schlug sich das unternehmerische Gewissen in seinen paternalistischen Beschäftigungsprinzipien nieder. In der Frühzeit seiner Existenz entließ sein Unternehmen während einer Rezession nicht einen einzigen Mitarbeiter. Dies stärkte die Loyalität der Belegschaft. „Es genügt nicht, seine Arbeit gewissenhaft zu verrichten. Unabhängig von der Art der Tätigkeit muss sich jedermann der Tatsache bewusst sein, dass er vollkommen für seine Arbeit verantwortlich ist", sagte Matsushita. Seinen Zugang zu seiner Arbeit beschrieb er folgendermaßen: „Ich bin für die großen und die kleinen Dinge zuständig. Die Aufgaben auf der mittleren Ebene können delegiert werden." Er fand eine sehr plastische Beschreibung der Rolle einer Führungskraft: „Der Schwanz des Hundes bewegt sich im Gleichklang mit dem Kopf. Bewegt sich der Kopf schnell, so wedelt auch der Schwanz eifrig. Ist der Kopf träge, so hängt der Schwanz gleichgültig herunter."

Großartige Entscheidung Nr. 27

Im Jahr 1995 entschloss sich Aaron Feuerstein, der Eigentümer von Malden Mills, trotz der Schäden, die ein Großbrand in der Fabrik angerichtet hatte, den Betrieb aufrecht zu erhalten und aus seinen persönlichen Ersparnissen die Löhne seiner 2400 Beschäftigten weiter zu zahlen.

Malden Mills war bereits vor dem 11. Dezember 1995 ein ungewöhnliches Unternehmen. In einer Zeit schwindender Loyalität und unbarmherziger Personalkürzungen stand Malden für traditionelle Unternehmenswerte. Eine loyale Belegschaft arbeitete unter einem vertrauensvollen Management. Verblüffende 95 Prozent der Kunden und der Mitarbeiter hielten dem Unternehmen die Treue. Malden Mills hatte unerschütterlich an seinem Firmensitz in Lawrence (Massachusetts) festgehalten – manche betrachteten ein derartiges Maß an Loyalität allerdings bereits als Dummheit. Das im Jahr 1906 gegründete Unternehmen war 1956 nach Lawrence umgezogen, anstatt sich seinen Konkurrenten und vielen anderen Textilproduzenten anzuschließen, die in den Süden abgewandert waren.

Malden Mills hielt stoisch an seinen Positionen fest. Seine Loyalität schien fehl am Platz, als es Anfang der siebziger Jahre mit der Produktion von Kunstpelzen einen katastrophalen Rückschlag hinnehmen musste. 1980 war das Unternehmen zahlungsunfähig und konnte nur unter gerichtlicher Aufsicht weiterarbeiten. Doch Malden Mills erholte sich und entwickelte Polartec, ein besonders leichtes Fleece-Gewebe, das sich als erfolgreicher – und angenehmer – als Kunstpelz erwies. Bis 1995 stieg der Umsatz mit Polartec auf 400 Millionen Dollar.

Dann kam das Feuer und verwüstete die Fabrik. Mehr als ein Dutzend Mitarbeiter musste ins Krankenhaus gebracht werden. Das Unternehmen schien in Trümmern zu liegen.

Doch Unternehmensleiter Aaron Feuerstein, der Enkel des Gründers von Malden Mills, gab unmittelbar nach der Brandkatastrophe bekannt, dass er keinen der 2400 Mitarbeiter entlassen werde, auch wenn keine Hoffnung bestehe, die Produktion bald wieder aufnehmen zu können. Darüber hinaus war er entschlossen, die Krankenversicherung seiner Belegschaft weiter zu bezahlen. Schätzungen zufolge kostete es Feuerstein 10 Millionen Dollar, die Löhne für 90 Tage und die Versicherung für 180 Tage aus der eigenen Tasche zu bezahlen.

„Ich würde Aaron Feuersteins Entscheidung nominieren, den Betrieb bei Malden Mills aufrechtzuerhalten, nachdem ein Großbrand den Großteil der Produktionsanlagen zerstört hatte", meint Charles Manz. „Die meisten Leute wären glücklich, an ihrem siebzigsten Geburtstag das Geld von der Versicherung zu bekommen und sich nach Florida zu verabschieden, aber das möchte ich nicht tun“, erklärte Feuerstein. Zu jenem Zeitpunkt schien er eine zwar sehr moralische, jedoch geschäftlich unkluge Entscheidung gefällt zu haben.

Schließlich war Malden Mills innerhalb von nicht einmal 90 Tagen wieder in praktisch vollem Betrieb. Insgesamt wurden 15 Millionen Dollar in eine neue Infrastruktur investiert. Die engagierte und dankbare Belegschaft arbeitete so gut, dass die Produktivität in die Höhe schoss. Vor dem Brand waren 6 bis 7 Prozent der Produktion Ausschuss gewesen. Nach dem Feuer sank dieser Wert auf 2 Prozent. Feuersteins Fazit lautete, dass ihm seine Belegschaft die riskante Investition zehnfach zurückgezahlt habe.

DIE WICHTIGSTEN LEHREN

Ethisches Verhalten legt ein Mensch ganz selbstverständlich an den Tag – oder überhaupt nicht. Feuerstein fand nichts Außergewöhnliches an seiner Entscheidung. „Vor fünfzig Jahren wäre es ganz normal gewesen, dass ein Unternehmensleiter, dessen Werk abgebrannt ist, die Produktionsanlagen wieder aufbaut und sich Sorgen um seine Leute macht“, beklagte er sich.

Anständigkeit zahlt sich aus. Feuerstein handelte loyal, ehrenhaft und moralisch. Und er wurde dafür belohnt: Präsident Clinton zählte zu jenen, die Feuerstein die Ehre erwiesen, indem er ihn nach Washington einlud. „Ich dachte immer, dass meine Mitarbeiter mir vielleicht irgendwann ein Qualitätsprodukt zurückgeben würden, das den weiteren Erfolg von Malden Mills sichern würde. Doch ich hätte nicht im Traum an einen kurzfristigen Vorteil gedacht“, sagte Feuerstein.

Ein Unternehmen und die Gemeinde, zu der es gehört, sind aufeinander angewiesen. Nur ein Gordon Ghekko kann glauben, es sei möglich, Unternehmen und Gemeinden sauber voneinander zu trennen. Dazu Aaron Feuerstein: „Zu den wichtigsten Lehren aus den vergangenen Monaten zählt die Erkenntnis, wie wichtig unsere Unternehmen für das Überleben und das Wohlergehen der Gemeinden sind, zu denen sie gehören.“

Großartige Entscheidung Nr. 28

Zwei Episoden aus der Geschichte von Levi-Strauss festigten seinen Ruf als Unternehmen mit hohen ethischen Standards. Im Jahr 1906 zerstörten ein Erdbeben und ein anschließender Brand die Unternehmenszentrale und zwei Fabriken; das Unternehmen gewährte seinen Großhandelskunden größere Kreditrahmen, damit sich diese von dem Rückschlag erholen konnten. Während der Weltwirtschaftskrise erhielt CEO Walter Haas Sr. die Arbeitsplätze, indem er seine Arbeiter am Unternehmensstandort in der Valencia Street in San Francisco neue Fußböden verlegen ließ, anstatt sie zu entlassen.

Wenn irgendwo auf der Welt ein Mensch ein Paar Jeans anzieht, handelt es sich dabei mit großer Wahrscheinlichkeit um eine Levi's. In den siebziger Jahren sehnten sich frustrierte russische Jugendliche nach nichts mehr als nach einem Paar Levi's. In Polen und der Tschechoslowakei wurden sie auf dem schwarzen Markt gehandelt. Die Levi's war der Inbegriff von Freiheit und westlichem Individualismus. Diese Jeans waren die Uniform von James Dean. Der Marlboro-Cowboy schien nie etwas anderes zu tragen. Die Levi's sind eine kulturelle Ikone – dass ein Produkt diesen Status erreicht hast, weiß man, wenn ein aufwändig gestalteter Bildband veröffentlicht wird, in dem seine Rolle in der amerikanischen Kultur beschrieben wird – und ein Werbebudget von 100 Millionen Dollar sorgt dafür, dass wir es nicht vergessen.

Dank dieses Status ist Levi-Strauss & Co der größte Bekleidungshersteller der Welt. Das Unternehmen erzielt jährliche Einnahmen von 6 Milliarden Dollar (1997). In einer Levi's-Werbung hieß es: „Wenn Sie sich das nächste Mal in einem Waschsalon in Shanghai, in einem Tanzlokal in Joliet oder einem Vorstandszimmer in Manhattan befinden, sollten Sie Ausschau nach uns halten. Wir werden ein einfacher, aber unverzichtbarer Teil des individuellen Stils eines Menschen sein."

Levi's ist nicht nur eine Weltmarke, sondern es hat diesen Platz auch errungen, ohne seine ethischen Grundsätze über Bord zu werfen. Das Unternehmen wurde vielfach von öffentlichen Einrichtungen und von Unternehmensleitern für sein Festhalten an ethischem Verhalten, moralischen Werten und sozialer Verantwortung gepriesen. In eine Umfrage unter amerikanischen Spitzenmanagern wurde Levi-Strauss zum menschlichsten Privatunternehmen gekürt, eine Ehre, die es sich mit der Merck Corporation teilt, die allgemeine Anerkennung als Amerikas menschlichste Aktiengesellschaft genießt.

Bei Levi-Strauss sind Ethik und Werte weder Nebenprodukte noch Konzepte, die dem Unternehmen aufgepfropft wurden, nachdem der wirtschaftliche Erfolg garantiert war. Vielmehr stehen sie im Mittelpunkt seiner Kultur und gelten als unverzichtbare Grundlage für den Erfolg des Unternehmens. Levi-Strauss widmet seinen Wertvorstellungen dieselbe Aufmerksamkeit wie allen anderen Komponenten der Unternehmenstätigkeit. So wie bei Marks & Spencer in Großbritannien, Robert Bosch in Deutschland und Tata Industries in Indien wurde das Bekenntnis des Unternehmens zu bestimmten Werten von der Gründerfamilie formuliert. Levi-Strauss hat das persönliche Bekenntnis der Familie zu diesen Wertvorstellungen und zur sozialen Verantwortung erfolgreich in seinen weltweiten Unternehmensethos und in seine Managementpraktiken integriert.

Die Bedeutung dieses historischen Bekenntnisses kann gar nicht überschätzt werden. Eine auf Ethik und sozialer Verantwortung beruhende Kultur entsteht nicht über Nacht, sondern wächst im Lauf der Zeit. So wie die Watsons die Kultur von IBM prägten, formten Haas und Koshland die Ethik und die Werte von Levi-Strauss. Das Unternehmen war die längste Zeit in seiner 140-jährigen Geschichte im Familienbesitz, und diese Zugehörigkeit trug wesentlich dazu bei, seine Wertvorstellungen und seine Marke zu prägen.

Der Unternehmensgründer Levi Strauss (1829–1902) war ein Einwanderer aus Bayern. Er traf im Jahr 1847 in New York ein und handelte gemeinsam mit seinen Halbbrüdern mit Textilien. Im Jahr 1853 ging Strauss nach San Francisco, um sein eigenes Unternehmen zu gründen. Der Durchbruch gelang ihm, als ihm einer seiner Kunden, ein in Nevada ansässiger Schneider namens Jacob Davis, eine von ihm entwickelte Methode vorstellte, um Herrenhosen mit Nietnähten zu versehen. Mit dieser Technik ließen sich robuste und langlebige Hosen herstellen, die den Bedürfnissen von Goldgräbern und Farmern entsprachen. Davis brauchte 68 Dollar, um ein Patent für das Design erwerben zu können. Im Jahr 1873 patentierten Strauss und Davis gemeinsam die genieteten Hosen oder „taillenhohen Overalls“, wie sie damals genannt wurden. Das Unternehmen florierte. Bei seinem Tod hinterließ Levi Strauss einen Besitz im gewaltigen Wert von 6 Millionen Dollar.

Seine erste große Herausforderung hatte das Unternehmen im Jahr 1906 zu bewältigen, als ein Erdbeben, gefolgt von einem Großbrand, die Unternehmenszentrale und zwei Fabriken zerstörte. Die Reaktion von Levi-Strauss bestand darin, die Kreditlinien der Großhandelskunden zu erweitern, damit sich diese von dem Rückschlag erholen konnten. Das Unternehmen bezahlte seine Belegschaft weiter und eröffnete ein Übergangsbüro und einen Schauraum, um seine Leute zu beschäftigen, während eine neue Zentrale und eine neue Fabrik gebaut wurden.

Ähnlich verhielt sich das Unternehmen während der Weltwirtschaftskrise. Der damalige Unternehmensleiter Walter Haas Sr. setzte die Arbeiter nicht auf die Straße, sondern beschäftigte sie, indem er sie am Unternehmensstandort in der Valencia Street in San Francisco neue Böden verlegen ließ. Als Levi-Strauss in den fünfziger und sechziger Jahren in den südlichen Bundesstaaten der USA expandierte, bot das Unternehmen Afroamerikanern gleiche Beschäftigungsmöglichkeiten in seinen Fabriken. Während Levi-Strauss wuchs, entwickelte sich parallel auch sein soziales Engagement in den umgebenden Gemeinden weiter. Heute erzielt Levi-Strauss über 40 Prozent seiner Einnahmen in den internationalen Geschäftsbereichen und stellt in über 50 Ländern in aller Welt Produkte her. Ein Viertel seiner Mitarbeiter sind außerhalb der Vereinigten Staaten beschäftigt.

DIE WICHTIGSTEN LEHREN

Vertrauen muss man sich verdienen. Standards müssen aufrechterhalten werden. In den sechziger Jahren drangen die Levi's auf die internationalen Märkte vor und setzten sich als Kleidungsstücke der Jugend durch; im folgenden Jahrzehnt entwickelte sich die Geschichte anders. In den siebziger Jahren wurde Levi's von den Kartellbehörden in Kalifornien mit Erfolg verklagt. 1971 ging das Unternehmen an die Börse, wo es jedoch keinen Erfolg hatte. Dann holte es einen neuen Unternehmensleiter von Playtex, der eine Markenerweiterung durchsetzte. Die Bademode, die Kopfbedeckungen und die Allwetterkleidung von Levi waren Sprösslinge des Kerngeschäfts, von denen man am besten nicht mehr spricht.

Zwischen 1980 und 1984 sank der Nettogewinn des Unternehmens um über 80 Prozent. Levi-Strauss musste ein Viertel seiner Fabriken in den USA schließen oder verkaufen und seine Belegschaft nahezu um ein Drittel verringern. „Das Vertrauen in das Unternehmen und insbesondere in seine Führung waren erschüttert", erinnert sich Robert D. Haas, der mit der Aufgabe betraut wurde, dieses Vertrauen wieder herzustellen. Haas war ein Ururgroßneffe des Unternehmensgründers. Er übernahm im Jahr 1984 die Leitung des Unternehmens und schaffte es, den gut gemeinten Paternalismus von Levi-Strauss durch einen dynamischeren, moderneren Zugang zu Ethik und Werten zu ersetzen, durch einen Zugang, der die Mitarbeiter einbindet.

Mache klar, wofür du stehst. Die Ethik ist weiterhin ein fester Bestandteil der Philosophie von Levi-Strauss. Im Jahr 1987 veröffentlichte das Unternehmen eine Erklärung, in der alle Mitarbeiter aufgefordert wurden, persönlich Initiative zu übernehmen, um „neue Verhaltensweisen, Empowerment, ethische Managementpraktiken und eine gute Kommunikation zu fördern". In dieser Erklärung wird auch klargestellt, dass die Menschen Anerkennung für ihre Arbeit und für positives Verhalten verdienen. Darüber hinaus wird das Unternehmen verpflichtet, die Verschiedenartigkeit der Menschen in Bezug auf Alter, Rasse, Geschlecht und ethnische Zugehörigkeit zu respektieren und zu nutzen. Hier handelt es sich um mehr als nur um schöne Worte: Die Manager von Levi-Strauss werden nicht nur nach ihren wirtschaftlichen Ergebnissen beurteilt. Diese Methode verdeutlicht, welche Bedeutung diese Werte für das Unternehmen haben. Bis zu 40 Prozent der Bonuszahlungen an die Manager richten sich nach Maßstäben in Bezug auf Ethik, Werte und den persönlichen Stil im zwischenmenschlichen Umgang.

„Wir haben unseren Leuten in aller Welt erklärt, welchen Dingen wir Wert beimessen, und sie werden uns zur Rechenschaft ziehen", sagt Präsident Peter Jacobi. „Damit haben wir den Geist aus der Flasche gelassen. Es gibt kein Zurück." Die Manager finden offensichtlich Gefallen daran, denn die jährliche Personalfluktuation in der Unternehmenszentrale in San Francisco liegt bei lächerlichen 1,5 Prozent.

Robert Haas hat überzeugend argumentiert, dass eine zur Eigeninitiative ermächtigte Belegschaft, welche die Werte und Bestrebungen der Manager und Firmeninhaber teilt, ihr Unternehmen zum Marktführer machen wird. „Man kann den Menschen keine Begeisterung einflößen oder sich ihre Unterstützung sichern, wenn das Unternehmen keine Seele hat", sagt Haas. Doch wie die jüngsten Entwicklungen bewiesen haben, schützt eine Seele nicht gegen die Unwägbarkeiten des Geschäftslebens.

Großartige Entscheidung Nr. 29

Im Juni 1894 entschloss sich Baron Pierre de Coubertin, in Paris eine internationale Konferenz zu veranstalten. Diese führte direkt zu den Olympischen Spielen der Neuzeit.

Im späten 19. Jahrhundert entwickelten sich die Dinge langsamer als heutzutage. Daher erstreckt sich auch die Geschichte der Wiederbelebung der Olympischen Spiele über einen langen Zeitraum. Die erste wichtige Entscheidung fiel im Jahr 1889, als die französische Regierung Pierre de Coubertin den Auftrag erteilte, einen Bericht über den körperlichen Zustand der Bevölkerung zu erstellen und Wege zur Hebung der „Körperkultur" vorzuschlagen.

De Coubertin brauchte drei Jahre, um seine Studie fertig zu stellen. Er bereiste zahlreiche Länder und untersuchte, wie dort die körperliche Fitness der Jugend gepflegt wurde. „Ich stieß überall auf Zwietracht und erbitterte Auseinandersetzungen zwischen den Verfechtern unterschiedlicher Formen der körperlichen Übung; dieser Zustand schien das Ergebnis einer übermäßigen Spezialisierung zu sein", erklärte er. „Die Turner lehnten die Ringer ab, die Fechter verabscheuten die Radfahrer, die Schützen hatten kein gutes Wort für die Tennisspieler übrig. Nicht einmal unter den Anhängern ein und derselben Sportart herrschte Friede: die deutschen Turner sprachen den schwedischen jeden Verdienst ab, und die englischen Fußballspieler waren der Meinung, die Regeln des amerikanischen Fußballs widersprächen dem gesunden Menschenverstand."[1] Am 25. November 1892 hielt de Coubertin an der Sorbonne einen Vortrag, in dem er seine Ergebnisse vorlegte und den Vorschlag machte, regelmäßig internationale Sportwettkämpfe zu veranstalten. Die Saat war ausgebracht.

Die nächste Phase in der Entwicklung dieser Idee leitete de Coubertin ein, indem er eine internationale Konferenz in Paris einberief. Dort machte er den Vorschlag, eine moderne Version der im antiken Griechenland veranstalteten Olympischen Spiele ins Leben zu rufen. Man entschied, dass dieses Ereignis alle vier Jahre stattfinden solle. An der Konferenz nahmen Vertreter von 12 Ländern teil, und 21 weitere Länder bekundeten Interesse an dem Projekt. Das Fundament war gelegt.

Eines der Ergebnisse der Konferenz war die Gründung des Internationalen Olympischen Comités. Coubertin wurde zum Generalsekretär gewählt. Als es die Regeln für die neuzeitlichen Spiele festlegte, fällte das Comité eine Reihe grundlegender Entscheidungen. Die Teilnahme sollte von Rasse, Hautfarbe, Glaubensbekenntnis, gesellschaftlichem Rang und politischer Einstellung unabhängig sein. Geldpreise wurden verboten. „Das olympische Konzept ist kein

System, sondern eine Geisteshaltung, die auf sehr unterschiedliche Art zum Ausdruck kommen kann, und kein Volk und keine Zeit kann ein Monopol darauf beanspruchen", erklärte de Coubertin.

Im Jahr 1896 fanden in Athen die ersten Olympischen Spiele der Neuzeit statt. Die Stadt bot an, die Spiele auf Dauer zu beherbergen, doch das Olympische Komitee, an der Spitze de Coubertin, trat dafür ein, dass die Spiele jedes Mal von einem anderen Land veranstaltet werden sollten. 40 000 Zuschauer wohnten der Eröffnungsfeier am 6. April 1896 bei. De Coubertin verlieh seiner Hoffnung Ausdruck, seine Idee möge „alle Menschen in sportlicher Brüderlichkeit und in einer friedlichen Veranstaltung vereinen, die, so hoffe ich, eine weitreichende Wirkung entfalten wird."

DIE WICHTIGSTEN LEHREN

Bewege dich von der Vision zur Realität. Die Lehre, die aus der Entwicklung der Olympischen Spielen für das Management gezogen werden kann, lautet einfach, dass es möglich ist, eine Vision in die Tat umzusetzen.

Sei beharrlich. Pierre de Coubertins Herz ist in Olympia begraben. Die Grabinschrift lautet: „Das Wichtigste im Leben ist nicht der Sieg, sondern der Kampf. Wesentlich ist nicht, ob man gewonnen, sondern ob man gut gekämpft hat." Es dauerte lange, dem olympischen Gedanken zum Durchbruch zu verhelfen, doch de Coubertin hielt an seiner Vision fest.

Lege als Erstes fest, für welche Werte und eintrittst. Das Olympische Ideal beruht auf einfachen Werten und Vorschriften, die formuliert wurden, als sich die Bewegung formierte. Dieses Ideal hat die Zeit überdauert.

Großartige Entscheidung Nr. 30

Während der Weltwirtschaftskrise akzeptierte American Express weiterhin Traveler's Checks, obwohl viele Banken geschlossen und ihre Aktiva eingefroren waren. Die Marke American Express war zuverlässiger als Geld.

Die American Express Company wurde als Eilzustellungsdienst gegründet. Die Ursprünge des Unternehmens können bis ins Jahr 1851 zurückverfolgt werden. American Express entstand aus der Verschmelzung von vier Expressdiensten – Wells & Co., Livingston & Fargo, Butterfield sowie Wasson & Co. Sein erster Slogan lautete „Sicherheit & Schnelligkeit"; auf dem Logo war eine Bulldogge abgebildet.

Da der Transport großer Geldbeträge wachsende Risiken barg, tätigte das Unternehmen im Jahr 1882 seine erste Zahlungsanweisung. Diese Praxis setzte sich rasch durch, und American Express knüpfte Beziehungen zu einer Reihe von Banken in ganz Europa. Dieses Netz ermöglichte die Überweisung von Geldern der wachsenden Zahl europäischer Einwanderer, die aus den Vereinigten Staaten Geld an ihre Familien in Europa schickten.

American Express erwarb sich rasch einen Namen als Finanzdienstleister, doch das Hauptgeschäft des Unternehmens bestand noch immer in der Frachtzustellung. Dies änderte sich im Jahr 1891 mit der Einführung des Traveler's Check von American Express, des ersten seiner Art. Der Traveler's Check stellte eine wesentliche Neuerung dar: Zum ersten Mal konnte das Unternehmen das Versprechen abgeben, dass ein in Dollar ausgestellter Scheck in eine Vielzahl anderer Währungen gewechselt werden konnte. Doch das Beste war, dass der Betrag automatisch erstattet wurde, wenn ein Scheck verloren ging oder gestohlen wurde.

Die Einführung des Traveler's Check gab dem Reisenden die Möglichkeit, sich unbesorgt über die Währungsgrenzen hinweg zu bewegen. Doch die Wirkung dieses Instruments lag in der Stärke der Marke American Express. Aufbauend auf diesem Erfolg tat das Unternehmen den Schritt in die Reisedienste und begann, Fahrkarten für Zugfahrten und Schiffsreisen über den Atlantik zu verkaufen.

Als im Jahr 1914 der Erste Weltkrieg ausbrach, saßen 150 000 Amerikaner in Europa fest. An wen konnten sie sich um Hilfe wenden? Verängstigte US-Bürger, die verzweifelt versuchten, rasch nach Hause zu kommen, belagerten die Büros von American Express. Das Unternehmen war der Herausforderung gewachsen und nutzte seine Chance: Es stellte überall in Europa Geld zur Verfügung. Wie stark die Marke American Express war, beweist die Tatsache, dass die Bevölkerung einiger Ländern den Traveler's Checks den Vorzug vor der eigenen Landeswährung gab.

Das Ansehen des Unternehmens wuchs noch weiter, als es in den dreißiger Jahren während der Wirtschaftskrise fortfuhr, seine Traveler's Checks einzulösen, obwohl viele amerikanische Banken geschlossen und ihre Aktiva eingefroren waren. Die Marke American Express war zuverlässiger als Geld.

DIE WICHTIGSTEN LEHREN

Vernachlässige nie die Markenpolitik. Die Markenpolitik von American Express verschaffte ihm einen Vorsprung vor der übrigen Finanzdienstleistungsbranche. Die anderen Anbieter von Finanzdienstleistungen entdeckten die Markenpolitik erst am Ende des 20. Jahrhunderts. Obwohl American Express in jüngster Zeit wechselnde Ergebnisse erzielt hat, erklärt das Marketingunternehmen Interbrand aus London, dass es sich hier immer noch um eine echte „Supermarke" handelt. Im Jahr 1995 erwarb der Investmentguru Warren Buffett einen Anteil von 10 Prozent an dem Unternehmen und erklärte, die niedrige Bewertung der American Express-Aktie durch die Wall Street lasse die Stärke dieser Marke außer Acht, die er als „Synonym für finanzielle Integrität und zuverlässigen Geldersatz rund um den Erdball" bezeichnete.

Schlage dich auf die richtige Seite. Im amerikanischen Bürgerkrieg arbeitete das Unternehmen für die siegreiche Seite (was natürlich immer eine ausgezeichnete Entscheidung ist) und transportierte entscheidende Nachschubgüter zu den Depots der Unionstruppen. Später beteiligte sich American Express an der Verbreitung der Demokratie, indem es Stimmzettel an die kämpfenden Truppen verteilte. Man muss immer auf der Seite des Kunden stehen.

Großartige Entscheidung Nr. 31

Im Jahr 1962 begann ein junger Investor namens Warren Buffett, Aktien eines darniederliegenden Textilunternehmens namens Berkshire Hathaway zu kaufen. Heute liegt die Marktkapitalisierung dieses Unternehmens bei rund 60 Mrd. Dollar, und Buffett genießt allgemeine Anerkennung als größter Investor der Gegenwart. Was das mit Moral zu tun hat? Insgesamt 99 Prozent des Nettovermögens von Buffett und seiner Frau stecken in den Aktien ihres Unternehmens.

Das in Omaha (Nebraska) ansässige Unternehmen Berkshire Hathaway ist identisch mit Warren Buffett. Beide Namen sind untrennbar mit einander verknüpft – sowohl was die Besitzverhältnisse im Unternehmen als auch was die Börsenlegende anbelangt. Berkshire Hathaway ist längst kein gewöhnliches Textilunternehmen mehr, sondern ein Konzern, ein Firmenmantel mit 38 000 Mitarbeitern, dessen Existenz auf der Bewegung von Geld beruht. Aber dieser Firmenmantel hat eine Marktkapitalisierung von rund 60 Milliarden Dollar.

Im Jahr 1964 war ein Anteil an Berkshire Hathaway Inc. 19,46 Dollar wert. 1997 hatte die Aktie von Berkshire Hathaway einen Wert von 25 488 Dollar erreicht! Diese unglaublichen Zahlen haben die Aufmerksamkeit der Finanzwelt auf Warren Buffett gelenkt, dessen Erfolg von allen Seiten beleuchtet wurde. Doch misst man den Grad des Verständnisses am Erfolg der Nachahmer, so muss man feststellen, dass Buffetts Zugang offensichtlich kaum verstanden worden ist.

Warren Buffett ragt aus der Masse der Analysten, Kommentatoren und privaten Investoren heraus. Buffett ist ein Mann von einem entschieden einfachen Geschmack, der bei allem, was er tut, altmodische Zurückhaltung an den Tag legt. Mit wachsender persönlicher Berühmtheit und zunehmendem Erfolg seines Unternehmens wurden Buffetts öffentliche Äußerungen lockerer: „Wie es an der Wall Street allzu oft geschieht, tun die Dummköpfe am Ende, was die klugen Leute am Anfang taten“, schrieb er im Jahr 1989. Ein Jahr später gab er die folgende Erklärung ab: „An Faulheit grenzende Lethargie stellt weiterhin den Grundpfeiler unseres Investitionsstils dar.“ Buffett hat viele Märkte monopolisiert, darunter auch den für handgestrickte Weisheiten.

Warren Buffett ist ein Verfechter des „konzentrierten Investments“. Um den Nutzen einer Investition in ein Unternehmen richtig einschätzen zu können, muss ein Investor seiner Meinung nach fünf Elemente berücksichtigen: „Die Sicherheit, mit der die langfristigen wirtschaftlichen Charakteristika des Unternehmens beurteilt werden können; die Sicherheit, mit der beurteilt werden kann, ob das Management in der Lage ist, das Potential des Unternehmens vollkommen auszuschöpfen und seine Barmittel richtig einzusetzen; die Zuverlässigkeit, mit der das Management die Erträge des Unternehmens an die Aktionäre weiterleitet, anstatt sich selbst daran gütlich zu tun; den Kaufpreis des Unternehmens; die Belastung durch Steuern und Inflation, die darüber entscheiden wird, inwieweit der Bruttoertrag des Investors durch den Inflationsertrag geschmälert wird.“[2]

Buffett gibt zu, dass viele Investoren diese Kriterien „unzumutbar verschwommen“ finden werden. Doch diese Einschätzung trifft nur teilweise zu. Zwar können Analysen Schlüsse bezüglich der langfristigen wirtschaftlichen Aussichten eines Unternehmens ermöglichen. Anhand einer Analyse kann der angemessene Kaufpreis festgestellt werden, und die Analyse kann zur korrekten Voraussage der zukünftigen makroökonomischen Bedingungen beitragen, die wahrscheinlich Einfluss auf die Investition haben werden. Doch die Analyse stößt an ihre Grenzen und die Dinge werden verschwommen, wenn wir versuchen, das gegenwärtige Management zu beurteilen.

Buffett glaubt, dass Manager so denken und handeln sollten, als wären sie die Besitzer des Unternehmens. Daher kritisiert er die „wahllose Ausstattung“ der Spitzenmanager mit Aktienoptionen. „Die Manager legen bei den Optionen zwei verschiedene Maßstäbe an“, schreibt Buffett. „Nirgendwo in der Wirtschaft werden Außenstehenden Festpreisoptionen mit zehn Jahren Laufzeit zugestanden. Tatsächlich würde man schon eine Laufzeit von zehn Monaten für extrem lang halten.“ Optionen mit derart langer Laufzeit, so Buffett, „missachten die Tatsache, dass die einbehaltenen Gewinne automatisch das Vermögen vergrößern“, und „die Zinsbelastung des Kapitals außer Acht lassen“.

Buffett ist ein nachdenklicher Minimalist inmitten hyperaktiver Giganten. Vor langer Zeit, so schreibt er, „gelangten Charlie [Charlie Munger, der Vice Chairman von Berkshire Hathaway] und ich zu dem Schluss, dass es zu schwierig sei, in einem einzigen Investorenleben Hunderte von schlauen Entscheidungen zu fällen... Statt dessen würden wir uns nun mit einer guten Idee pro Jahr begnügen. (Charlie sagt, ich sei an der Reihe.)“ Buffett äußert humorvoll seine Sorge über den Kauf eines Firmenjets: „Es wird nicht lang dauern, und Berkshires ganzes Vermögen wird von diesem Flugzeug aufgezehrt worden sein.“

Der bedeutsamste Aspekt von Buffetts Managementstil wird vielleicht durch die Tatsache verdeutlicht, dass 99 Prozent des Nettovermögens des Ehepaars Buffett in Aktien des eigenen Unternehmens steckt. „Wir wollen nur Geld verdienen, wenn auch unsere Partner Geld verdienen, und zwar in exakt demselben Verhältnis“, erklärte er seinen Aktionären. „Und wenn ich eine Dummheit mache, möchte ich, dass Sie etwas Trost darin finden, dass mein finanzieller

Verlust Ihrem entspricht.“ Warren Buffetts Investmentgeheimnis ist gelüftet: Setze alles auf eine Karte.

DIE WICHTIGSTEN LEHREN

Management ist wichtig. Wieder und wieder kommt Buffett auf das Thema ‚solides Management‘ zu sprechen. Er lobt einige seiner eigenen Manager: „Sie lieben ihre Unternehmen, sie denken wie Besitzer, und sie strahlen Integration und Kompetenz aus.“ Hierin liegt die Quintessenz von Buffetts Philosophie: Unter den richtigen Bedingungen machen gute Manager gute Unternehmen. Investiere nicht in schlecht geführte Unternehmen. „Unser Vice Chairman Charlie Munger und ich haben eigentlich nur zwei Aufgaben“, sagt Buffett. „Die eine besteht darin, herausragende Manager für unsere Unternehmen zu gewinnen.“ Die andere besteht in der Kapitalallokation.

Das Problem ist, dass es haufenweise schlechte Manager gibt. „Die größte Ironie in der Unternehmensführung liegt darin, dass ein unfähiger Unternehmensleiter viel schwerer seinen Job verliert als ein unfähiger Untergebener“, klagte Buffett im Jahr 1988, um anschließend den Schutz zu kritisieren, den die Manager in den verschworenen Gemeinschaften der Führungsgremien finden. „In den Versammlungen des Board wird Kritik an den Leistungen des CEO häufig mit ähnlicher Entrüstung quittiert, als hätte man bei Tisch gerülpst.“

Sorge für Klarheit. Buffetts Managementstil zeichnet sich durch Bodenständigkeit aus. „Charlie und ich sind die geschäftsführenden Partner von Berkshire“, erklärte er im Jahr 1996. „Doch die gesamte betriebliche Schwerarbeit überlassen wir den Managern unserer Tochtergesellschaften. Tatsächlich delegieren wir so viel, dass man fast schon von einer Form der Abdankung sprechen könnte: Obwohl Berkshire rund 33 000 Mitarbeiter hat, sitzen in der Unternehmenszentrale nur 12 Personen.“ In modischen Managementbüchern wird so etwas als Empowerment bezeichnet; für Buffett ist es einfach gesunder Menschenverstand.

Gib deine Fehler zu. Buffett gibt Fehler und Fehleinschätzungen zu. Nach einem langen Kampf war Berkshire schließlich gezwungen, seine Textilproduktion aufzugeben. „Mein Fehler bestand darin, nicht früher ausgestiegen zu sein“, erklärte Buffett gegenüber den Aktionären, um dann die Anstrengungen des Managements des gescheiterten Unternehmens zu loben, das „ebenso gute Arbeit geleistet hat wie die Manager unserer ertragreicheren Unternehmen.“ Ein schlechtes Unternehmen ist auch von guten Managern nicht zu retten.

Großartige Entscheidung Nr. 32

Das Fiasko der New Coke im Jahr 1985 war auf eine der schlimmsten Fehlentscheidungen zurückzuführen, die je gefällt wurden. Wo ist hier also etwas Großartiges zu erkennen? Die mutige Entscheidung, zum ursprünglichen Rezept zurückzukehren, fiel (relativ) schnell. Wir alle machen Fehler. Größe beweist derjenige, der einen Fehler zugibt.

Die Führung von Coca-Cola war besorgt. Im Jahr 1984 schien das Unternehmen am Rande des Abgrunds zu stehen. Seine Spitzenposition auf dem Markt war zum ersten Mal wirklich bedroht. Der Rivale Pepsi holte rasch auf. Coca-Colas Marktanteil schrumpfte und sein Vorsprung war auf weniger als 5 Prozent zusammengeschmolzen. Die Werbeausgaben wurden erhöht, doch die Wirkung blieb gering. Pepsi hatte eine ausgezeichnete Werbekampagne für eine Nummer Zwei gestartet: die Pepsi Challenge. Die Herausforderung hatte Pepsis Marktanteil sofort um 8 Prozent in die Höhe schnellen lassen. Das Problem war, dass die Pepsi Challenge kein bloßer Werbegag war. In Blindtests zeigte sich, dass die Konsumenten anscheinend tatsächlich Pepsi den Vorzug vor Coca-Cola gaben. Das war eine bedrohliche Nachricht für die Marketingexperten von Coca-Cola.

Angesichts dieser Schwierigkeiten beauftragte das Unternehmen Sergio Zyman damit, sich Gedanken über das bis dahin Undenkbare zu machen: ein neues Rezept für Coca-Cola.

Im September 1984 hatte Coca-Cola ein Rezept gefunden, das in den Blindtests durchweg den Sieg davontrug. Das Unternehmen glaubte, endlich die Antwort gefunden zu haben. Also ignorierte man beharrlich alle Ergebnisse der Marktforschung, die eine negative Reaktion auf eine Änderung der Formel erwarten ließen. Coca-Cola wollte es wissen. Am 23. April 1985 kam die New Coke auf den Markt. Am Sankt-Georgs-Tag wurde der Drache losgelassen, der Pepsi verschlingen sollte.

Die New Coke, so erklärte das Unternehmen den Verbrauchern, war milder, süßer und der ursprünglichen Version insgesamt vorzuziehen. Und dies ungeachtet der Tatsache, dass die alte Version jeden Tag viele Millionen Male verkauft wurde. Hier lediglich vom Marketingfehltritt des Jahrhunderts zu sprechen, heißt, die Folgen der Maßnahme noch ein wenig zu untertreiben. Eine Welle der Kritik brach über Coke herein. Der Erzrivale Pepsi konnte seine Schadenfreude kaum verbergen. Der Herausforderer engagierte umgehend eine Werbeagentur, die sich auf die Tatsache konzentrierte, dass „the real thing" natürlich unverändert bleiben werde.

Als Coke erkannte, dass es einen katastrophalen Fehler begangen hatte, machte es einen Rückzieher und kehrte nach nur 90 Tagen zur Originalformel zurück. Seitdem wurde das Originalrezept nicht mehr angerührt.

DIE WICHTIGSTEN LEHREN

Was funktioniert, sollte man nicht ändern. Der Erfolg von Coca-Cola konnte unmöglich auf das Rezept beschränkt werden. Die Marke stand für etwas. Das Unternehmen verstand nicht, wie stark die Bindung der Verbraucher an die Tradition des Getränks war.

Lerne aus Fehlern, anstatt nach Schuldigen zu suchen. Bemerkenswert ist, dass die Topmanager von Coca-Cola ihre Posten behielten und noch einige Jahre im Unternehmen blieben. Man ließ keine Köpfe rollen. Konzernchef Roberto Goizueta erhielt inklusive der Bonuszahlungen sogar ein Gehalt von 1,7 Millionen Dollar. Im Jahresbericht des Unternehmens wurden sein „außergewöhnlicher Mut, seine Klugheit und sein Bekenntnis zu bestimmten Entscheidungen" gelobt. (Die Reaktion wäre vielleicht anders ausgefallen, wenn das Unternehmen Geld verloren hätte. Doch zu Jahresbeginn 1986 erreichte die Coca-Cola-Aktie einen neuen Rekordstand.)

Großartige Entscheidung Nr. 33

Im Jahr 1982 nahm Johnson & Johnson das Schmerzmittel Tylenol aus den Regalen. Das Unternehmen stellte die Sicherheit der Konsumenten über den Unternehmensgewinn, und CEO Jim Burke lieferte ein Lehrbeispiel dafür, wie man richtig mit den Medien umgeht.

Es herrscht ein verblüffender Mangel an Berichten über verantwortungsbewusstes Verhalten von Unternehmen. Auf der Suche nach Beispielen für ethisch vorbildliches Verhalten greifen wir immer wieder auf einige wenige klassische Beispiele zurück. Das vielleicht bekannteste dieser Beispiele liefert der Umgang von Johnson & Johnson (J&J) mit dem Tylenol-Skandal.

Im Jahr 1982 injizierte ein Psychopath Zyanid in einige Kapseln des Schmerzmittels Tylenol. Acht Menschen starben. Johnson & Johnson reagierte auf das Verbrechen, indem es das Produkt – seinen gesamten Vorrat – aus dem Handel nahm. Insgesamt 31 Millionen Packungen wurden an J&J zurückgeschickt. Die Maßnahme kostete das Unternehmen 100 Millionen Dollar. Und Johnson & Johnson übernahm die Verantwortung für die Tragödie – obwohl auf der Hand lag, dass es sich nichts zu Schulden hatte kommen lassen.

J&J reagierte mit Offenheit. Das Unternehmen entschloss sich umgehend, vorbehaltlos mit den Medien zusammenzuarbeiten. Später bot es an, die Tylenol-Kapseln gegen Tabletten auszutauschen. Diese Maßnahme kostete viele weitere Millionen.

Entscheidend für die Reaktion des Unternehmens war das Verhalten von CEO Jim Burke. Der irischstämmige Unternehmensleiter wurde in den Medien als ehrlicher, direkter, sehr verantwortungsbewusster Manager bekannt. Er trat persönlich in einer Reihe von Fernsehsendungen auf, um die Verantwortung zu übernehmen und die Öffentlichkeit über die Entwicklung auf dem Laufenden zu halten. Für dieses Medienmanagement erhielt das Unternehmen viel Beifall. In der *Washington Post* stand zu lesen: „Die Führungskräfte von Johnson & Johnson haben die Botschaft vermittelt, dass das Unternehmen ehrlich, schuldbewusst und mitfühlend ist, dass es entschlossen ist, seinen Beitrag zur Klärung der Mordfälle zu leisten und die Allgemeinheit zu schützen."

Tylenol zählt in den USA weiterhin zu den meistverkauften rezeptfreien Medikamenten. J&J investierte große Summen, um das Präparat, das vor dem Skandal bei den Schmerzmitteln einen Marktanteil von 37 Prozent hielt, wieder in seine frühere Position zu hieven. „Es wird einige Zeit dauern, es wird Geld kosten, und es wird sehr schwierig werden; doch wir halten es für unsere moralische und unternehmerische Pflicht, Tylenol wieder seine herausragende

Position zu verschaffen", erklärte Jim Burke. Dank der verantwortungsbewussten Reaktion des Unternehmens erholten sich die Umsätze rasch wieder.

DIE WICHTIGSTEN LEHREN

Schreibe es nieder. Die Tatsache, dass Johnson & Johnson eindeutige Verhaltensnormen festgelegt hatte, erleichterte die Bewältigung der Krise. Burke hatte ein Programm durchgeführt, um die Grundsätze des Unternehmens zu überarbeiten und den Erfordernissen der achtziger Jahre anzupassen. Das Ergebnis war ein glaubwürdiges und einflussreiches Dokument, das sich direkt auf das Verhalten der Menschen im Unternehmen auswirkte. J&J hatte zehn Jahre lang über dieses Credo nachgedacht. In der Tylenol-Krise traten seine Werte deutlich zu Tage. Anstatt einen Notfallplan aufzustellen, handelte das Unternehmen nach den Prinzipien und Werten, die es in seinem Credo formuliert hatte. Die Öffentlichkeit gewann den Eindruck, dass hier eine Unternehmensführung am Werk war, die Prinzipien hatte.

Reagiere gelassen und positiv auf eine Krise. Derart schreckliche Krisen wie jene, die durch das vergiftete Tylenol ausgelöst wurde, sind selten. Mit seiner entschlossenen Reaktion bewältigte Johnson & Johnson die Herausforderung. Das Unternehmen bildete einen Krisenstab, stellte fest, welche Personen eingebunden werden mussten, und begrenzte die Zahl der Sprecher. Doch das wichtigste war, dass Burke die Zügel in die Hand nahm.

Versuche nicht, die Probleme herunterzuspielen. Als Perrier Spuren von Benzol in seinen Produkten fand, rief es lediglich einige Lieferungen vom amerikanischen Markt zurück. Der Schaden, den das Unternehmen erlitt, weil die Konsumenten seine Reaktion für verantwortungslos hielten, war sehr viel größer als das ursprüngliche Problem.

Anmerkungen

[1] de Coubertin, Pierre, 1892.

[2] Cunningham, Lawrence, „The essays of Warren Buffett." In: *Cardozo Law Review*, 1997.

DIE SCHÖNSTEN MODELLE

Auf der Suche nach der perfekten Methode zur Organisation eines Unternehmens sehen sich die Manager mit einer verwirrenden Vielfalt von Entscheidungen konfrontiert. Laufend tauchen neue Organisationsmodelle auf. Die meisten davon sind in der Praxis nicht zu gebrauchen.

Am Anfang war die Hierarchie. Ein griechischer Autor namens Dionysios Areopagita entwickelte vor ungefähr 1500 Jahren das Konzept der Hierarchie. Die ursprüngliche Bedeutung des Wortes war „heilige Herrschaft". Dionysios erklärte in seinen Schriften, der Himmel sei hierarchisch organisiert. Diese himmlische Struktur bestehe aus genau neun Ebenen: Gott war der Unternehmensleiter; die Erzengel entsprachen dem Topmanagement, und Jesus Christus hatte eine Stabsfunktion zur Rechten Gottes. Nach dieser Theorie war auch die Hölle hierarchisch organisiert und ebenfalls in neun Ebenen oder Stufen unterteilt. In diesem Fall wurde die gesamte Struktur jedoch auf den Kopf gestellt, wobei das Fegefeuer die wichtigste Motivation darstellte, auf der Leiter „empor zu klettern".

Die Hierarchie ist bis heute die vorherrschende Organisationsform. Sie sieht lediglich ein wenig anders aus. Jack Welch von General Electric erklärte einmal, die Hierarchie sei eine Organisationsform, die „dem Unternehmensleiter das Gesicht und dem Kunden den Hintern zeigt".

Doch auch wenn Organisationen nicht unbedingt über ihre hierarchische Struktur nachdenken, machen sie sich aller Wahrscheinlichkeit nach Gedanken über ihre Größe.

Während des gesamten 20. Jahrhunderts pflegte die Unternehmenswelt den Mythos, Größe sei gleichbedeutend mit Qualität. Von Henry Ford bis Michael Eisner, von Alfred P. Sloan bis Jack Welch galt die Größe als entscheidender Maßstab für den Erfolg eines Unternehmens. Eine typisch männliche Form der Prahlerei prägt die Unternehmenswelt bis heute. Die immer größeren Fusionen, die sich derzeit so großer Beliebtheit erfreuen, sind nur der jüngste Ausdruck dieses Größenwahns. Wir akzeptieren zwar in praktisch jedem anderen Bereich die Tatsache, dass Quantität nicht gleichbedeutend mit Qualität ist, doch in der Unternehmenswelt werden diese beiden Begriffe immer noch als Synonyme betrachtet.

Experten haben immer wieder darauf hingewiesen, dass die meisten Menschen in Gruppen mit 100 000, 10 000, 1 000 oder auch „nur" 500 Mitgliedern nicht besonders kreativ sind. Im Allgemeinen sind Menschen in kleinen Teams am kreativsten. Die Sippen, die vor 200 000 Jahren durch die Steppen zogen, hatten höchstens 150 Mitglieder. Nigel Nicholson von der London Business School verweist auf die „seit Jahrhunderten zu beobachtende Stärke kleiner und mittelständischer Familienunternehmen. Diese Unternehmen mit durchschnittlich 150 Mitarbeitern sind bis heute das weltweit vorherrschende Modell und beschäftigen rund 60 Prozent der Arbeitskräfte."

Über die optimale Unternehmensgröße wird seit langer Zeit gestritten. Richard Branson, der Leiter von Virgin, meint, 50 bis 60 Leute seien genug: „Wenn ein Unternehmen zu groß wird, sollte es in kleinere Einheiten zerlegt werden. Sobald die Leute, die in ein und demselben Gebäude arbeiten, einander nicht mehr kennen, sobald die Atmosphäre unpersönlich wird, ist es an der Zeit, das Unternehmen aufzuteilen." Tom Peters hält 150 Personen für ideal, und laut Bill Gates liegt die ideale Betriebsgröße bei etwa 200 Mitarbeitern. Nathan Myhrvold, F&E-Manager bei Microsoft, und John Allen, der Mann, der hinter dem Experiment Biosphere 2 steht, sind sich einig, dass acht Leute genug sind. Auch wenn die genannten Zahlen schwanken, gibt es niemanden, der 215 000 Mitarbeiter für optimal hält.

Großartige Entscheidung Nr. 34

1987 überraschte Percy Barnevik die Geschäftswelt mit der Entscheidung, die weltweit größte grenzüberschreitende Fusion durchzuführen und das schwedische Unternehmen Asea mit dem Schweizer Konzern Brown Boveri zu verschmelzen. Das Ergebnis, der 30-Milliarden-Dollar-Gigant Asea Brown Boveri, wird heute als Vorbild für moderne Organisationen gepriesen.

Asea Brown Boveri (ABB) zählt zu den am häufigsten gepriesenen Unternehmen unserer Zeit, und es gibt wohl kaum einen anderen Konzern, über den so viel geschrieben wurde. Die Fallstudien über ABB sind im Überfluss vorhanden. Zu den Personen, die dieses Unternehmen als vorbildlich bezeichnen, gehören Tom Peters, Sumantra Ghoshal und Christopher Bartlett (die Autoren von *The Individualized Corporation*) und praktisch alle übrigen Managementexperten. ABB ist zweifellos das europäische Unternehmen, das die meiste Bewunderung genießt. Die Kommentatoren singen Lobeshymnen, die Analysten schnurren zufrieden.

Zuerst die Fakten. ABB mit Hauptsitz in Zürich ist heute das weltweit größte Unternehmen für Energietechnik und beschäftigt in 50 Ländern über 213 000 Mitarbeiter. Der 31 Milliarden Dollar schwere Konzern ist in 35 Geschäftsbereiche mit 5000 Profit Centern unterteilt („5000 erkennbare Unternehmen“, wie CEO Göran Lindahl sagt).

ABB entstand aus der Fusion zwischen dem schwedischen Unternehmen Asea, das damals von dem respekteinflößenden Percy Barnevik geleitet wurde, und dem Schweizer Konzern Brown Boveri. Es war die größte grenzüberschreitende Fusion seit der öligen Vereinigung von Royal Dutch Shell. Barnevik wurde CEO von Asea Brown Boveri und revolutionierte Organisation und Leistung des Konzerns, bis er 1997 von Lindahl abgelöst wurde.

Barnevik ist wiederholt als eine Art europäischer Jack Welch beschrieben worden. Und tatsächlich gibt es gewisse Ähnlichkeiten. Barnevik ist für seine 30-Prozent-Regel berühmt: Wenn er eine Firma übernimmt, werden 30 Prozent der Leute in der Zentrale gefeuert; 30 Prozent werden in andere Unternehmen der Gruppe versetzt und weitere 30 Prozent werden auf separate Profit Center verteilt. Die verbleibenden zehn Prozent setzen die Arbeit fort. Sowohl Barnevik als auch Welch sind starke Kommunikationsprofis, denen es gelungen ist, ein atemberaubendes Veränderungstempo aufrecht zu erhalten. Auf eine Veränderung folgt die nächste.

Barneviks Arbeit als CEO wurde mit großer Aufmerksamkeit verfolgt, der spannendste Teil der Geschichte ist aber zweifellos die Fusion von Asea und

Brown Boveri. Die Verhandlungen wurden heimlich geführt. Als der Vertragsentwurf zum ersten Mal dem Board vorgelegt wurde, hatten einige Directors keine Ahnung, dass eine Fusion bevorstand. Sie hatten eine Stunde Zeit, um den Entwurf durchzulesen. Der gesamte Prozess lief ungewöhnlich schnell ab. Auf gebührende Sorgfalt wurde vollkommen verzichtet, weil Barnevik auf einen Abschluss drängte. Er las den Vertragsentwurf in Anwesenheit beider Verhandlungsteams Zeile für Zeile laut vor. Einwände wurden sofort entkräftet. Wurden keine Gegenstimmen laut, so galt ein Punkt als angenommen. „Wir mussten schnell handeln; es durfte nichts nach außen dringen; wir konnten keine Anwälte einbeziehen; wir mussten einander vertrauen", erinnert sich Barnevik.

Die Fusion wurde am 10. August 1987 bekannt gegeben. Die Wirtschaftswelt war überrascht, wie schnell man sich geeinigt hatte. Das *Wall Street Journal* sprach von einer Fusion, die aus „Notwendigkeit und nicht aus Liebe" entstanden war. Der Autor dieses Kommentars hatte offensichtlich übersehen, wie gut die beiden Unternehmen zusammenpassten. Diese Fusion war eine Ehe, die im Unternehmenshimmel geschlossen worden war. Brown Boveri war international, Asea nicht. Asea verfügte über ein exzellentes Management, Brown Boveri nicht. Technologie, Märkte und Kulturen passten hervorragend zusammen. Ob das jedoch auf Glück oder strategischen Weitblick zurückzuführen war, muss dahingestellt bleiben.

Sobald die Entscheidung für die Fusion gefallen war, sorgte Barnevik dafür, dass sie zu einem Erfolg wurde. „Barnevik hatte es sich zum Ziel gesetzt, aus einer Gruppe von 1300 Unternehmen mit 210 000 Mitarbeitern in 150 Ländern eine fortschrittliche, flexible Organisation mit möglichst wenigen Managementebenen zu machen", schreiben Kevin Barham und Claudia Heimer in ihrem Buch *ABB: The Dancing Giant*. Um das zu erreichen, führte Barnevik eine komplexe Matrixstruktur ein, die Lindahl als „Dezentralisierung unter zentralen Bedingungen" bezeichnete. Das Unternehmen wird von einem Exekutivausschuss geführt; die Organisation darunter ist in Geschäftsbereiche, Company Center, Profit Center sowie Länderorganisationen unterteilt. Das Ziel ist es, die Vorteile einer großen Organisation zu nutzen und gleichzeitig die Stärken einer kleinen auszuspielen.

Die Matrixstruktur von ABB sorgte für jede Menge Diskussionen. Sie wurde als neues Organisationsmodell gepriesen, Barnevik wurde als Reinkarnation des genialen Alfred P. Sloan von GM bezeichnet. (Vielleicht dachte GM an diesen Vergleich, als es Barnevik zum Nonexecutive Director ernannte.) Barnevik erklärte, das Matrixsystem sei einfach ein formales Mittel, um das festzuhalten und zu verstehen, was in jeder großen Organisation informell geschehe. Das Spinnennetz der Matrix trägt den natürlichen Bedingungen Rechnung.

Ob natürlich oder nicht, fest steht, dass die Struktur von ABB komplex, paradox und nicht wirklich durchschaubar ist. Als Unternehmensmodell scheidet ABB damit wohl aus. („Ich glaube nicht, dass man mechanisch kopieren kann, was ein anderes Unternehmen getan hat", warnt Barnevik.) Als hochentwickeltes Instrument, um diese spezielle Organisation zu managen, hat sich die Struktur jedoch sehr gut bewährt. Was das Unternehmen zusammenhält, sind eine tief verwurzelte lokale Präsenz, eine globale Vision, grenzüberschreitendes Verständnis, globale Werte und Prinzipien für den Umgang mit kreativer Spannung, globale Verbindung an der Spitze und eine globale Ethik. Um all das zu bewerkstelligen, ist ein Unternehmensleiter mit der außergewöhnlichen Dynamik und Intelligenz von Barnevik erforderlich. Potentielle Nachahmer sollten das nie vergessen.

DIE WICHTIGSTEN LEHREN

Vertrauen ist alles. Das Erstaunlichste an dieser Fusion war das Maß an Vertrauen, das die beiden Parteien einander entgegenbrachten. Beide Führungsteams erkannten, dass ein Zusammenschluss von Vorteil sein würde. Man verzichtete auf taktische Spiele. Geheime Gespräche blieben tatsächlich geheim. Entscheidungen wurden gefällt und eingehalten. Sehr zu dieser Atmosphäre des gegenseitigen Respekts und Vertrauens dürfte beigetragen haben, dass es sich um eine Fusion und nicht um eine Übernahme handelte. „Eine Übernahme hätte viel zerstört, in psychologischer, politischer und geschäftlicher Hinsicht", erklärte Barnevik.

Behandle die Leute wie mündige Erwachsene. Man könnte ABBs Managementstil und -philosophie als „Management von und für Erwachsene" zusammenfassen. Interne Streitereien scheint es nicht zu geben. Konstruktive Debatten sind willkommen. Manager aus verschiedenen Ländern arbeiten effektiv zusammen. Man hat den Eindruck, dass Entscheidungen durchdacht, durch Analysen untermauert und schließlich mit allgemeiner Unterstützung gefällt und umgesetzt werden. ABB ist ein strahlendes Beispiel für professionelles Management am Ende des 20. Jahrhunderts.

Kommunikation und Klarheit sind wesentliche Führungselemente. Entschiedenheit, Klarheit und Kommunikationsfähigkeit zählen zu den hervorstechenden Qualitäten von Percy Barnevik, die er auch in die Kultur von ABB eingebracht hat. Er verfügt über ein außergewöhnlich sicheres Urteil. Er kommuniziert unablässig mit seiner Umwelt und fällt absolut klare Entscheidungen. Die

Tatsache, dass Barnevik und ABB die Nachfolge durch Göran Lindahl mit so viel Geschick und Feingefühl bewerkstelligt haben, lässt darauf schließen, dass Klarheit und Kommunikation in der Unternehmenskultur von ABB Wurzeln geschlagen haben.

Großartige Entscheidung Nr. 35

Im 15. Jahrhundert erweiterten die Inka ihr Reich. Ihr Beitrag zum Management war die Erkenntnis, dass jede große, weit verzweigte Organisation auf perfekte Kommunikation und Logistik angewiesen ist. Daher entschlossen sie sich, ein Netz von Verwaltungszentren und Lagerhäusern für Nahrungsmittel einzurichten und ein Tausende von Kilometern langes Straßennetz zu bauen.

Wie führt man ein weitläufiges Reich? Diese organisatorische Herausforderung beschäftigt die Menschen seit Jahrhunderten – von den Griechen und Römern bis zu den Leitern der internationalen Konzerne der Gegenwart. Eine der wenigen Zivilisationen, die diese Herausforderung erfolgreich meisterten, war die der Inka.

In ihrer Blütezeit herrschten die Inka über ein riesiges Imperium mit sechs Millionen Einwohnern, das sich über weite Teile des heutigen Peru sowie Ecuadors, Chiles, Boliviens und Argentiniens erstreckte. Die Menschen sprachen eine Vielzahl verschiedener Sprachen und Dialekte. Die Entscheidung, wie dieses Reich am besten zu verwalten war, dürfte etwas schwieriger gewesen sein als die Überlegung, wie man eine weit entfernte Firmenniederlassung managt.

Die Inka hatten den strategischen Vorteil, dass sie bereit waren, ihre Interessen durchaus auch mit Gewalt durchzusetzen, aber ihre friedlicheren Methoden der Überzeugung waren interessante Vorläufer späterer Organisationsmethoden. Die Inka führten ein standardisiertes Verwaltungssystem ein. Dieses System beruhte auf Zehnereinheiten und war der Vorläufer des modernen Dezimalsystems. Um einen Überblick über ihr Land zu gewinnen, teilten sie es in vier Viertel, sogenannte *suyus*, die in der Hauptstadt Cuzco zusammenliefen.

Darüber hinaus investierten die Inka in die Errichtung einer ausgedehnten Infrastruktur. Ihr Straßennetz erstreckte sich über 23 000 km und ermöglichte nicht nur rasche Truppenbewegungen, sondern auch den schnellen Transport von Gütern – und zwar in einer Zeit, als noch keine Fahrzeuge mit Rädern zur Verfügung standen.

Das Straßensystem war mit einem äußerst komplexen logistischen Netz kombiniert, das aus Raststationen, Herrschaftszentren, Festungen, zeremoniellen Stätten und anderen Versammlungsorten bestand. Die rasche Übermittlung von Nachrichten wurde durch speziell ausgebildete Läufer gewährleistet. Das System funktionierte, allerdings nur für kurze Zeit: Die Blütezeit des Inka-Reiches dauerte nur 100 Jahre.

DIE WICHTIGSTEN LEHREN

Die Logistik ist wichtig. Gleichgültig, in welchem Bereich Sie als Manager tätig sind: Zugangsgeschwindigkeit ist entscheidend. Ob Sie nach römischer Tradition „teilen und herrschen" oder ob Sie einen diktatorischen Managementstil bevorzugen – die Logistik ist immer wichtig: Sie müssen Aufstände rasch niederschlagen können. Wenn Sie auf humanere Führungsmethoden setzen, wird die Logistik noch bedeutsamer: Wissen und Erfahrung müssen ausgetauscht und Informationen weitergegeben werden.

Ein gewisses Maß an Standardisierung ist unerlässlich. Die unkontrollierte Ausbreitung vieler verschiedener Systeme und Methoden führt üblicherweise zum Chaos.

Großartige Entscheidung Nr. 36

Es kommt nicht allzu oft vor, dass die Ernennung eines CEO ein neues Unternehmensmodell hervorbringt. Doch als ITT im Jahr 1959 Harold Geneen zum Unternehmensleiter machte, geschah genau das. Zu dieser Zeit belief sich der Umsatz des Unternehmens auf 765 Millionen Dollar. Als Geneen 1979 in den Ruhestand trat, betrugen die Einnahmen fast 12 Milliarden Dollar, und ITT war zum größten Mischkonzern der Welt aufgestiegen. Geneen hatte ein funktionierendes Modell für ein rationales, auf der Datenauswertung beruhendes Management entwickelt.

Harold Geneen hatte etwas übrig für Zahlen. Er liebte Zahlen geradezu. Sein Zugang zur Unternehmensführung war die Inkarnation rationalen Verhaltens. „Allein dadurch, dass man die Entwicklung der Zahlen Woche für Woche, Monat für Monat beobachtet, stärkt man die Erinnerung und die Vertrautheit mit ihnen, so dass im Kopf ein lebendiges Gesamtbild von den Vorgängen im Unternehmen entsteht", erklärte er.

Die Zeitschrift *BusinessWeek* bezeichnete Harold Geneen (1910–1997) als „legendären Konzernchef". Er war ein unverbesserlicher Workaholic, der fest daran glaubte, dass sich mit analytischer Exaktheit alles erreichen ließ.

Geneen hatte nichts übrig für oberflächliche Zerstreuung und arbeitete bis ans Ende seines Lebens täglich zehn Stunden in seinem Büro im New Yorker Waldorf Astoria. Von hier aus leitete er Gunther International, ein Unternehmen, in das er sich 1992 eingekauft hatte. Geneen verband harte Arbeit mit einer scheinbar sklavischen Liebe zu den Zahlen. „Geschäfte zu machen ist eindeutig amüsanter als jeden Tag Golf spielen zu gehen", erklärte er einmal.

Geneen absolvierte in der Abendschule eine Ausbildung zum Buchhalter und begann, auf der Karriereleiter empor zu klettern. Er arbeitete für American Can, Bell & Howell, Jones & Laughlin und schließlich für Raytheon, bis es von ITT übernommen wurde. ITT war 1920 als karibische Telefongesellschaft gegründet worden. 1959 wurde Geneen Mitglied des Board und machte sich daran, das Unternehmen in den größten Mischkonzern der Welt zu verwandeln.

Geneens Unternehmensphilosophie beruhte auf der Annahme, Diversifizierung sei gleichbedeutend mit Stärke. Also verfolgte er dieses Ziel ohne wenn und aber. Unter seiner Führung kaufte ITT Unternehmen wie Imelda Marcos Schuhe. Dieser Kaufrausch brachte ITT in den Besitz von 350 Unternehmen, darunter Avis Rent-A-Car, Sheraton Hotels, Continental Baking und Levitt & Sons. 1970 bestand ITT aus 400 Unternehmen in 70 Ländern. Dieses Sammelsurium von Unternehmen war ein Albtraum für Manager. Um die wachsende

Schar von Unternehmen im Griff zu behalten, führte Geneen eine Reihe von Finanzkontrollen und Zielvorgaben ein, die er penibel überwachte. Nur wenige andere Führungskräfte hätten das zu Wege gebracht, doch Geneen bewältigte die Aufgabe mit der ihm eigenen Zielstrebigkeit. Teil seiner Methode war es, über fünfzig Führungskräfte einmal im Monat in Brüssel zusammenzutrommeln, wo sie vier Tage lang über den Zahlen zu brüten hatten. „Ich wünsche keine Überraschungen", verkündete Geneen. Er wollte, dass die Leute „so vorhersehbar und kontrollierbar werden wie das Kapital, das sie zu verwalten haben". Während andere zugesehen hätten, wie das Kartenhaus zusammenfiel, setzte Geneen noch weitere Karten darauf und schaffte es, den Druck, der auf jeder einzelnen Karte lastete, genau im Auge zu behalten.

Fakten waren das Lebenselixier des expandierenden Konzerns, und die Führungskräfte schwitzten Blut und Wasser, um sie zu beschaffen. „Professionelles Management in Vollendung erfordert die Fähigkeit, den Unterschied zwischen hieb- und stichfesten Fakten und dem Ausschuss buchstäblich riechen zu können – sowie die Kühnheit, die intellektuelle Neugier, den Mumm und wenn nötig auch die Unhöflichkeit, um sicherzustellen, dass es sich ohne jeden Zweifel um das handelt, was wir als eine *unumstößliche Tatsache* bezeichnen", erklärte Geneen. Mit seiner ungemein starken Persönlichkeit verhalf Geneen seinen Methoden zum Erfolg. (Wollte man es zynisch formulieren, so könnte man auch sagen, dass ITT innerhalb der von Geneen festgelegten Parameter erfolgreich war.) Zwischen 1959 und 1977 stieg der Umsatz des Unternehmens von 765 Millionen auf fast 28 Milliarden Dollar. Der Gewinn kletterte von 29 Millionen auf 562 Millionen Dollar, und der Gewinn je Aktie erhöhte sich von 1 Dollar auf 4,20 Dollar. 1977 nahm Geneen seinen Hut als CEO, zwei Jahre später legte er sein Amt als Chairman zurück.

DIE WICHTIGSTEN LEHREN

Ein Unternehmen, das auf der Dynamik und Energie eines einzigen Mannes aufgebaut ist, wird das Ende der Karriere dieses Mannes nicht lange überleben. Bald nach Geneens Rücktritt begann der Niedergang von ITT. Die ersten Anzeichen dafür waren allerdings schon zuvor beobachtet worden – 1974 und 1975 waren die Gewinne des Unternehmens deutlich zurückgegangen. „Um einen Konzern zu führen, muss man härter arbeiten und größere Risiken eingehen, als von den meisten Menschen verlangt werden kann", sagte Geneen. Seine Nachfolger waren nicht in der Lage, an seinem einzigartigen Arbeitsstil festzuhalten. Nun trat die dunkle Seite von ITT zu Tage: Das Unternehmen hatte in

Chile mit der CIA zusammengearbeitet und war in Bestechungsskandale verwickelt. Das Kartenhaus fiel in sich zusammen. Einen Monat nach Harold Geneens Tod wurde ITT von Starwood Lodging übernommen.

Großartige Entscheidung Nr. 37

Gegründet wurde General Motors von William Durant, doch es war Alfred P. Sloan, der das Konzept für das Management des Konzerns entwickelte. Anfangs lehnte Durant Sloans Ideen ab. Als Pierre Du Pont 1920 die Kontrolle über das Unternehmen übernahm, beschloss er, die von Sloan geplante Reorganisation durchzuführen. Damit entstand die vorherrschende Unternehmensstruktur des 20. Jahrhunderts, die föderale Dezentralisierung.

Als Alfred P. Sloan die Leitung von General Motors übernahm, trat er an die Spitze einer Organisation, die nicht geeignet war, seine Ambitionen zu verwirklichen. Henry Ford war es gelungen, die Standardisierung und die Massenproduktion einzuführen, indem er seine Produktpalette weitgehend begrenzte. Sloan wollte aus dem Sammelsurium von Unternehmen eine wesentlich breitere Produktpalette herausholen. General Motors war durch die unablässige und scheinbar wahllose Akquisition kleiner Unternehmen groß geworden. Sloan kam zu dem Schluss, dass er sein Ziel erreichen konnte, indem er nicht die Produktion, sondern die Organisation verbesserte. „Billy Durant hatte mit GM einen nicht zu verwaltenden Koloss geschaffen, an dessen Organisation er immer wieder scheiterte. Einer seiner jüngeren Manager, Alfred P. Sloan, Jr., schlug eine Reorganisation vor, die Durant jedoch ablehnte. Als Durant die Kontrolle verlor, trat Pierre Du Pont an seine Stelle, und ihm gefiel Sloans Plan. Damit entstand eine hochmoderne Form der Organisation, und GM ließ Ford in diesen frühen Tagen der Autoindustrie schnell hinter sich“, schreibt Daniel Wren, Autor von *Management Innovators*.[2]

Sloan machte sich daran, aus der bunt zusammengewürfelten Ansammlung von Unternehmen eine einheitliche Organisation zu schmieden. Die Grundlage seines Plans war eine in den Jahren 1919 und 1920 angefertigte „Organisationsstudie“, die, wie ein Beobachter anmerkte, „voll und ganz seinem eigenen Kopf entsprungen war“. In dieser Studie hatte er sich mit der Funktionsweise der Organisation beschäftigt und ein völlig neuartiges Konzept entwickelt. Sloan hatte die Angewohnheit, bescheiden zu erklären, dass ihm seine Ideen einfach so in den Sinn kämen. Es darf angemerkt werden, dass praktisch keine dieser Ideen irgendjemand anderem in den Sinn kam.

Ausgehend von seiner Organisationsstudie unterteilte Sloan das Unternehmen Anfang der zwanziger Jahre in acht Abteilungen – fünf Autoabteilungen und drei Abteilungen für Bauteile. In dem Jargon, der 50 Jahre später erfunden wurde, wären das strategische Geschäftseinheiten gewesen.

Jede dieser Einheiten war für ihre Ergebnisse selbst verantwortlich und verfügte über eigene Entwicklungs-, Produktions- und Verkaufsabteilungen.

Überwacht wurden die Einheiten von Managern in der Zentrale, die für Politik und Finanzen des gesamten Unternehmens verantwortlich waren. Die Betriebseinheiten waren halbautonom und für den Marktanteil und die Rentabilität in ihrem Bereich verantwortlich. Eine besonders innovative Maßnahme Sloans bestand darin, die Abteilungen für Bauteile anzuweisen, nicht nur an andere Unternehmensbereiche von GM zu verkaufen, sondern auch an externe Firmen.

Mit dieser Politik, die Sloan als „federal decentralization" bezeichnete, legte er den Grundstein zur modernen dezentralisierten, in Geschäftsbereiche unterteilten Organisation. „Alfred Sloan hat für die oberen Managementebenen das getan, was Henry Ford für die Betriebe getan hat: er verwandelte sie in einen verlässlichen, effizienten, wie eine Maschine funktionierenden Prozess", kommentierte *The Economist*. Sloan war schließlich von seiner Ausbildung her Techniker.

Die in Sparten gegliederte Organisation gab Sloan die Möglichkeit, die Größe des Unternehmens zu nützen, ohne es schwerfällig zu machen. „Die mehrspartige Organisation war die vielleicht bedeutendste Innovation im Bereich der Administration. Diese Organisationsform gab den Unternehmen die Möglichkeit, weit über die Grenzen der funktionalen Organisation, an deren Stelle sie trat, hinauszuwachsen", erklären die Wirtschaftsexperten Sumantra Ghoshal und Christopher Bartlett.

Sloans Innovation räumte der Führungsebene mehr Zeit ein, um sich auf die strategischen Fragen zu konzentrieren, und verlagerte die betrieblichen Entscheidungen auf die Werksebene, anstatt sie einer weit vom Geschehen entfernten Zentrale zu überlassen. Es war ein ständiger Balanceakt, aber das Konzept funktionierte. 1925 überholte General Motors mit seiner neuen Organisation und der alljährlichen Veränderung seiner Modelle den Hauptkonkurrenten Ford, der weiterhin am guten alten Model T festhielt.

Sloan wurde von Alfred Chandler und Peter Drucker als Held des Managements gepriesen, doch mit der Zeit traten auch die Schwachstellen seines Modells zu Tage. Das Gerüst der von ihm entwickelten dezentralisierten Struktur bildete eine auf hierarchischen Beziehungen und Ausschüssen beruhende Infrastruktur, die immer schwerfälliger wurde. Im Lauf der Zeit wuchs die Zahl der Ausschüsse immer weiter. Strenge Zielsetzungen und eng gefasste Erfolgsmaßstäbe machten jede Initiative zunichte. Ende der sechziger Jahre zerbrach das empfindliche Gleichgewicht zwischen Zentralisierung und Dezentralisierung, das Sloan so geschickt aufrechterhalten hatte. Das Rechnungswesen wurde zur dominierenden Abteilung, und GM wurde von dem Organisationssystem, das es einst groß gemacht hatte, völlig gelähmt.

DIE WICHTIGSTEN LEHREN

Struktur erfordert Flexibilität. Die Schwachstelle der mehrspartigen Form lag laut Christopher Bartlett und Sumantra Ghoshal darin, dass sie „keinen Prozess beinhaltet, in dem institutionalisierte Vorstellungen in Frage gestellt, bestehende Wissensgrundlagen verworfen und neue Quellen für relevante Daten gesucht werden können. Da diese Herausforderung fehlt, klammern sich die Unternehmen zunehmend an konventionelle Vorstellungen, die als heilige Kühe verehrt werden und unantastbar sind, so dass die Organisationen ihre Beweglichkeit einbüßen. Ihr überholtes Wissen und ihre veralteten Kenntnisse, die der sich ständig wandelnden Realität nicht mehr entsprechen, schränken sie wesentlich in ihrer Entwicklung ein.“[3]

Die Größe ist ein Problem. Man muss sie in den Griff bekommen. „In fast allen unseren Aktivitäten leiden wir unter Trägheit, was an unserer enormen Größe liegt. Um eine Neuerung herbeizuführen, müssen derart viele Leute eingebunden und derart große Anstrengungen unternommen werden, dass eine neue Idee in Anbetracht der Mühe, die mit ihrer Umsetzung verbunden ist, leicht als unwesentlich betrachtet wird... Manchmal sehe ich mich fast zum dem Schluss genötigt, dass General Motors so groß und träge ist, dass wir es nicht mehr führen können“, klagte Alfred P. Sloan.[4] Wie Recht er hatte.

Großartige Entscheidungen Nr. 38

Im Jahr 1112 übernahm der Heilige Bernhard die Führung des Zisterzienserordens. Er erkannte, dass die Zeit reif für Veränderungen und Reformen war. Das Resultat war ein Prototyp effizienter betrieblicher Arbeit.

Religiöse Organisationen waren über Jahrhunderte die Vorbilder für jegliche Organisation. Ein Beispiel ist die Hierarchie der römisch-katholischen Kirche – wenige Befehlsebenen, aber sehr autoritätslastig. (Ein besonders gutes Beispiel für den Managementstil der römisch-katholischen Kirche lieferte das Zweite Vatikanische Konzil [1962–1965], einberufen von Papst Johannes XXIII.: Das Konzil leitete eines der größten Veränderungsprogramme in der Geschichte ein. Es veränderte die Gestalt der katholischen Kirche und schuf ein dezentralisiertes, auf wenige hierarchische Ebenen beschränktes Managementmodell, das sich bewährt hat.)

Ein anders Beispiel ist die Entscheidung des Ignatius von Loyola, im Jahr 1540 die Gesellschaft Jesu (die Jesuiten) zu gründen. Die Jesuiten entwickelten ein Organisationsmodell, das die praktische Arbeit in den Mittelpunkt rückte und die Kontemplation in den Hintergrund drängte. Peter Drucker bezeichnete den Orden als „die erfolgreichste Stabsorganisation der Welt".

Weniger klar ist der Ansatz, der hinter der Organisation des Zisterzienserordens stand. Die Zisterzienser, ein im Jahr 1098 gegründeter Zweig des Benediktinerordens, strebten die Abkehr von den Versuchungen des Weltlichen und ein Leben „weitab von den menschlichen Behausungen" an. Der wesentliche Nachteil dieses Ansatzes bestand – insbesondere im 11. Jahrhundert – darin, dass jemand, der weitab von allen menschlichen Gemeinschaften lebt, gezwungenermaßen zum Selbstversorger wird.

Trotz ihres Glaubens hatten die Zisterzienser nur bedingt Erfolg als Selbstversorger. Das heißt, bis im Jahr 1112 der Heilige Bernhard die Leitung des Ordens übernahm. Bernhard von Clairvaux (1090–1153) trat in das Zisterzienserkloster Cîteaux ein und wurde später erster Abt des neu gegründeten Klosters Clairvaux in der Champagne.

Der Heilige Bernhard war ein dynamischer Führer. Sein unerschöpfliches Werk umfasst 400 Briefe, 340 Predigten, mehrere Abhandlungen und eine Biographie des Heiligen Malachius. Er entschied, dass der Orden als Selbstversorger effizienter werden müsse, und gründete mehr als 70 Klöster. Um seine Ziele zu erreichen, machte sich der Orden die beste damals verfügbare Technologie zu Nutze. Die Klöster lagen zwar fernab von menschlichen Siedlungen, wurden jedoch stets in der Nähe von Flussläufen angesiedelt. Diese dienten als Energiequelle (die Wassermühle war ein relativ neue, aber lebenswichtige Erfindung), lieferten fließendes Wasser und ermöglichten die Abwasserentsorgung.

„Die Klöster waren in Wahrheit die am besten organisierten Fabriken der Weltgeschichte", schreibt John Lienhard von der University of Houston. „Sie waren anpassungsfähig und diversifiziert."

DIE WICHTIGSTEN LEHREN

Jede Organisation kann verändert werden. Selbst die undurchsichtigsten, die faulste und die unfähigsten Organisationen können wachgerüttelt und erneuert werden – vorausgesetzt, ihre Führer sind in der Lage, sie zu motivieren.

Die Technologie ist eine positive Macht. Man sollte meinen, dass gerade Mönche dem Fortschritt mit Skepsis begegnen werden. Der Heilige Bernhard überzeugte die Zisterzienser davon, dass der Fortschritt nützlich und von Gott gewollt sei.

Führer kommunizieren. Der Heilige Bernhard war eine dynamische, mitreißende Persönlichkeit, obwohl er in einer Zeit lebte, in der das Reisen eine Mühsal und die Kommunikation quälend langsam war.

Großartige Entscheidung Nr. 39

Michael Dell entschloss sich, PCs direkt an die Konsumenten zu verkaufen und nach ihren persönlichen Spezifikationen zu bauen. Heute versucht jeder in der Branche, Dells Strategie nachzuahmen – doch es ist zu spät.

Michael Dell hatte eine Idee, die 12 Milliarden Dollar wert war: Er wollte den Handel umgehen und PCs direkt an die Konsumenten verkaufen. Darüber hinaus entschloss er sich, die Geräte auf Bestellung zu fertigen. Dell schuf einen neuen Kanal für den Verkauf und die Herstellung von PCs. Das Unternehmen wurde von der Handelsspanne der Wiederverkäufer unabhängig und musste keine großen Lagerbestände mehr bewältigen. Alle Komponenten des Kreislaufs fügten sich ideal ineinander. Die Kosten waren niedrig, die Gewinne hoch.

Durch den Telefonverkauf und seit einiger Zeit auch durch den E-Commerce umgeht Dell die Einzelhändler und wendet sich direkt an Firmenkunden. Großkunden werden von engagierten, funktionsübergreifenden Teams betreut, kleinere Kunden von kostengünstigen Supportteams. Dell sah die zunehmende Differenzierung und die sehr spezifischen Servicebedürfnisse dieser Kunden und den wirtschaftlichen Vorteil eines direkten Zugangs voraus. Die Bedürfnisse einer großen Zahl von Kunden zu verstehen und Produkte für ihre individuellen Erfordernisse herzustellen, gelingt ohne Vermittler nicht nur billiger, sondern auch effektiver. Das Ergebnis ist ein individualisiertes Massenangebot, im Gegensatz zur traditionellen Methode der Unterteilung des Marktes in grob gefasste Segmente. Die Versorgung mit Ersatzteilen kann vom Firmenkunden selbst, von Dell oder von einer dritten Partei übernommen werden.

Dells Modell umgeht nicht nur die Wiederverkäufer: Die Fertigung auf Bestellung senkt außerdem die Kapitalkosten, und der direkte Kundenkontakt ermöglicht eine Verbesserung des Produktdesigns, des Bestandsmanagements und des Kundendienstes.

Im Jahr 1998 erzielte Dell einen Umsatz von 12,3 Milliarden Dollar und war der weltweit führende Direktverkäufer von Computern.

DIE WICHTIGSTEN LEHREN

Suche den direkten Kontakt zum Kunden. Wenn es nur das Unternehmen und seinen Kunden gibt, „entsteht tatsächlich eine Beziehung zum Kunden“, meint Michael Dell. „Und so gewinnen wir wertvolle Informationen, die es uns wiederum ermöglichen, unsere Beziehungen zu Lieferanten und Kunden effektiver zu gestalten. Die Kombination dieser Informationen mit der Technologie schafft jene Infrastruktur, die erforderlich ist, um die grundlegenden Geschäftsmodelle großer globaler Unternehmen zu revolutionieren." Das im direkten Kontakt gewonnene Wissen über den Endverbraucher ermöglicht es dem Unternehmen, seine Kunden zufrieden zu stellen, was wiederum die Marke Dell stärkt, die Kosten für die Kundenakquisition senkt und die Kundenloyalität erhöht.

Schalte die Zwischenhändler aus. Durch die Umgehung des Einzelhandels erspart man sich die Händlerspanne. Dell reduzierte die Verkaufskosten von 12 Prozent auf 4 bis 6 Prozent der Einnahmen. Wenn die Bedürfnisse der Kunden schon im Produktionsprozess berücksichtigt werden, verkürzen sich die Lieferzeiten, und startbereite Systeme ermöglichen dem Kunden eine raschere Inbetriebnahme.

Großartige Entscheidung Nr. 40

Im Jahr 1931 führte Procter & Gamble sein System des Markenmanagements ein, das die Marken in den Mittelpunkt des Marketing rückte und ein noch heute gültiges Konzept der Markenbetreuung begründete.

Im Jahr 1879 brachte Procter & Gamble (P&G) das Waschmittel Ivory auf den Markt. Es war eine der ersten Marken, für die Werbung betrieben wurde. Seit diesem Zeitpunkt macht das Unternehmen stetig Werbung für sich. Seine Werbeausgaben belaufen sich mittlerweile auf über 3 Milliarden Dollar im Jahr.

P&G hat sich nicht nur als Meister des Marketing erwiesen, es hat auch neue Märkte erfunden: Tide war das erste synthetische Hochleistungswaschmittel der Welt. Pampers war die erste Wegwerfwindel auf dem Markt. Und auch die Entwicklung der Zwei-in-einem-Shampoos geht auf das Konto dieses Konsumgüterriesen.

Seinen vielleicht bedeutendsten Beitrag zum Marketing leistete P&G im Jahr 1931, als es die funktionelle Organisation um eine neue Dimension erweiterte und das Markenmanagement erfand. P&G war der Ansicht, dass Marken wie Ivory und Camay am besten gemanagt werden könnten, indem man die Verantwortung jeweils einer einzigen Person übertrage: einem Markenmanager. Die Entwicklung von P&G spricht für sich. Die Einnahmen des Konzerns betragen mittlerweile knapp 40 Milliarden Dollar pro Jahr.

Das System des Markenmanagement nahm bereits in den zwanziger Jahren Gestalt an, doch erst 1931 baute Neil McElroy, der bei P&G Chairman war, eine Marketingorganisation auf, in der einzelne Teams für untereinander konkurrierende Marken zuständig waren. Zwar veränderte dieses System die Welt nicht über Nacht, doch mit der Zeit wurde das Markenmanagement zu einer anerkannten Funktion, zu einer wertvollen Ergänzung von Verkauf und Marketing – wenn diese Funktion auch in vielen Fällen an den Rand gedrängt wurde. In der wirtschaftlichen Blütezeit der fünfziger Jahre, als die Märkte mit neuen Produkten und Marken überschwemmt wurden, erfreute sich das Markenmanagement wachsender Beliebtheit. Begünstigt wurde die Platzierung neuer Marken durch die Errichtung von Einkaufszentren und den Siegeszug der Fernsehwerbung. Es ging den Menschen besser als je zuvor. Das Markenmanagement brachte ein wenig Ordnung in all die Auswahl, die der neue Wohlstand hervorbrachte.

1967 beschäftigten 84 Prozent der großen amerikanischen Konsumgüterhersteller Markenmanager. Die Titel haben sich seitdem zwar geändert, doch das System hat sich bis heute behauptet. Erst in den neunziger Jahren wurde es durch Konzepte wie das Re-engineering, welche die starren Grenzen zwischen den Funktionen durchbrechen wollten, in Frage gestellt.

David Arnold von der Harvard Business School ist einer derjenigen, die die Entwicklung des Markenmanagements durch P&G als großartige Entscheidung lobten. „Auch wenn das System nun von einigen Seiten angegriffen wird, war es eine bahnbrechende Innovation, die sich wie ein Lauffeuer ausbreitete, mehrere Jahrzehnte überdauerte und das Verständnis für die Bedeutung der Marken enorm vertiefte", erklärt Arnold, Autor des *Handbook of Brand Management*.

DIE WICHTIGSTEN LEHREN

Manage alles. Vor der Entwicklung des Markenmanagements fristeten die Marken in den Unternehmen ein Schattendasein. Durch die Einführung einer systematischen Methode zur Betreuung der Marken bewies P&G, wie wirkungsvoll der Aufbau einer Struktur sein kann. Und das Unternehmen zeigte, dass die Einbeziehung besser ist als beabsichtigte oder unbeabsichtigte Ausgrenzung.

Vermarkte alles. P&G ist ein Meister des Marketing. Wie Coca-Cola schlug es diesen Weg schon sehr früh ein. 1882 überredete Harley Procter seine Partner, 11 000 Dollar in die landesweite Werbung für Ivory Soap zu investieren. 1896 erschien P&Gs erste farbige Werbung – wiederum für Ivory – im *Cosmopolitan*. Die Werbung förderte das Wachstum. Schon bald verkaufte P&G über dreißig verschiedene Waschmittel, und die wachsenden Einnahmen ermöglichten weitere Innovationen.

Großartige Entscheidung Nr. 41

Ein virtueller Buchladen? Im Jahr 1994 wirkte diese Idee abenteuerlich. Jeff Bezos hatte die Wahl, eine wirklich virtuelle neue Organisation zu gründen oder seinen Bonus zu kassieren. Die Entscheidung fiel ihm nicht schwer: Der elektronische Geschäftsverkehr war geboren.

Jeff Bezos (Jahrgang 1963) besitzt 41 Prozent von Amazon.com, einem Unternehmen, das auf einen Wert von etwa 910 Millionen Dollar geschätzt wird. Der Princeton-Absolvent war der jüngste Bereichsleiter von Banker's Trust in New York. Doch dann traf er eine weitreichende Entscheidung: „Ich versuchte mir vorzustellen, wie ich mit achtzig Jahren auf mein Leben zurückblicken würde. Ich wusste, dass es mir um die Aktienoptionen nicht leid tun würde. Aber wenn ich die Chance verpasste, am Internet-Boom teilzuhaben, würde ich es mein Leben lang bereuen." Die meisten Leute wussten nicht einmal, dass es einen Internet-Boom geben würde. Bezos schon. Wie lange dieser Boom anhalten wird, weiß niemand. Doch vorerst bleibt Bezos eines Vorbild für moderne Unternehmer.

Mit einem Angebot von 2,5 Millionen Büchern ist Amazon.com die größte Buchhandlung der Welt. Das Unternehmen ist das Vorzeigeexemplar des E-commerce, und Jeff Bezos steht im Mittelpunkt der Lobeshymnen – dabei hat er bisher noch keine großen Gewinne erzielt.

Doch zurück zum E-commerce: Die ersten Bücher, die über Amazon bestellt wurden, wurden im Herbst 1994 versendet (von Bezos und seiner Frau persönlich verpackt); 1997 verkaufte Amazon das Millionste Buch. Der Umsatz in diesem Jahr betrug fast 148 Millionen Dollar, achtmal soviel wie im Jahr zuvor. 1998 stieg der Umsatz um 838 Prozent.

DIE WICHTIGSTEN LEHREN

Pflege einen substantiellen Dialog mit deinen Kunden. Das ursprüngliche Ziel von Amazon.com war es, die größte Buchhandlung der Welt zu werden. Doch schon bald wurde klar, dass Information eine ebenso große Rolle spielen wie Bücher. So registriert Amazon (laut Financial Times „der Star des Cyberspace") die Interessengebiete seiner Kunden und benachrichtigt sie per E-mail über neue Bücher zu diesen Themenbereichen.

Die Besucher der Website werden auch zum „Chatten" eingeladen. Um die Diskussion anzuregen, druckt Amazon nicht nur Buchrezensionen aus angesehenen Zeitungen ab, sondern fordert die Kunden auch auf, ihre eigenen Kritiken einzusenden, die anschließend auf der Site veröffentlicht werden. Dies, so erklären die McKinsey-Berater John Hagel und Arthur Armstrong in ihrem Buch *Net Gain*, ist eine wirkungsvolle Methode zum Aufbau einer „Web-Gemeinde" – ein neuer Trick der Internet-Anbieter und etwas, was den Geschäftsverkehr im Web bereichert.

Sei geduldig. Trotz seiner Beliebtheit bei Konsumenten, Wirtschaftspresse und Akademikern muss Amazon.com erst noch beweisen, dass es auch Gewinne erzielen kann. Es geht bereits das Gerücht um, das Unternehmen habe Probleme mit seinem neuen Musikformat, und überall lauern Nachahmer und Konkurrenten. Möglicherweise hat Amazon auch schon andere Ziele ins Auge gefasst: im Jahr 1998 kaufte es die beiden Internet-Unternehmen Junglee Corp. und PlanetAll.

Die zehn größten On-line-Buchhandlungen der Welt (Stand 1998)

Name	*LAND*	*Bestand (in Mio.)*
Amazon.com	*Vereinigte Staaten*	*2,5*
Alt.bookstore	*Vereinigte Staaten*	*2,0*
Abiszet Bücherservice	*Deutschland*	*1,3*
Foyles	*Vereinigtes Königreich*	*1,0*
Barnes & Noble	*Vereinigte Staaten*	*1.0*
The Co-op Bookshop	*Australien*	*1,0*
Libro Web	*Spanien*	*1,0*
Internet Bookshop IBS	*Vereinigtes Königreich*	*0,92*
IF Lehmanns	*Deutschland*	*0,75*
Book Stacks Unlimited	*Vereinigte Staaten*	*0,5*

Anmerkungen

[1] Nicholson, Nigel, „How hardwired is human behavior?" In: *Harvard Business Review*, Juli/August 1998.

[2] Korrespondenz mit dem Autor.

[3] Bartlett, Christopher, und Ghoshal, Sumantra, *Managing Across Borders* (Harvard Business School Press, 1989).

[4] Sloan, Alfred P., *My Years with General Motors* (Doubleday, 1963).

WIE MAN VORANKOMMT

Wir alle wollen im Leben vorankommen. Das Problem ist, dass heutzutage jeder selbst für die Gestaltung seiner Karriere verantwortlich ist. In früheren Zeiten ließ man das Leben auf sich zukommen. Wie es verlief, entzog sich weitgehend dem eigenen Einfluss. Im 20. Jahrhundert begann das Unternehmen, die Laufbahn seiner Mitarbeiter zu bestimmen. Heute muss jeder Mensch seine Karriere selbst gestalten. Wir sind es, die die Entscheidungen fällen und sagen, wo es langgeht.

Das Ziel ist leicht definiert. Ob wir im Beruf glücklich werden, hängt davon ab, ob wir einer Arbeit nachgehen, die wir gut beherrschen und die unseren Neigungen entspricht. Das Problem ist, dass diese Kombination nur selten zu finden ist. Der Grund dafür liegt laut Peter Drucker darin, dass wir häufig nur eine geringe Vorstellung davon haben, was wir eigentlich können. Wir müssen uns fragen: Wo liegen meine Stärken? Wie arbeite ich? Was sind meine Werte? Wo gehöre ich hin? Worin sollte mein Beitrag bestehen?

Herausragende Leistungen beruhen auf der Fähigkeit, die eigenen einzigartigen Fähigkeiten zu erkennen und zu verbessern, um dann eine Aufgabe zu finden, die diesen Fähigkeiten und den persönlichen Wertvorstellungen usw. entspricht. Stellen Sie Fragen, finden Sie die Antworten darauf, und Sie werden in der Lage sein, die richtigen Entscheidungen für Ihre Karriere – und Ihr Leben – zu fällen.

So lautet der moderne Ratschlag. Doch wenn wir einen Blick in die Geschichte werfen, finden wir zahlreiche Tipps dafür, wie man Erfolg haben kann. Herodes der Große (geb. 73–74 v.Chr.) gelangte zu dem Schluss, dass er Verbindungen knüpfen müsse, um im Leben voranzukommen. Also betrieb er Networking, zunächst mit Julius Cäsar (Herodes wurde Manager von Galiläa), dann mit Markus Antonius (Herodes wurde König von Judäa) und schließlich mit Oktavian, der Herodes auf seinem Posten hielt. Herodes war ein machiavellistischer Unternehmensmanager, lange bevor es Machiavelli oder das moderne Unternehmen gab.

Niccolo Machiavelli war ein florentinischer Diplomat des 16. Jahrhunderts, dessen Laufbahn sehr wechselhaft verlief. „Machiavelli kann als der einflussreichste Unternehmensstratege bezeichnet werden, den die Welt je gesehen hat, doch als Geschäftsmann taugte er wenig", kommentierte das Magazin *Business Age*.

Machiavelli schilderte die Geschäftswelt als Hort des Betrugs, der Intrigen und des brutalen Opportunismus. „Ich glaube auch, dass demjenigen Erfolg beschieden sein wird, der seine Handlungen dem Geist der Zeit anpasst, während sich derjenige, dessen Handlungen nicht der Zeit entsprechen, nicht durchsetzen können wird", schrieb er. „Denn man sieht, wie Männer auf verschiedenen Wegen zu ihren Zielen, namentlich Ruhm und Reichtümer, gelangen: der eine bedächtig, der andere hastig; der eine mit Gewalt, der andere mit Geschick; der eine mit Geduld, der andere mit ihrem Gegenteil; und jeder erreicht das Ziel mit einer anderen Methode." Mit anderen Worten: Wende die Methode an, die funktioniert.

Der zweite Weg an die Spitze ist der, dem Motivationsgurus aller Zeiten das Wort geredet haben – ein untadeliges Leben, harte Arbeit, unerschöpfliche Energie und maßlose Begeisterung. Dies ist das Erfolgsrezept, das Dale Carnegie, Stephen Covey und Anthony Robbins vertreten.

Wie bei den meisten anderen Dingen gibt es auch hier einen goldenen Mittelweg. Um im Leben und in einer Managerkarriere voranzukommen, braucht man weder Größenwahn noch Hyperaktivität. Manchmal hängt das Vorankommen davon ab, dass man einfache Entscheidungen fällt, die (im Normalfall unbeabsichtigt) eine Kette von Ereignissen auslösen. Eines führt zum anderen – allerdings nur, wenn man am Anfang das Richtige tut.

Großartige Entscheidung Nr. 42

In den fünfziger Jahren des 19. Jahrhunderts wollte Henry Dunant eine Getreidemühle in Algerien errichten, erhielt jedoch die erforderliche Landkonzession nicht. Um das Dokument zu besorgen, beschloss Dunant, sich an die Person an der Spitze zu wenden – in diesem Fall war das Napoleon III. Am Ende mündete diese Entscheidung nach einer langwierigen und verschlungenen Entwicklung in die Gründung des Roten Kreuzes.

Das einfache Symbol des Roten Kreuzes zählt heute wie eh und je zu den bekanntesten Erkennungszeichen der Welt. Das Ansehen des Roten Kreuzes hat die Zeit unbeschadet überstanden. In einer Epoche des Zynismus hält das Rote Kreuz mit einer Beharrlichkeit an seinen ursprünglichen Werten fest, die bei kaum einer anderen Organisation zu finden ist. Es ist unparteiisch, unabhängig und humanitär.

Es gibt mittlerweile 160 nationale Komitees vom Roten Kreuz sowie das Internationale Komitee vom Roten Kreuz und die Internationale Vereinigung der Gesellschaften vom Roten Kreuz und vom Roten Halbmond. (Selbst seine verwirrende Bürokratie kann dem Namen des Roten Kreuzes nichts anhaben!) Das Rote Kreuz kann sich eines tatsächlichen globalen Charakters rühmen, von dem die meisten Wirtschaftsunternehmen nur träumen können. In den meisten Ländern gibt es Komitees vom Roten Kreuz; in den islamischen Ländern ist der Rote Halbmond und in Israel Magen David Adom tätig.

Bei der Entstehung des Roten Kreuzes spielten zufällige Begegnungen eine große Rolle. In den 1850ern leitete Henry Dunant (1828–1910) die Schweizer Kolonie in St. Étif in Algerien. Er wollte eine Getreidemühle bauen, erhielt jedoch die dafür erforderliche Landkonzession nicht. Im Bemühen um eine entsprechende Bewilligung beschloss Dunant, sich an die Person an der Spitze zu wenden. In diesem Fall war das Napoleon III.

Napoleon III. war gerade in Norditalien mit einer anderen Schlacht beschäftigt. Dunant machte sich auf den Weg, um ihn zu suchen. In der Lombardei geriet er in die Schlacht bei Solferino. Dieses Erlebnis veränderte sein Leben. Nach dem Blutbad kümmerte sich Dunant tagelang um Verwundete und versuchte, Leben zu retten. Später schrieb er seine *Erinnerungen an Solferino* nieder, in denen zu lesen war: „Sollte es nicht möglich sein, in friedlichen und ruhigen Zeiten Gesellschaften zu gründen, deren Aufgabe darin besteht, im Krieg begeisterte, engagierte und gut ausgebildete Freiwillige zu entsenden, um den Verwundeten beizustehen?“

Die Antwort war positiv. Am 17. Februar 1863 trat zum ersten Mal das Internationale Komitee vom Roten Kreuz zusammen. Heute wie damals geht die

Organisation jenen Aufgaben nach, die Dunant damals genau festlegte, sei es im ehemaligen Jugoslawien, in Somalia oder in Armenien. Das Amerikanische Rote Kreuz allein stellte 22 Millionen Dollar für in Zaire gestrandete Flüchtlinge aus Ruanda zur Verfügung.

DIE WICHTIGSTEN LEHREN

Geh direkt zu den Leuten an der Spitze. Wende dich nicht an die Leute auf den unteren Ebenen: sie werden die Verantwortung nur weiterschieben. Wage statt dessen den beschwerlichen Aufstieg in die Berge, um mit der Person an der Spitze zu sprechen.

Halte an deinen Werten fest. Die Werte des Roten Kreuzes liegen auf der Hand und bleiben mit denen identisch, die Dunant formulierte. Am vielleicht wichtigsten ist jedoch, dass sie laufend durch die praktische Tätigkeit der Organisation bestätigt werden. Die freiwilligen Helfer des Roten Kreuzes setzen seine Ideale einfach und couragiert in die Tat um. Die Werte, die mit dieser Marke verknüpft sind, werden der Öffentlichkeit immer aufs Neue ins Bewusstsein gerufen.

Denke international. Die Globalisierung ist zum neuen Modebegriff im Management geworden, doch die Großen der Geschichte denken und handeln seit jeher international. Große Ideen und große Organisationen überwinden die nationalen Grenzen, da sie sie nicht als Grenzen betrachten.

Großartige Entscheidung Nr. 43

Im Herbst 1943 rief Paul Garrett von General Motors einen jungen österreichischen Dozent und Autor an und lud ihn ein, GM zu studieren. Dies war der Beginn der Karriere von Peter Drucker, dem herausragenden Managementtheoretiker des 20. Jahrhunderts.

Wo wäre das Management ohne Peter Drucker? Wir können nur raten. Fest steht, dass die Managementtheorie ohne ihn sehr viel weniger interessant und höchstwahrscheinlich auch weniger weit entwickelt wäre. Es besteht allgemeine Einigkeit darüber, dass Peter Drucker (geboren 1909) der wichtigste Management- und Unternehmenstheoretiker des 20. Jahrhunderts ist. „In einem Bereich, in dem es von Egomanen und Wunderheilern nur so wimmelt, ragt er als wirklich origineller Denker heraus", schrieb der *Economist*. Drucker ist auch jenseits der Achtzig noch aktiver Autor und hat ein Werk vorgelegt, das sämtliche Aspekte der Unternehmenstätigkeit umfasst. Dieser weit blickende und stets eigenwillige Vordenker hat über praktisch alles geschrieben, was Führungskräfte tun, denken und zu bewältigen haben.

Peter Drucker wurde in Österreich geboren. Sein Vater Adolph war ein leitender Verwaltungsbeamter. (Und seine Mutter hatte Psychiatrievorlesungen bei Freud gehört.) Druckers Jugenderfahrungen im Österreich der zwanziger und dreißiger Jahre beeinflussten seine Entwicklung nachhaltig. „Druckers Hintergrund ... prägte nicht nur seinen Stil. Seine Erfahrungen weckten in ihm den Sinn für die Bedeutung guter Führung. Er ist davon überzeugt, dass mangelhafte Führung zum Absturz Europas in den Abgrund beitrug, und er fürchtet, das schlechte Führung mit der zunehmenden Komplexität und gegenseitigen Abhängigkeit der Organisationen immer weiter reichende Auswirkungen haben wird", hieß es im *Economist*.

Nachdem er Österreich verlassen hatte, arbeitete Drucker als Journalist in London, bevor er im Jahr 1937 in die Vereinigten Staaten ging. Im Herbst 1943 wandte sich Paul Garrett von General Motors an den jungen Autor. Die Kontaktaufnahme erfolgte anscheinend völlig unvermittelt. Garrett bot Drucker an, General Motors zu studieren. Dies war der Beginn der Karriere des wichtigsten Managementtheoretikers im 20. Jahrhundert.

Die Ergebnisse seiner Studien beschrieb Drucker in seinem Buch *Concept of the Corporation* (1946), einer bahnbrechenden Auseinandersetzung mit den komplexen Betriebsabläufen von General Motors. Drucker schilderte den riesigen Autokonzern nicht als ökonomische Maschine, sondern als Labyrinth sozialer Verknüpfungen. In Großbritannien erhielt das Buch den Titel *Big Busi-*

ness, da dort zu jener Zeit, wie Drucker erläuterte, „sowohl *concept* als auch *corporation* als vulgäre amerikanische Schlagworte betrachtet wurden."

Mittlerweile hat Peter Drucker 29 Bücher veröffentlicht. In diesen Arbeiten hat er zahlreiche Formulierungen geprägt, die heute zum Standardvokabular der Managementtheorie gehören, und Konzepte wie das *management by objectives* (zielgesteuerte Unternehmensführung) eingeführt. Er hat Loblieder auf Unternehmensriesen verfasst und denselben Konzernen später den Untergang vorausgesagt. (Dies hat ihm den Vorwurf der Wankelmütigkeit eingetragen, eine Kritik, die allerdings kaum angebracht ist, wenn man bedenkt, dass sich seine Karriere über mehr als 60 Jahre erstreckt.) Sein 1964 veröffentlichtes Buch *Managing for Results* war seiner Ansicht nach „das erste, in dem es um das ging, was wir heute als Strategie bezeichnen". *The Effective Executive* (1966) war „das erste und ist immer noch das einzige Buch darüber, welches Verhalten von einem Manager gefordert ist".

Druckers großer Produktivität als Buchautor steht eine gemäßigte Karriere als Akademiker und Teilzeitberater gegenüber. Er unterrichtete von 1942 bis 1949 Philosophie und Politik am Bennington College und ging 1950 als Professor für Management an die New York University. „Ich war die erste Person auf der Welt, die diesen Titel trug und ein solches Fach unterrichtete", erinnert er sich voller Stolz. Seit 1971 lehrt Drucker als Professor an der Claremont Graduate School in Kalifornien. Darüber hinaus hält er Vorträge über orientalische Kunst, pflegt seine Leidenschaft für das Werk von Jane Austen und hat zwei Romane verfasst (denen allerdings geringerer Erfolg als seinen Managementbüchern beschieden war). Um seine Vielseitigkeit zu unterstreichen, nennt Drucker in seiner Kurzbiographie im *Who's Who* das Bergsteigen als eine seiner Freizeitbeschäftigungen.

DIE WICHTIGSTEN LEHREN

Auch große Köpfe brauchen manchmal ein wenig Glück. Hätte er den Telefonanruf von Garrett nicht erhalten, so hätte Druckers Karriere möglicherweise einen ganz anderen Verlauf genommen. Glücklicherweise weckte der Anruf sein Interesse.

Konzentriere dich nicht auf das Geld, sondern auf deine Interessen. Garretts Anruf weckte Druckers Neugier. Wie in jener Situation gehorchte er auch in seiner gesamten übrigen Laufbahn stets nur seiner Wissbegier. Die große Leistung Druckers besteht darin, Quantität mit Qualität verbunden und immer seinen eigenen

Kurs verfolgt zu haben. Er ging unbeirrbar seinen eigenen Interessen nach und gehorchte seinem scharfen Intellekt, anstatt sich dem Diktat des Geldes zu unterwerfen. In einer Zeit, da kluge Köpfe zu Medienstars werden, widersetzt sich Drucker derartigen Ablenkungen. In seinem Refugium in Kalifornien bekommen Eindringlinge eine vorgedruckte Mitteilung in die Hand gedrückt, in der es heißt, der Hausherr wisse „Ihr freundliches Interesse zu schätzen“, sehe sich jedoch „außer Stande, Artikel oder Vorworte zu verfassen, Kommentare zu Manuskripten oder Büchern abzugeben, an Umfragen und Symposien teilzunehmen, Ausschüssen oder Gremien jeder Art beizutreten, Fragebögen auszufüllen, Interviews zu geben und in Radio oder Fernsehen aufzutreten“.

Vergiss nie, wozu Organisationen da sind. General Motors war die erste in einer langen Reihe von Organisationen, die der große alte Mann der Managementforschung untersuchte. Seine Schlüsse waren – und sind – zahlreich und vielfältig. Darunter sind einschlägige Anmerkungen zur Natur der Organisation: „Eine Organisation ist kein Selbstzweck, sondern ein Mittel, das dem Zweck dient, wirtschaftliche Leistungen und Resultate zu erbringen. Die Organisationsstruktur ist ein unverzichtbares Mittel zu diesem Zweck, und eine ungeeignete Struktur wird die Leistung eines Unternehmens wesentlich beeinträchtigen und es unter Umständen sogar zerstören“, schrieb Drucker in *The Practice of Management* (1954). „Die erste Frage bei der Auseinandersetzung mit der Organisationsstruktur muss lauten: Worin besteht unser Geschäft und worin sollte es bestehen? Die Organisationsstruktur muss so gestaltet sein, dass sie es ermöglicht, die Ziele zu erreichen, die sich das Unternehmen für die nächsten fünf, zehn oder fünfzehn Jahre gesteckt hat.“

Großartige Entscheidung Nr. 44

Die Entscheidung Elvis Presleys, im Jahr 1958 in die Armee einzutreten, war ein Beispiel für brillantes Karrieremanagement. Über Nacht verwandelte sich der Rebell in einen Helden für die ganze Nation. Nach seiner Rückkehr im Jahr 1960 wurde der Kronprinz rasch der unbestrittene König des Rock 'n' Roll.

Im Jahr 1953 machte Elvis Presley seinen Highschool-Abschluss. Anschließend arbeitete er als Lastwagenfahrer und absolvierte in Abendkursen eine Ausbildung zum Elektriker. Noch im selben Jahr nahm er im Memphis Sound Studio privat eine Platte für seine Mutter auf. Doch dieser Gitarre spielende Sänger weckte beim Studiobesitzer Sam Phillips größeres Interesse als die übrigen Hobbymusiker, die sich bei ihm ein Stelldichein gaben. Im Juli des folgenden Jahres holte Phillips, der auch der Eigentümer der Plattenfirma Sun Records war, Elvis erneut ins Studio, um seine erste Single aufzunehmen: „That's All Right, Mama" sowie auf der B-Seite „Blue Moon of Kentucky".

Der Rest ist Geschichte, wie man so schön sagt. Die lokalen Radiosender spielten die Platte und lösten eine Welle der Begeisterung aus. Die Entwicklung nahm rasch ihren Lauf. Im Jahr 1955 trat Elvis in Jackie Gleasons *Stage Show* auf. Zu diesem Zeitpunkt hegte er längst nicht mehr die Hoffnung, Elektriker zu werden. Der Durchbruch gelang ihm im Jahr 1956 mit einem Auftritt in Ed Sullivans Fernsehshow *Talk of the Town*. (Eigentlich gelang nur die Hälfte von Elvis der Durchbruch: Von der Gürtellinie abwärts blieb sein Auftritt im Fernsehen ausgespart.)

Bald folgten der Verkaufshit „Heartbreak Hotel" und der Film *Love Me Tender*. Und dann ging Elvis zur Armee. Zwischen 1958 und 1960 war er in Deutschland und anderen Ländern als einer von Uncle Sams prominenteren Soldaten anzutreffen.

Elvis hätte der Einberufung entgehen können. Doch er schien die zeitweilige Unterbrechung seines meteoritenhaften Aufstiegs gelassen zu nehmen. Er leistete seinen Dienst ab, und das Bild des wilden Jungen in einer sauber gebügelten Uniform veränderte sein Image in der Öffentlichkeit grundlegend. Die schockierenden Beckenbewegungen, das Lächeln, das Millionen Mädchenherzen brach, und das rebellische Auftreten waren rasch vergessen. Endlich war er einer von uns geworden. Man durfte ihn mögen, gleichgültig wer und wie alt man war. Elvis hatte Aufnahme in den Mainstream gefunden.

DIE WICHTIGSTEN LEHREN

Karrierepausen können die Beschäftigungsaussichten verbessern. Indem sie seine Karriere einfroren, kurbelten Elvis und sein Manager Tom Parker die Nachfrage nach seinen Auftritten an. In der Prohibitionszeit tranken die Menschen mehr, und ganz ähnlich entwickelte sich die Verehrung für Elvis. Nach seiner Rückkehr wurde er ungeheuer populär. Ein Kinofilm folgte auf den anderen, und die Serie seine Hits wollte gar nicht mehr abreißen.

Aber sei auf der Hut... Die Kehrseite der erfolgreichen Karriereunterbrechung war, dass Elvis keine neuen Fähigkeiten erwarb, sondern sich einige schlechte Angewohnheiten aneignete (beispielsweise den Konsum von Amphetaminen).

Großartige Entscheidung Nr. 45

Im April 1978 entschloss sich John Larson vom Beratungsunternehmen McKinsey, der einem Klienten seine Forschungsergebnisse vorlegen sollte, seinen Kollegen Tom Peters zu bitten, in letzter Minute mit einer Präsentation für ihn einzuspringen. Peters' Vortrag legte den Grundstein für In Search of Excellence, *das Buch, das den Markt für Wirtschaftsbücher vollkommen veränderte und den Berufszweig des Managementgurus hervorbrachte.*

John Larson von der McKinsey-Niederlassung in San Francisco hatte ein Problem: Kurz vor Ostern 1978 war bei einem Computerabsturz das Material verloren gegangen, das er einem Klienten hätte vorlegen sollen. Larson musste jemanden finden, der für ihn in die Bresche springen und eine Präsentation vorbereiten konnte, die den Klienten zufrieden stellen würde.

Larson wandte sich an Tom Peters, einen anderen Berater, der gerade seine Nachforschungen über vorbildliche Managementmethoden in aller Welt abgeschlossen hatte. Peters hatte die gesamte Welt bereist und konnte das mit einem Stapel Gesprächsnotizen und einem Haufen Tonbänder beweisen. Larson wies ihn an, das Material zu einer Präsentation zusammenzufassen und diese mit einem attraktiven Titel zu versehen.

Eine Woche später, am Karfreitag 1978, hielt Tom Peters seinen Vortrag vor der Dart Corporation in Los Angeles. Dies war die Geburtsstunde eines Managementphänomens, das die ganze Unternehmenswelt erfasste und einem seiner Schöpfer den Aufstieg in den Pantheon der Managementgurus ermöglichte. Tom Peters füllt heute von Neuseeland bis Belgien die Vortragssäle. Er hat eine Branche begründet – die der Managementgurus, in der sich führende Wissenschaftler und Berater, ein paar ehemalige Spitzenmanager und eine beträchtliche Zahl von Scharlatanen tummeln. Der Wettbewerb in dieser Branche ist erbittert, und die Entwicklung schreitet rasant voran. Die Manager der Welt erwarten ständig neue Anregungen, die ihnen in Büchern und Seminaren, auf Konferenzen und Videobändern unterbreitet werden müssen. Sie wollen immer mehr. Die Ideen werden verpackt und neu verpackt. Namen werden zu Marken, und jeder innovative Gedanke wird völlig ausgeschlachtet. In diesem Geschäft verschmilzt die Gehässigkeit der akademischen Welt mit der Erbarmungslosigkeit der Managementberatung.

Für Tom Peters war jener Vortrag in Los Angeles im Jahr 1978 der Wendepunkt in seiner Karriere und in seinem Leben. Auf der Suche nach einem attraktiven Titel für seine Präsentation stieß Peters auf das Schlagwort *excellence*. „Die Präsentation für Dart erhielt den Titel ‚Excellence' – ich habe keine Ahnung, wie ich darauf kam. Es ging um Ideen, die funktionierten. Das Echo war groß. Das war die eigentliche Geburt des Konzepts *Excellence*."

Ihren Ausgang hatte die Entwicklung des Konzepts im Frühjahr 1977 in San Francisco genommen, als sich Peters, der in der dortigen Niederlassung von McKinsey arbeitete, aufmachte, um die Welt zu bereisen und 12 Wirtschaftsuniversitäten sowie eine Reihe von Unternehmen in den Vereinigten Staaten und Europa zu besuchen. Es überrascht ein wenig, dass ihn sein Weg ungeachtet der Tatsache, dass Japan die aufstrebende Industriemacht war, zunächst nach Skandinavien führte.

Nach dem Abschluss seiner Weltreise im Sommer 1977 wurde Peters sofort nach Kopenhagen verfrachtet, wo er seine Ergebnisse den führenden Köpfen von McKinsey vorlegen musste.

Und das schien es auch schon gewesen zu sein. Die Ergebnisse blieben unbestimmt und unvollständig. Für den Rest des Jahres 1977 ging Peters seinen normalen Aufgaben nach. Sein Aktenschrank quoll über von dem Material, das er auf seiner Rundreise gesammelt hatte, aber das verstaubte langsam – bis die Präsentation für Dart daherkam.

Gemeinsam mit Robert Waterman zwängte Peters das Material schließlich in ein Manuskript. Das Buch sollte anfangs den Titel *The Secrets of Excellence* erhalten. Geschliffen und auf Hochglanz poliert wurde das Manuskript im März 1982 dem New Yorker Büro von Harper & Row präsentiert. Während das Buch noch durch das Endlektorat ging, ließ Harper & Row bereits den Schutzumschlag drucken. Dann, im Spätsommer 1982, kam das Thema des Buches in einer McKinsey-Sitzung zur Sprache. McKinseys Gründervater Marvin Bower meinte, der Titel müsse geändert werden, da er sich so anhöre, als würden Peters und Waterman die Geheimnisse von McKinseys Klienten preisgeben. Diese Entscheidung würde dem Verlag und den Autoren mit Sicherheit nicht gefallen. Doch bei McKinsey war Bowers Wort noch immer Gesetz. Der einzige andere Titel, der im Gespräch war, „Management by Walking Around", wurde abgelehnt. „Am Ende kamen wir auf *In Search of Excellence,* aber ich habe keine Ahnung, woher diese Idee stammte", erinnert sich Peters. Die „Excellence" als Managementkonzept war geboren.

DIE WICHTIGSTEN LEHREN

Lass' dich von der Strömung treiben. Peters passte sich der Entwicklung des Projekts an und stand am Ende als strahlender Held mit einem Bestseller da.

Unangenehme Aufgaben können durchaus zu etwas Bedeutsamen führen. Die Präsentation für Dart war ein Akt der Verzweiflung. Larsons Entscheidung war nicht unbegründet – er wusste, dass in Peters' Material etwas steckte – doch sie wurde zweifellos aus der Not geboren.

Großartige Entscheidung Nr. 46

Napoleon unternahm einige unbesonnene Dinge (einen Marsch nach Russland im Winter, zum Beispiel), aber er war auch der erste politische Führer, der aufgrund der Erkenntnis, dass Kompetenz wichtiger ist als Herkunft, die Meritokratie einführte. Seine großartige Entscheidung bestand darin, Beförderung von Leistungen abhängig zu machen.

Über Napoleon Bonaparte ist viel Schlechtes gesagt worden. Das ist bedauerlich und hat seinen Grund im Wesentlichen in seinem erstaunlichen Erfolg. Eine seiner bedeutsamsten Einsichten bestand darin, dass Begabung keine Standesgrenzen kennt. Daher, so erklärte er, müsse jeder talentierte Mensch „unabhängig von Herkunft oder Besitz" die Möglichkeit erhalten, Karriere zu machen. Also machte Napoleon die Einstellung und Beförderung von Staatsdienern von ihren Fähigkeiten abhängig. Selbst von bürgerlicher Herkunft, war er nicht bereit, Adlige in hohe Ämter zu erheben, die ihre Fähigkeiten überstiegen.

Diese Vorgehensweise verschaffte Napoleon im Krieg einen entscheidenden Vorteil. Seine Widersacher richteten sich bei der Auswahl ihrer militärischen Befehlshaber durchweg nach dem gesellschaftlichen Rang der Kandidaten. Ihre Armeen wurden nicht von begabten Berufsoffizieren, sondern von Herzögen und Fürsten angeführt. „Bonaparte beurteilte einen Mann nicht nach seiner Abstammung, sondern nach seinem Können. Seine Aufmerksamkeit galt nicht den Orden, die die Brust eines Mannes schmückten, sondern den Taten, die den Soldaten auszeichneten. Sein Interesse galt nicht der Ausbildung in perfekter Schlachttaktik, sondern der tatsächlichen praktischen Fähigkeit, die große Leistungen ermöglichte", schrieb J.T. Headley im 19. Jahrhundert über den genialen Feldherrn.

Napoleons engste Vertraute hatten sich ihren Weg nach oben erarbeitet oder waren aus der breiten Masse ausgesucht worden. Einer war der Sohn eines Krämers, ein anderer der eines Mechanikers. „Reichtum ist ein Unglück, die Primogenitur ein Relikt der Barbarei, das Zölibat eine verwerfliche Praxis", sagte Napoleon einmal (ohne jedoch den Zusammenhang zwischen diesen drei Übeln zu erläutern).

DIE WICHTIGSTEN LEHREN

Talent setzt sich durch. Wer bei der Auswahl der Mitarbeiter einen anderen Maßstab als den der Begabung anlegt, spielt ein gefährliches Spiel. Interessant ist, dass eine weitere weitreichende Entscheidung auf derselben Erkenntnis beruhte: Der japanische Kaiser Mutsuhito (1852-1912), der von 1869 bis 1912 regierte, öffnete seinem Land den Weg zu Modernisierung und Industrialisierung, indem er entschied, das System der Erbklassen abzuschaffen und technologische Kenntnisse aus dem Westen zu importieren.

Lerne zu motivieren. Napoleon verstand es wie kaum einer seiner Zeitgenossen, seine Untergebenen zu motivieren. Er wusste, mit welchem Zuckerbrot er die Menschen locken musste – „Man führt Männer mit Spielzeugen", sagte er über die Ehrenlegion – und wann er zur Peitsche greifen musste.

WETTBEWERBSVORTEILE

Der Wettbewerbsguru Michael Porter erklärt, dass in jedem Wirtschaftszweig – gleichgültig, ob sich die Unternehmen auf einem Binnen- oder auf internationalen Märkten bewegen oder ob sie Produkte oder Dienstleistungen verkaufen – die Regeln des Wettbewerbs von fünf grundlegenden „Wettbewerbskräften" bestimmt werden. Diese Wettbewerbskräfte sind:

- *Bedrohung durch neue Konkurrenten.* Um sich gegen neu in den Markt eintretende Konkurrenten behaupten zu können, muss ein Unternehmen Gegenmaßnahmen ergreifen, die unvermeidlich einen Teil der eigenen Ressourcen verschlingen und damit die Gewinne schmälern werden.
- *Bedrohung durch Ersatzprodukte.* Wenn es auf dem Markt Alternativen zum Produkt oder zur Dienstleistung eines Unternehmens gibt, werden seine Möglichkeiten zur Preisgestaltung eingeschränkt.
- *Verhandlungsstärke der Abnehmer.* Befinden sich die Kunden in einer guten Verhandlungsposition, so werden sie diese nutzen. Dies wird die Gewinnmargen des Unternehmens verringern und sich folglich auch auf die Rentabilität auswirken.
- *Verhandlungsstärke der Lieferanten.* Befinden sich die Lieferanten gegenüber dem Unternehmen in einer starken Position, so werden sie ihre Preise erhöhen, womit die Gewinne des Unternehmens schrumpfen.
- *Rivalität unter den bestehenden Wettbewerbern.* Ein intensiver Wettbewerb zwingt die Unternehmen, in Marketing, F&E oder Preissenkungen zu investieren, und schmälert damit ihre Gewinne.

„Von der Stärke dieser fünf Wettbewerbskräfte insgesamt hängt es ab, inwieweit die Unternehmen in einer Branche in der Lage sind, durchschnittliche Kapitalrenditen zu erzielen, die ihre Investitionskosten übersteigen", erklärt Porter. „Die Stärke der fünf Wettbewerbskräfte ist von Branche zu Branche unterschiedlich und kann sich im Lauf der Entwicklung einer Branche ändern."[1]

Doch während Theorien eine klare Ordnung aufweisen, ist die Realität zumeist chaotisch. Eines kann mit Sicherheit festgehalten werden: Wettbewerbsvorteile sind üblicherweise von kurzer Dauer und können grundsätzlich in drei Kategorien unterteilt werden: erstens können Wettbewerbsvorteile darin liegen, dass man billiger ist als die Konkurrenz, zweitens dass man besser ist als die Konkurrenz, und drittens dass man schneller ist als die Konkurrenz.

Manchmal stellen sich Wettbewerbsvorteile ganz nebenbei ein. Im Jahr 1927 produzierte Warner Brothers den ersten Tonfilm, und die anderen Produktionsgesellschaften folgten rasch seinem Vorbild. Doch da die Studios nicht schalldicht waren, waren die Dreharbeiten langwierig. In dieser Situation machte der stellvertretende Leiter von RKO, Sam Jaffee, den Vorschlag, RKO solle die Aufnahmen in die Nacht verlegen, wenn Stille herrschte. Das Unternehmen befolgte den Rat und verschaffte sich so einen Vorsprung vor seinen Konkurrenten.

Die einzige dauerhafte Regel lautet, dass Wettbewerbsvorteile nicht von Dauer, sondern ständiger Veränderung unterworfen sind. Die Vorteile von gestern sind morgen wertlos. Lew Platt, der Leiter von Hewlett-Packard, hat vorgeschlagen, HP solle mit „Healthy Paranoia“ (Gesunder Verfolgungswahn) übersetzt werden: „General Motors, Sears oder International Business Machines waren die herausragenden Unternehmen in ihren Branchen, die besten der Welt. Diese Unternehmen begingen keine gewaltigen Fehler. Sie wurden nicht von dummen, unfähigen Managern geleitet. Ihr einziger wirklicher Fehler bestand darin, mit dem, was sie erfolgreich gemacht hatte, ein wenig zu lang weiter zu machen.“

Die Hoffnung, die viele Unternehmen am Leben erhält – und vielen Beratungsunternehmen das Auskommen sichert – lautet, Wettbewerbsvorteile könnten gekauft werden. Und manchmal ist das tatsächlich möglich. Die Green Bay Packers, ein Footballteam, dem bereits das Stigma des ewigen Verlierers anhaftete, engagierten im Jahr 1991 ein Beraterteam, um herauszufinden, wie sie wieder an frühere Erfolge anknüpfen könnten. Die Berater lieferten ihren Bericht ab, und planmäßig gewannen die Packers die 31. Super Bowl. Wie das Leben so spielt.

Großartige Entscheidung Nr. 47

In den achtziger Jahren verdiente sich Jack Welch bei General Electric mit Massenentlassungen den Spitznamen Neutron Jack. Es gelang ihm, die Kosten wesentlich zu senken. Doch was sollte er als Nächstes tun? Welch entschloss sich, das „Work-Out"-Programm ins Leben zu rufen und die Mitarbeiter des Unternehmens in einem bis dahin nicht gekannten Maß in die Entscheidungen einzubinden.

Ende der achtziger Jahre war General Electric nach einer vom neuen Unternehmensleiter Jack Welch verordneten Abmagerungskur ein schlankeres und gesünderes Unternehmen. Welch hatte GE alle Genügsamkeit ausgetrieben, die in den langen Jahren des Erfolgs vom Unternehmen Besitz ergriffen hatte. Rückblickend bestand Jack Welchs beste Entscheidung möglicherweise darin, die Entwicklung auch nach dem erfolgreichen Downsizing entschlossen voranzutreiben. In seinen Augen waren umwälzende, wenn auch relativ kurzlebige Veränderungen besser als Verbesserungen in kleinen Schritten. „Vergiss den kontinuierlichen Fortschritt. Versuche, es in einem Satz zu schaffen", lautet Welchs Ratschlag. Der Mann hat nichts für halbe Sachen übrig.

Nachdem er bewiesen hatte, dass er in der Lage war, das Unternehmen in Stücke zu schlagen, musste Welch zeigen, ob er auch zum Architekten taugte und ein Unternehmen aufbauen konnte, das für das 21. Jahrhundert gerüstet war. Um die Hardware hatte er sich bereits gekümmert. Nun kam die Software an die Reihe.

Im Mittelpunkt seines Projekts stand „Work-Out", ein Programm, das im Jahr 1989 eingeleitet wurde. Der Ursprung der Bezeichnung geht auf eine Frage zurück, die Professor Kirby Warren von der Columbia University in einer Diskussion an Jack Welch richtete: „Nun da Sie so viele Menschen beseitigt haben, wann werden Sie beginnen, etwas von der Arbeit zu beseitigen?"[2] Zu diesem Zeitpunkt hatten 100 000 Menschen ihren Arbeitsplatz bei General Electric verloren. Welch fand Gefallen an der Idee, etwas von der Arbeit zu beseitigen. Von Tatendurst erfüllt, trommelte Welch rund 20 Wirtschaftsprofessoren und Berater zusammen, die ihm dabei helfen sollten, das neue Konzept in die Tat umzusetzen. Welch hat Work-Out als „eine auf das gesamte Unternehmen ausgedehnte unermüdliche Suche nach besseren Methoden zur Bewältigung unserer Arbeit" bezeichnet.

Work-Out bot der Belegschaft von General Electric die außergewöhnliche Chance, ihre Arbeit selbst neu zu gestalten. „Die Idee bestand darin, informelle ‚Gemeindeversammlungen' von drei Tagen Dauer zu veranstalten, an denen jeweils 40 bis 100 Mitarbeiter aller Ebenen teilnahmen. Der/die Vorgesetzte brachte die Diskussion ins Rollen, indem er/sie einen Überblick über die Geschäftsentwicklung gab und die Tagesordnung festlegte, um sich anschließend zurückzuziehen. Die Mitarbeiter teilten sich in Gruppen auf und begannen mit Hilfe eines Moderators unterschiedliche Aspekte des Problems in Angriff zu nehmen", erklärt Janet Lowe in *Jack Welch Speaks*. „Am Ende kehrte der/die Vorgesetzte zurück, um sich die Lösungsvorschläge anzuhören. Er/sie hatte nur drei Möglichkeiten: die Vorschläge auf der Stelle anzunehmen, sie auf der Stelle abzulehnen oder um eingehendere Informationen zu bitten. Bat der/die Vorgesetzte um weitere Informationen, so musste er ein Team aufstellen und eine Frist festlegen, innerhalb deren die endgültige Entscheidung fallen würde."[3]

Work-Out war ein erstaunlicher Erfolg. Das Programm trug wesentlich dazu bei, das Vertrauen zwischen Belegschaft und Management wieder herzustellen. Es gab den Mitarbeitern die Möglichkeit, darüber zu sprechen, was sie am Arbeitsplatz beschäftigte, um anschließend tatsächlich etwas an den Arbeitsmethoden zu ändern. Work-Out hatte die Hindernisse niedergerissen. Der Sturm der Zerstörung hatte sich gelegt. Kreativität lag in der Luft.

Aus Welch dem Zerstörer wurde Welch der Erbauer. Das Work-Out-Programm war Teil einer systematischen Öffnung von General Electric. Die Mauern zwischen den Abteilungen und Funktionsbereichen wurden niedergerissen. In den achtziger Jahren waren die mittleren Managementebenen beseitigt worden. Mit Work-Out gab Welch den Mitarbeitern von GE die Möglichkeit, miteinander zu sprechen, zusammenzuarbeiten und Informationen und Erfahrungen auszutauschen. Nachdem sich die anfängliche Verwirrung gelegt hatte, ergriff die Belegschaft die Gelegenheit beim Schopf.

„Anfang der neunziger Jahre, nachdem wir uns als grenzenloses Unternehmen von lernbegierigen Menschen definiert hatten, die den Drang verspürten, die Organisation gemeinsam zu entwickeln, wurde es für uns alle undenkbar, die Tyrannen, die Platzhirsche, die Autokraten, die großen Stars zu tolerieren – geschweige denn, sie einzustellen oder zu befördern. Derartige Personen gehörten einfach der Vergangenheit an", hieß es im Jahresbericht 1997.

Work-Out funktionierte. Im Jahr 1981, als Jack Welch zum CEO ernannt worden war, verfügte GE über ein Gesamtvermögen von 20 Mrd. Dollar und erzielte Einnahmen von 27,24 Mrd. Dollar. Der Jahresgewinn belief sich auf 1,65 Mrd. Dollar. Mit seinen 440 000 Mitarbeitern in aller Welt hatte GE einen Marktwert von 12 Mrd. Dollar. Bis 1997 waren die Vermögenswerte des Unternehmens auf 272,4 Mrd. und die Gesamteinnahmen auf 79,18 Mrd. Dollar gestiegen. Rund 260 000 Mitarbeiter, das heißt 180 000 weniger als 16 Jahre zuvor, erzielten einen Jahresgewinn von 7,3 Mrd. Dollar. Der Marktwert des Unternehmens war auf 200 Mrd. Dollar gestiegen.

Welch hatte sich vom Inbegriff des Zerstörers und vom Unternehmensfeind Nummer Eins zum Erbauer par excellence gewandelt. „Aus dem Buhmann des letzten Jahrzehnts ist der am meisten gefeierte Unternehmensleiter dieses Jahrzehnts geworden", verkündete *Industry Week* im Jahr 1994. Der Mann, den die Unternehmenswelt in den achtziger Jahren zu ihrem Fürsten der Finsternis erkoren hatte, wurde nun zum Vorbild für den Manager des 21. Jahrhunderts ernannt. „Die beiden größten Unternehmensleiter dieses Jahrhunderts sind Alfred Sloan von General Motors und Jack Welch von General Electric. Und Welch dürfte der bedeutendere von beiden sein, da er ein neues, zeitgenössisches Paradigma des Unternehmens geprägt hat, das als Modell für das 21. Jahrhundert dienen kann", erklärte Noel Tichy von der University of Michigan, der die Managementmethoden Jack Welchs jahrelang beobachtete.

DIE WICHTIGSTEN LEHREN

Halte nie einen Augenblick inne. Die von Jack Welch eingeleitete Revolution bei GE endete nicht mit Work-Out. Der nächste Schritt bestand in der Einleitung eines umfangreichen Qualitätsprogramms namens Six Sigma, das Ende 1995 vorgestellt wurde. „Six Sigma hat sich wie ein Buschfeuer im gesamten Unternehmen ausgebreitet und verwandelt alles, was wir tun", erklärte das Unternehmen zwei Jahre später.

Investiere in die Menschen. Die Menschen stehen im Mittelpunkt von Jack Welchs Managementkonzept. Sie sind ihm wichtig – und er gibt ihnen auch das Gefühl, wichtig zu sein. „Wir setzen alles auf unsere Leute – wir ermöglichen es ihnen, in Eigeninitiative zu handeln, wir geben ihnen die erforderlichen Ressourcen, und wir stehen ihnen nicht im Weg", sagt Jack Welch.

Zunächst einmal investiert Welch in die Menschen, indem er ihnen Zeit widmet. Seinen eigenen Berechnungen zufolge verbringt er die Hälfte seiner Zeit mit den Mitarbeitern von General Electric: Er lernt sie kennen, spricht mit ihnen über ihre Probleme, und selbstverständlich nimmt er sie ins Gebet, wenn sie schlechte Leistungen bringen. Schätzungen zufolge kennt er rund 1000 Personen im Unternehmen namentlich und kennt ihren Tätigkeitsbereich.

Jack Welch sucht die besten Leute für sein Unternehmen. Er will sie rekrutieren und an das Unternehmen binden, weil das gut für General Electric ist. „Die Wahrheit ist, dass wir es uns nicht leisten können, etwas anderes als die besten Leute einzustellen", schrieb er im Jahresbericht 1997. „Wer sind die Besten? Auf der Führungsebene sind es Männer und Frauen, die eine Vision haben und in der Lage sind, sie ihren Mitarbeitern so lebhaft und deutlich zu vermitteln, dass diese sich die Vision zu eigen machen. Solche Führungskräfte besitzen ungeheure persönliche Energie und darüber hinaus auch die Fähigkeit, anderen Energie einzuflößen und das Beste aus ihnen herauszuholen. Und solche Führungskräfte besitzen den Instinkt und den Mut, harte Entscheidungen zu fällen – entschlossen, jedoch stets fair und mit absoluter Integrität."

Es ist unübersehbar, dass Welch von seinen Leuten Leistung verlangt. Er besteht darauf, dass die Belohnungen an die individuellen sowie an die Unternehmensergebnisse geknüpft werden, und sorgt dafür, dass diese Belohnungen sorgfältig überwacht und von Unternehmensbereich zu Unternehmensbereich und von Person zu Person differenziert werden. Die Botschaft lautet: Wenn du gewinnst, gewinnen wir alle. Das ist der Grund dafür, dass mittlerweile 27 000 Angestellte von General Electric Aktienoptionen besitzen.

Großartige Entscheidung Nr. 48

Im Jahr 1962 entschied Thomas Watson Jr., dass IBM eine neue Linie von Computern entwickeln müsse. Er verwettete das Unternehmen auf die Zukunft: es war ein großes Unternehmen, und wie sich herausstellte, hatte es eine große Zukunft. Der S/360 revolutionierte die Industrie.

In den letzten Jahren wurde Thomas Watson Jr. (1914–1993) ein schlechtes Zeugnis für seine Herrschaft bei IBM ausgestellt. Manche Beobachter sahen in ihm den Sohn eines großen Patriarchen, der die Kontrolle über einen Unternehmensriesen erbte und wenig tat, um Einfluss auf dessen weitere Entwicklung zu nehmen. Für andere hingegen war er der Mann, der IBM in die Ära der Hochtechnologie führte und Werte sowie eine Kultur gestaltete, die das gesamte Unternehmen durchdrangen. Im Jahr 1987 kürte ihn die Zeitschrift *Fortune* zum „erfolgreichsten Kapitalisten der Geschichte“.

Unabhängig davon, welche der beiden Deutungen zutrifft, steht fest, dass Watson eine wesentliche Rolle bei der Gestaltung des modernen IBM spielte, eines Unternehmens, dessen Freud und Leid weiterhin ständig Gesprächsstoff für die Medien liefert. Watson Junior wurde im Jahr 1956 zum Leiter des Unternehmens ernannt und ging 1970 in den Ruhestand. Anschließend war er bis 1980 amerikanischer Botschafter in Moskau.

Unter Thomas Watson Jr. setzte sich IBM an die Spitze der technologischen und Unternehmensrevolution in den sechziger und siebziger Jahren. Vor allem investierte Watson große Summen in die Entwicklung des System/360, der den Grundstein für den Erfolg des Unternehmens in den siebziger und achtziger Jahren legte. In die Entwicklung dieses Computers floss mehr Geld – 5 Mrd. Dollar – als in den Bau der Atombombe.

Die Entscheidung, die Entwicklung des S/360 entschlossen voranzutreiben, war mutig und bedeutend, doch es war nicht die einzige weitreichende Maßnahme, die Watson für sich in Anspruch nehmen durfte: Die zweite war jene, die Kultur von IBM schriftlich festzuhalten. Unter Watson erhielten die Kultur und die Werte des Unternehmens überragende Bedeutung. Sie stellten die Bande dar, die die stetig wachsenden internationalen Geschäftsbereiche zusammenhielten. Watson entwickelte das Konzept des modernen Konzerns – und das im Jahr 1960.

Die drei Grundsätze, auf denen die Kultur von IBM aufgebaut wurde, waren: 1. Gib jedem einzelnen Mitarbeiter volle Anerkennung. 2. Verwende viel Zeit darauf, die Kunden glücklich zu machen. 3. Hole auch noch das Letzte aus dir heraus, um die Dinge richtig zu machen. Diese Grundsätze waren unter Thomas Watson Sr. formuliert worden, unter einem Mann, der alles über den

Dienst am Kunden wusste, lange, bevor das Konzept von den Managementgurus aufgegriffen wurde. Doch während sich Watson Sr. damit zufrieden gegeben hatte, der Organisation diese Grundsätze begreiflich zu machen, ging sein Sohn einen Schritt weiter.

Watson Jr. hielt schriftlich fest und machte klar, wofür IBM stand. Er schrieb sogar ein Buch darüber: *A Business and Its Beliefs* (1963). In dieser Arbeit skizzierte er die grundlegenden Überzeugungen des Unternehmens – heute würden wir von „zentralen Werten" sprechen.

Es ist schwer festzustellen, ob IBM (zeitweilig) darniederlag, weil es dem Unternehmen nicht gelang, sich zu ändern, oder weil es nicht imstande war, seine Überzeugungen dem Wandel der Zeit anzupassen. Watson sah es kommen: „Meine Sorge ist, dass sich IBM in eine große, unbewegliche Organisation verwandeln wird, die nicht mehr imstande ist, sich zu ändern, wenn die Computerbranche den nächsten Entwicklungsschub erlebt", erklärte er in den fünfziger Jahren gegenüber dem Harvard-Professor Chris Argyris, der eine Studie über das Unternehmen durchführte. Watson sah die Zukunft ganz klar, war jedoch nicht in der Lage, die Grundsätze jener Unternehmenskultur, um deren Gestaltung er sich so sehr bemüht hatte, in Strukturen oder Verfahren umzusetzen, die es IBM ermöglicht hätten, am Ball zu bleiben.

DIE WICHTIGSTEN LEHREN

Selbst Giganten müssen manchmal das ganze Unternehmen aufs Spiel setzen. Die Einsätze sind lediglich höher.

Der Kultur können Wettbewerbsvorteile entspringen. Watson war der Ansicht, eine Kultur könne nur aufrechterhalten werden, wenn „ein solides Fundament von Werten" vorhanden sei, „auf dem alle Richtlinien und Maßnahmen beruhen. Des Weiteren glaube ich, dass das strikte Festhalten an diesen Überzeugungen für den Unternehmenserfolg entscheidend ist. Überzeugungen müssen stets den Richtlinien, Methoden und Zielen zu Grunde liegen. Diese müssen geändert werden, wenn sich zeigt, dass sie den grundlegenden Überzeugungen widersprechen."

Seine Überzeugungen sollte man nie ändern. Alles andere kann man ändern, nicht jedoch die grundlegenden Wahrheiten, auf denen das Unternehmen beruht. „Um den Herausforderungen einer sich wandelnden Welt gewachsen zu sein, muss ein Unternehmen bereit sein, alles an sich zu ändern – mit Ausnahme seiner Überzeugungen. Die einzige heilige Kuh in einem Unternehmen sollte jene grundlegende Philosophie sein, die es seiner Tätigkeit zu Grunde gelegt hat."

Großartige Entscheidung Nr. 49

Im Jahr 1987 entschloss sich Wal-Mart, ins Lebensmittelgeschäft einzusteigen. Mit diesem Schritt veränderte es die Lebensmittelindustrie und legte den Grundstein für sein explosives Wachstum in den neunziger Jahren.

Ende der achtziger Jahre entdeckte der amerikanische Handelsriese Wal-Mart sein Interesse an Europa. In der alten Welt erlebten die Verbrauchergroßmärkte gerade einen Boom. Die ersten derartigen Märkte hatte der Einzelhandelskonzern Carrefour im Jahr 1962 eröffnet. Bis 1988 hatte Carrefour 73 Großmärkte in ganz Europa errichtet, insgesamt gab es 780 auf dem Kontinent. Die Verbrauchergroßmärkte beruhten auf einem einfachen Konzept: Lebensmittel und Gebrauchsgüter wurden gemeinsam in einer einzigen, riesigen Anlage verkauft. Die Kunden konnten dort ihren Wochenbedarf an Lebensmitteln decken und gleichzeitig Kleidung und Haushaltsgegenstände kaufen.

Einige amerikanische Einzelhandelsketten boten Lebensmittel und allgemeine Waren bereits gemeinsam an. Es lag auf der Hand, welche Möglichkeiten sich dem beherrschenden Einzelhändler Wal-Mart in diesem Bereich boten. In einer Kombination des allgemeinen Warenangebots mit Lebensmitteln sah das Unternehmen die Chance, seine rasante Expansion fortzusetzen. Zu jener Zeit hatte Wal-Mart einen Anteil von 50 Prozent am Diskonthandel, in dem ein jährlicher Umsatz von 150 Mrd. Dollar erzielt wurde. Weitere 32 Prozent des Geschäfts befanden sich in der Hand von Kmart und Target. Es würde schwierig sein, den Marktanteil in diesem Geschäft noch weiter zu erhöhen.

Im Lebensmitteleinzelhandel hingegen boten sich große Möglichkeiten. Wal-Mart erkannte, dass diese Branche, in der die Umsätze bei 400 Mrd. Dollar lagen, ungemein zersplittert und damit verlockend war. Die führende amerikanische Supermarktkette Kroger hatte lediglich einen Marktanteil von 6 Prozent, und die zehn größten Ketten kamen zusammen auf nicht mehr als 19 Prozent.

Der Nachteil des Lebensmitteleinzelhandels bestand einfach darin, dass die Gewinnspannen klein waren. Eine Expansion war möglich, doch konzentrierte Lebensmittelmärkte würden immer unter den niedrigen Spannen in der Branche leiden. Wal-Mart betrachtete den Markt jedoch aus einem anderen Blickwinkel und sah positive Signale: Die Konsumenten suchten Lebensmittelmärkte regelmäßiger auf als Kaufhäuser. Also konnte man die Probleme der geringen Gewinnspannen im Lebensmittelgeschäft und des intensiven Wettbewerbs im Handel mit allgemeinen Konsumgütern auf einen Schlag lösen, indem man den Kunden im Lebensmittelmarkt die Möglichkeit gab, im selben Haus in eine andere Abteilung hinüberzugehen und andere Waren zu erwerben.

Im Jahr 1987 ließ Wal-Mart mit Hypermart USA einen Versuchsballon steigen. Man warb Lebensmittelexperten an und ging Partnerschaften mit einigen Lebensmittelproduzenten ein. Am Ende dieses Experiments erwarb Wal-Mart im Jahr 1991 McLane & Co, einen Großhändler von Lebensmitteln und allgemeinen Waren.

Im Betrieb der ersten vier Hypermarts lernte Wal-Mart eine Reihe wertvoller Lektionen, die das Unternehmen berücksichtigte, als es im März 1988 sein erstes Supercenter in Washington (Montana) eröffnete. Der neue Markt war kleiner als die Hypermarts. Weitere derartige Märkte folgten. In den folgenden beiden Jahren wurden fünf Supercenters in Missouri, Oklahoma und Arkansas eröffnet. Der kleinste hatte eine Verkaufsfläche von 8000m², der größte von 15800m².

Nun, da sechs Supercenters und vier Hypermarts den Betrieb aufgenommen hatten, war das Pilotprojekt so weit fortgeschritten, dass Wal-Mart das geschäftliche Potential und die zu erwartenden Probleme gut einschätzen konnte. Zu den größten Herausforderungen zählte die Lagerwirtschaft. Wal-Mart pflegte bei allgemeinen Waren Lagervorräte für nicht weniger als 60 Tage zu halten. Im Lebensmittelgeschäft waren 25 Tage sowie weniger als 10 Tage bei Fleisch und anderen Frischprodukten normal. Um die kürzere Lagerhaltung logistisch zu bewältigen, verbesserte Wal-Mart seine Lagerbewirtschaftung und errichtete in bestimmten Bereichen Produktionsanlagen.

Nachdem das Unternehmen vier Jahre lang experimentiert hatte, wagte es den Sprung ins Geschäft mit den Supercenters. Zwischen 1992 und 1998 errichtete Wal-Mart 558 solche Märkte. Die Expansion schritt rasch voran. In jedem Markt wurden die Lehren aus der Pilotphase in den frühen neunziger Jahren beachtet.

Das Resultat: Im Jahr 1998 erzielte Wal-Mart im Lebensmittelhandel Umsätze von 32 Mrd. Dollar. Mittlerweile ist das Unternehmen der drittgrößte Supermarktbetreiber und soll bis 2002 die erste Stelle erobert haben. Für das Jahr 1999 hatte Wal-Mart die Eröffnung von weiteren 150 Supercenters geplant, wobei 90 der neuen Märkte bestehende Diskontmärkte ersetzen sollten. Die Verbindung von Lebensmitteln und allgemeinen Waren hat sich für beide Sparten als vorteilhaft erwiesen. In den Superstores werden 30 Prozent mehr allgemeine Waren abgesetzt als in den Diskontmärkten.

Gegenwärtig versucht sich Wal-Mart im Pilotbetrieb an einem weiteren neuen Format, den Wal-Mart Neighborhood Markets: Dies sind isolierte Supermärkte mit einer Verkaufsfläche von 3700m². Drei dieser Märkte haben bereits den Betrieb aufgenommen.

DIE WICHTIGSTEN LEHREN

Erst einmal nur mit den Zehen ins Wasser. Wal-Mart experimentierte zunächst an einer beschränkten Anzahl von Standorten mit dem Hypermarket-Konzept. Diese Märkte waren riesig (mit einer Verkaufsfläche von über 20 000 m^2), komplex, kostspielig und nicht sehr gewinnbringend, aber sie eigneten sich hervorragend dazu, etwas über das Geschäft zu lernen. Am wichtigsten war jedoch, dass das Unternehmen diese Lehren auch befolgte.

Übernimm die Kontrolle. Warum Kontrolle abgeben, indem man andere einbindet? Wenn man die entsprechende finanzielle Kraft hat, sollte man die Kontrolle selbst übernehmen. Wal-Mart entwickelte sein eigenes Vertriebsnetz, anstatt auf andere Distributoren zu vertrauen. Seine Ingenieure lernten von Lebensmittelexperten, Märkte zu bauen, die sich für die neuen Zwecke eigneten, und die billiger als die von der Konkurrenz gebauten waren. Auch gegenwärtig wird die Probevermarktung fortgesetzt, um weitere Verbesserungen zu entwickeln.

Großartige Entscheidung Nr. 50

Edward L. Bernays war der König des Spindoctoring, lange bevor diese Tätigkeit ihren Namen erhalten hatte. Die Kampagne, mit der er Frauen zum Rauchen ermutigte, war ein Geniestreich. Der Höhepunkt der Kampagne war seine Entscheidung, einen Marsch über die Fifth Avenue zu organisieren, bei dem die Teilnehmerinnen ihre „Fackeln der Freiheit" schwenkten. Angeführt wurde der Marsch natürlich von Bernays' Sekretärin.

Die ehrenwerte Kunst der Public Relations findet in Studien über ausgezeichnete Managementpraktiken üblicherweise keine Beachtung. Das ist bedauerlich, denn hier schlummert ein riesiger Schatz an lehrreichen Geschichten und meisterhaften Kampagnen. Man kann durchaus behaupten, dass Edward Bernays (1891–1995) der erste große Spindoctor war. (Als Spindoctors bezeichnet man PR-Experten, deren Aufgabe darin besteht, die öffentliche Meinung durch geschickt formulierte Meldungen und gezielte Informationspolitik zu beeinflussen.) Bernays spann schon zu Beginn des 20. Jahrhunderts mit großem Geschick Geschichten. Wie es sich für einen Neffen von Sigmund Freud gehört, war Bernays ein meisterhafter Stratege.

Bernays wurde in Wien geboren und kam 1892 in die Vereinigten Staaten. Im Ersten Weltkrieg war er in der Propaganda tätig. 1919 gründete er das erste PR-Unternehmen des Landes. Er selbst beschrieb sich als „Berater in Public Relations-Angelegenheiten". Es wird erzählt, dass Bernays dieser Tätigkeit noch im Alter von 100 Jahren nachging.

Zu seinen klassischen Kampagnen zählte die für die American Tobacco Company. Das Unternehmen wollte mehr Frauen zum Rauchen bewegen. Also startete Bernays eine Kampagne, in der darauf hingewiesen wurde, dass Zigaretten schlank machten: Zigaretten, so hieß es, seien besser als jene üblen Süßigkeiten, die sich auf die Figur schlugen. Obendrein ließ Bernays sogenannte „Experten" verkünden, dass Zigaretten auch eine desinfizierende Wirkung hätten. Wer schlank und gesund sein wollte, war demnach gut beraten, rasch mit dem Rauchen zu beginnen.

Zu jener Zeit war es absolut verpönt, dass Frauen in der Öffentlichkeit rauchten. Es galt einfach als inakzeptabel, dass sich eine Frau im Theater während der Pause eine Zigarette anzündete oder auf der Straße rauchte. Also ließ Bernays jede Zeitung, die bereit war, ihm zuzuhören, wissen, dass diese Konvention eine schwere Verletzung der bürgerlichen Freiheiten darstelle. Er versuchte, das Rauchen in der Öffentlichkeit als einen Akt der Emanzipation darzustellen. Um der Botschaft Nachdruck zu verleihen, organisierte er einen Marsch kettenrauchender Frauen über die Fifth Avenue. Seine Sekretärin erklärte sich freundlicherweise bereit, den Protestzug anzuführen. Die erwünschten Resultate stellten sich unverzüglich ein: Das Echo in der Presse war gewaltig. Die Theater am Broadway änderten ihre Anstandsregeln und öffneten die Raucherzimmer für Frauen.

„Bernays war in einer vom Freibeutertum geprägten Zeit eine der interessantesten Figuren im Spin-Business", hieß es im *Economist*. „In Amerika brach sich das Konsumverhalten Bahn, die Nachfrage nach den Diensten der PR-Experten war gewaltig, und es gab keine der lästigen modernen Beschränkungen, die es den heutigen Werbefachleuten um einiges schwerer machen, der Öffentlichkeit freche Lügen aufzutischen."

Bernays und andere seines Schlages legten den Grundstein für den modernen PR-Zirkus. Bernays lebte in nachsichtigeren und weniger geregelten Zeiten, doch sein kreativer Zugang inspirierte viele moderne Vermarktungsexperten.

DIE WICHTIGSTE LEHRE

Für jedes Problem gibt es eine phantasievolle und wirksame Lösung. „Beginnen wir bei der Wahrheit, und arbeiten wir uns von dort aus zurück zum gewünschten Ergebnis", rät ein erfolgreicher zeitgenössischer Spindoctor.

Großartige Entscheidung Nr. 51

Die Harvard Business School ist die angesehenste Wirtschaftsuniversität. Ihren Ruf verdankt sie nicht nur der ausgezeichneten Qualität ihres Ausbildungsangebots. Zwei Entscheidungen trugen dazu bei, ihr eine herausragende Position zu sichern. Im Jahr 1922 entschloss sich die Leitung der Universität, eine eigene Zeitschrift herauszugeben. Die Harvard Business Review wurde zu einer maßgeblichen Wirtschaftspublikation. Im Jahr 1949 rief die Universität den HBS Fund ins Leben, der große und stetig wachsende Geldmittel zur Verfügung stellte. Dieser schlagkräftigen Mischung von Markenstärke, finanzieller Potenz und Eliteausbildung kann keine andere Universität das Wasser reichen.

Die Harvard Business School wurde im Jahr 1908 gegründet. Zwei Jahre später verlieh sie das erste Diplom in Betriebsführung. Obwohl andere Schulen, insbesondere die Tuck School in Dartmouth, für sich in Anspruch nehmen, schon früher eine Management-Ausbildung angeboten zu haben, war die HBS die erste Wirtschaftsuniversität, die einen Universitätsabschluss zur Voraussetzung für die Teilnahme an ihrem Managementkurs machte.

Darüber hinaus hob sich diese Einrichtung von den anderen Wirtschaftsuniversitäten, die zu jener Zeit überall in den Vereinigten Staaten aus dem Boden schossen, dadurch ab, dass sie die Marke Harvard für sich in Anspruch nehmen konnte. Die Kombination des Prestiges der Harvard University, die der Ivy League (der berühmten Gruppe der Eliteschulen) angehörte, mit einem sehr seriösen Zugang zur jungen Disziplin der Managementausbildung und der Fähigkeit, begabte Lehrer für sich zu gewinnen – teilweise aus anderen Fakultäten der Universität –, machte die Harvard Business School bald zur führenden Einrichtung auf ihrem Gebiet.

Zur vorteilhaften Entwicklung der Marke trug die Entscheidung bei, eine Zeitschrift herauszubringen, die sich mit Managementtheorie beschäftigen sollte. Wallace Donham, der Dekan der Harvard Business School, leitete die Einführung der *Harvard Business Review* im Jahr 1922. Ein Artikel mit dem Thema „Auswirkungen des Hedging auf die Kontrolle über Getreidemühlen“ brachte nicht gerade das Blut der Leser in Wallung, doch er markierte den Beginn einer großen Erfolgsgeschichte im Verlagswesen und einer prestigeträchtigen Ergänzung der Harvard-Marke. Seit mittlerweile über 75 Jahren übt die *Harvard Business Review* großen Einfluss auf die weltweite Entwicklung der Managementtheorie aus. Heute können viel beschäftigte Führungskräfte neben Nachdrucken von Artikeln aus dem Archiv der HBR auch Harvard-Kassetten kaufen, um sich die Artikel im Auto oder im Flugzeug anzuhören.

Darüber hinaus veröffentlicht Harvard jedes Jahr rund 600 Fallstudien (sowie rund 40 Bücher). In jüngster Zeit bedient sich die Markenpolitik der HBS der Hochtechnologie: es werden CD-ROMs sowie Audio- und Videovarianten vieler ihrer Produkte auf den Markt gebracht. Mittlerweile kann man Artikel aus der *Harvard Business Review* online bezahlen und herunterladen. Sogar die traditionelle Fallstudie ist bereits digitalisiert. Im Jahr 1996 wurde zum ersten Mal eine elektronische Fallstudie vorgestellt, und mittlerweile rühmt sich die Harvard Business School, einen MBA-Kurs anzubieten, der „praktisch ohne Papier" auskommt, da eine wachsende Zahl elektronischer Fallstudien angeboten wird, die Vor-Ort-Videosequenzen und Links zu Echtzeitinformation über das Internet beinhalten.

Dank der globalen Reichweite der *Harvard Business Review* erstreckt sich der Einfluss von Harvard rund um den Erdball. Beispielsweise wurde das Indian Management Institute mit Unterstützung von Harvard gegründet und ist bis zum heutigen Tag ein treuer Anhänger. Eine Reihe europäischer Wirtschaftsuniversitäten orientierte sich ebenfalls am Modell von Harvard, darunter die angesehene spanische Managementschmiede IESE. In Asien wurde im Jahr 1986 das in Manila ansässige Asian Institute of Management gegründet, das anfangs ausschließlich mit Material aus Harvard arbeitete. Harvard bietet sogar ein einjähriges Programm in angewandter Betriebswirtschaft an der Ho Chi Minh City Economics University in Vietnam an (und erreicht damit in aller Stille, was der Armee der Vereinigten Staaten nicht gelang).

Die Marke Harvard stützt sich auf eine riesige Geldbeschaffungsmaschine. Die Harvard Business School unterteilt ihre Spender in Kategorien, so dass jeder von ihnen weiß, wo er steht – und was noch wichtiger ist: er erfährt, wie viel die anderen gegeben haben. Auf der untersten Stufe stehen die „teilnehmenden Spender" (Beträge bis 249 Dollar). Die weiteren Stufen sind: eingetragener Spender, unterstützender Spender, Erhalter, Sponsor, Schirmherr, Wohltäter, Leadership-Spender, Leadership fellow. Ganz oben stehen die Geldgeber, die in den Ehrfurcht gebietenden Rang eines „Leadership associate" erhoben wurden: dies sind die Personen, die mehr als 100 000 Dollar gespendet haben. Für Harvard kann man auf verschiedenste Art und Weise spenden.

Der HBS Fund wurde im Jahr 1949 unter der Leitung von Frank L. Tucker (MBA-Jahrgang 1930) eingerichtet. Heute steht Thomas C. Theobald (MBA-Jahrgang 1960) dem Fonds vor und leitet einen aus 900 Absolventen gebildeten Freiwilligenkorps. Im Rechnungsjahr 1996/97 überstiegen die Spenden den Betrag von 28 Millionen Dollar: über 12 000 großzügige Spender gaben Geld im Rahmen von Klassentreffen oder spendeten Jahresbeiträge. (Die durchschnittliche Höhe der Spenden betrug also 2333 Dollar.) Geschätzte 31 Prozent der MBA-Absolventen spendeten im Jahr 1997 für den HBS Fund.

DIE WICHTIGSTEN LEHREN

Sorge für Kundentreue. Die Business Schools binden ihre Kunden ein. Die Absolventen scheinen eher bereit, den Business Schools – das heißt Unternehmen mit Gewinnzweck – Geld zu geben als den Universitäten, die üblicherweise eher Geld benötigen. Das Fundraising unter den ehemaligen Schülern entfaltet eine Eigendynamik. Die Absolventen sind fast verpflichtet, ihre Schulen weiter zu unterstützen. Hier handelt es sich um eine Methode umgekehrter Erpressung: Schließlich hängt der Wert eines MBA eher davon ab, wo man den Titel erworben hat, und hat weniger damit zu tun, ob man globales Marketing im zweiten Semester studiert hat. Indem man seiner Ausbildungsstätte Geld spendet, versucht man dafür zu sorgen, dass sie ein hohes Niveau halten kann, womit auch der eigene Lebenslauf an Gewicht gewinnt. Ein MBA-Diplom von einer Business School, die mittlerweile aufgrund von Geldmangel geschlossen werden musste, wirkt nicht besonders beeindruckend.

Bei zynischer Betrachtung kann man auch darauf verweisen, dass manche Absolventen mit ihren Spenden ihren Reichtum und ihre Bereitschaft zur Schau stellen wollen, zu einer guten Ausbildung der nächsten Generation beizutragen. Indem sie ein Gebäude, einen Raum oder ein Ausbildungslehrgang auf den Namen eines erfolgreichen Managers tauft, sendet eine Ausbildungsstätte eine deutliche Botschaft aus: Absolviere diese Ausbildung, und du wirst vielleicht ebenso reich und klug werden wie dieser prominente Absolvent. Doch eigentlich haben die Business Schools kein Recht, sich zu den Bedürftigen dieser Welt zu zählen.

Großartige Entscheidung Nr. 52

Als er im Jahr 1993 mit der Leitung von IBM beauftragt wurde, entschied Lou Gerstner, den Konzern nicht zu zerlegen. Damit distanzierte er sich von den Plänen seines Vorgängers John Akers. Diese Entscheidung Gerstners trug wesentlich zur Wiederbelebung des Unternehmens bei.

Im Jahr 1993 wurde Lou Gerstner, ein ehemaliger McKinsey-Berater und ausgewiesener Experte für Unternehmensrettungen, zum Leiter von IBM ernannt. Gerster entschloss sich, von den Plänen seines Vorgängers John Akers, der vorgehabt hatte, die verschiedenen Konzernbereiche voneinander zu trennen, Abstand zu nehmen. „Alles oder nichts", lautete Gerstners Motto. Gerstner war der Ansicht, IBM habe „einen wirtschaftlichen Schock erlebt, der einem Erdbeben gleichkam"; ein weiteres Erdbeben sei das Letzte, was das Unternehmen jetzt brauchen könne. Und IBM konnte seiner Meinung nach auch keine Vision gebrauchen. Gerstners Botschaft lautete, dass man in dieser Situation auf alles Hochtrabende verzichten und sich vielmehr darauf konzentrieren müsse, beharrlich weiter zu arbeiten und dem Unternehmen Richtung zu geben.

Unter Gerstner hat sich IBM überraschend gut erholt. Es hat die Beziehung zur Realität sowie zu seinen vorhandenen und potentiellen Kunden wiedergefunden. Man nehme zum Beispiel seine Rolle bei der Entwicklung des Internet. Im Jahr 1993 trat der altgediente Spitzenmanager John Patrick dafür ein, jeder Mitarbeiter von IBM solle seine eigene E-mail-Adresse erhalten. Und Patrick meinte, das Unternehmen brauche eine Website: „Suche den Kontakt zur Umwelt. Wenn du deinen Blick nach außen richtest, kannst du das ganze Unternehmen verändern." Interessant ist, dass Patricks Aufruf im Grunde einer Rückbesinnung auf die ursprünglichen Prinzipien von IBM gleichkam: Suche den Kontakt zu den Kunden und pflege die Kommunikation innerhalb des Unternehmens. Die einzige Neuerung bestand darin, dass Patrick die neueste Technologie einsetzen wollte, um diese Ziele zu erreichen.

Zum Beweis dafür, dass sich die Kultur von IBM geändert hatte, wurden Kräfte mobilisiert, von deren Existenz der träge gewordene Riese nie zu träumen gewagt hätte. Im Jahr 1995 arbeiteten nur zwei der 220 000 Mitarbeiter des Unternehmens an Java. Bis 1997 beschäftigten sich 2400 Wissenschaftler und Techniker in aller Welt mit dieser Programmiersprache. Der Kulturwandel war derart umwälzend, dass Teile von IBM mittlerweile eher an Microsoft erinnern. Es ist die Rede davon, die Regeln zu brechen und kleine, eigenständige Gruppen mit der Aufgabe zu betrauen, aus verschiedenen Richtungen an Probleme heranzugehen, um das Unternehmen mit frischen Gedanken zu versorgen.

Lou Gerstner zieht im Hintergrund die Fäden und übt nur dann offen Druck aus, wenn es unvermeidlich wird. Sein Verhalten liefert ein Schulbeispiel für moderne Führungskunst: Anstatt die Mitarbeiter zu kontrollieren, gibt er ihnen Spielraum für Eigeninitiative und fungiert als ihr Betreuer. Gleichzeitig scheint er mit beiden Beinen in der geschäftlichen Realität zu stehen. „Meiner Ansicht nach hält man Erfolge aufrecht, indem man immer in Sorge ist, anstatt mit Stolz auf seine Erfolge zurückzublicken, und indem man immer Augen für das hat, was diese Erfolge in Zukunft zunichte machen wird", erklärt Gerstner. „Nur so kann man sich stets den Blick für jene Herausforderungen bewahren, die dafür sorgen, dass man demütig, hungrig und beweglich bleibt."

Typisch für Gerstner ist seine erste Reaktion, als man ihm das Internet erklärte: „Das ist großartig, ein neues Geschäftsmedium. Wie können wir es für die Kunden nutzbar machen? Wie können wir Geld damit verdienen?" Die Reihenfolge der Prioritäten – als erstes kommen die Kunden und dann der Gewinn – ist die vielleicht wichtigste Lehre, die aus IBMs Renaissance und dem Aufstieg, Niedergang und Wiederaufstieg der Marke IBM gezogen werden kann.

DIE WICHTIGSTEN LEHREN

Suche den Kontakt zu den Kunden und zur Realität. IBM hatte sich vom Markt entfernt. Gerstner stellte die Verbindung zu den Kunden wieder her.

Im Zusammenhalt liegt Stärke. Man hätte IBM in 100 bedeutende Unternehmen mit 100 klingenden neuen Namen zerteilen können. Gerstners Erkenntnis war, dass dies durchaus einige Vorteile mit sich gebracht hätte, die jedoch von der weiter bestehenden Stärke und vom Klang des Markennamens aufgewogen wurden.

Großartige Entscheidung Nr. 53

Im Jahr 1985 entschloss sich Rupert Murdoch, in den Bau einer neuen Druckerei in London zu investieren, in der auf die gewerkschaftlich organisierten Arbeiter verzichtet werden konnte. Es wurden Computer installiert, um den redaktionellen Inhalt direkt auf das Papier zu bringen. Am 25. Januar 1986 wurden in der neu eröffneten Druckerei vier Millionen Zeitungen gedruckt. Murdoch gewann den folgenden Arbeitskampf mit den Gewerkschaften, veränderte das Antlitz der Zeitungsbranche und machte seinen Konzern endgültig zum Medienimperium.

Im Jahr 1952 erbte Rupert Murdoch von seinem verstorbenen Vater Sir Keith Murdoch zwei Zeitungen, die *Adelaide News* und die *Sunday Mail*. Das erste Blatt war ein uninteressantes Lokalblatt. Das Erbe von Murdoch war kein Zeitungsimperium. Doch Rupert Murdoch brachte jugendliche Energie mit – und die Entschlossenheit, einen Massenmarkt für Zeitungen zu finden.

Murdoch fand sich rasch im Geschäftsleben zurecht. Er war gut darauf vorbereitet, denn er hatte schon früh damit begonnen, seiner Leidenschaft für riskante Geschäfte zu frönen. Die Druckerschwärze war noch nicht getrocknet, da machte er schon ein neues Geschäft. Im Jahr 1960 kaufte Murdoch den *Sydney Daily Mirror* und streckte seine Fühler auf dem Fernsehmarkt aus. Ein Geschäft jagte das andere. Später erklärte Murdoch den Gedankengang, der hinter diesen scheinbar wahllosen Einkaufstouren steckte: „Wir konzentrierten uns vor allem auf die kränkelnden Zeitungen, auf jene, die nicht viel wert waren und nach allgemeinem Dafürhalten kurz vor dem Zusammenbruch standen." Finanziert wurden die Übernahmen mit Krediten. Murdoch lernte rasch, dass sich die Banken lediglich dafür interessierten, wie zuverlässig ein Kunde seine Darlehen zurückzahlte. Murdoch erwarb sich den Ruf, sein Wort zu halten. Die Banken überschlugen sich, um ihm weitere Kreditangebote schmackhaft zu machen.

Das vielleicht deutlichste Signal dafür, dass Murdoch höhere Ziele verfolgte, lieferte die Gründung von *The Australian*, der ersten australischen Zeitung, die überall auf dem fünften Kontinent verkauft wurde. Mit dem Versprechen, „Canberra über die Nation und die Nation über Canberra zu informieren", kam *The Australian* im Jahr 1964 auf den Markt. Diese Zeitung hob sich dadurch von den übrigen Blättern Murdochs ab, dass sie eine anspruchsvolle Publikation darstellte – und damit auch ein größeres Risiko finanzieller Verluste barg. Sie strebte ganz eindeutig eine politische Machtstellung an. *The Australian* rückte seinen Herausgeber ins Zentrum der Macht. Er wurde zu einem nationalen Spieler. Obwohl die Zeitung Jahre lang Geld verlor (in Murdochs Sprachgebrauch ist Großformat gleichbedeutend mit mangelnder Popularität), erzielte sie Wirkung.

Ende der sechziger Jahre verfolgte Murdoch in Australien eine Vielzahl von Interessen und begann, weiter entfernte Ziele ins Auge zu fassen. Das erste internationale Geschäft, das zugleich auch das Medienimage Rupert Murdochs prägen sollte, war der Kauf der britischen Sonntagszeitung *News of the World* im Jahr 1969. Dieses Boulevardblatt zielte auf die unteren Leserschichten und hatte schon lange vor Murdochs Ankunft einem hemmungslosen Populismus gefrönt. Nicht umsonst trug dieses Blatt den Spitznamen „the news of the screws“ (Schlüpfrige Nachrichten).

Doch die Übernahme von *News of the World* war lediglich der Anfang. *News of the World* war eine Sonntagszeitung. In der Fleet Street (dem Zentrum der britischen Presse) mit ihrer altertümlichen Ineffizienz bedeutete dies, dass die Druckerpressen während der Woche still standen. Es lag auf der Hand, dass es von Vorteil wäre, dieses brach liegende Potential zu nutzen.

Also schlug Murdoch eine Bresche für eine draufgängerische neue Form von populistischem Journalismus, indem er im Jahr 1969 für weniger als 780 000 Dollar eine weitere britische Zeitung erwarb, die *Sun*. In den Augen mancher Kritiker stellte – und stellt – die *Sun* die Quintessenz aller negativen Seiten Rupert Murdochs dar. Sie zielt unverblümt auf den niedrigsten Boulevard und ist berühmt für die barbusigen Models auf der Seite Drei, für Geschmacklosigkeiten, markigen Hauruck-Nationalismus und pausenloses Interesse an den Eskapaden der Prominenz.

Auch nach dreißig Jahren sind *The Sun* und die *News of the World* noch ungemein lukrative Bestandteile von Murdochs Unternehmensimperium, das unter dem Dach der News Corporation zusammengefasst ist. (Im Jahr 1997 hatte die *News of the World* laut Angabe der News Corporation eine durchschnittliche Auflage von 4,5 Millionen Stück, während *The Sun* für sich in Anspruch nahm, jeden Tag 10 Millionen Leser zu erreichen.) Zu den weiteren Erwerbungen Murdochs zählte die *New York Post*, die er sich im Jahr 1976 einverleibte. Seine Beziehung zur *Post* ist eine für ihn typische komplexe Geschichte. 1988 verlor er die Kontrolle über das Blatt – er wurde von den amerikanischen Kartellbehörden zur Trennung von der *Post* gezwungen, als er den örtlichen Fernsehsender WNYW erwarb –, doch 1993 wurde die Zeitung erneut von News Corp. übernommen.

Im Jahr 1981 schrieb Rupert Murdoch mit dem Kauf der *London Times* ein weiteres bemerkenswertes Kapitel in seiner Karriere. Bei diesem Geschäft setzte er sich gegen mehrere andere Interessenten durch: Der Zeitungsherausgeber (William Rees-Mogg), eine Gruppe von Journalisten, der Herausgeber der *Sunday Times,* Harold Evans, und Robert Maxwell hatten Konkurrenzangebote vorgelegt. Die „Zeitung der oberen Zehntausend" war ein ziemlich unpassender Gefährte für die *Sun* – eigentlich war die *Times* mit ihrer Hofberichterstattung und ihrem unendlichen Traditionsbewußtsein ein unpassender Gefährte für jede andere Zeitung. Erwartungsgemäß brach helles Entsetzen aus, als Murdoch, der populistische König des Boulevard, die Bastion des englischen Journalismus stürmte. Das Gerücht vom unmittelbar bevorstehenden Untergang der britischen Kultur machte die Runde, und ältere Kleriker schlugen die Zeitung in Erwartung eines eigenen Mädchens auf Seite Drei mit neuer Begeisterung auf.

Mit dem Kauf der *Times* tat Rupert Murdoch einen weiteren wichtigen Schritt in seiner Karriere. Handelte es hier doch um die Zeitung des Establishments, gegen das Murdoch wiederholt seine Abneigung geäußert hatte. Nun war Rupert Murdoch selbst zum Vorkämpfer dieses Establishments geworden.

Murdochs Zeitungen in Großbritannien warfen Gewinne ab, doch er hatte noch weitere ehrgeizige Ziele. Daher war er sehr darum bemüht, das Gewinnpotential seiner Blätter weiter zu erhöhen. Cash-Kühe wollen gemolken sein. Doch da standen Murdoch die veralteten Betriebsabläufe in der Fleet Street und die allmächtigen Gewerkschaften im Weg, von deren Willen es abhing, wie und wann in England Zeitungen produziert wurden. Widerstand erstickten die Gewerkschaften im Keim, indem sie nach Belieben Betriebe lahm legten. Die Eigentümer hatten sich seit Jahrzehnten mit diesen Machtverhältnissen abgefunden. (Dabei sollte nicht vergessen werden, dass sie auch ihren Teil der Schuld an der Ineffizienz und den sonderbaren Praktiken der Branche trugen.) Doch nun kam Rupert Murdoch und fuhr mit einem Bulldozer geradewegs in das beschauliche alte Haus hinein.

Er errichtete in Wapping, einem Vorort im Osten von London, eine neue Druckerei, in der die gewerkschaftlich organisierten Arbeiter nicht mehr benötigt wurden. Man installierte Computer, mit deren Hilfe der redaktionelle Inhalt direkt auf das Papier übertragen werden konnte. Am 25. Januar 1986 wurden in Wapping zum ersten Mal vier Millionen Zeitungen gedruckt. Dies war gleichbedeutend mit einer Kriegserklärung.

In den folgenden Monaten wurde Wapping zum Schlachtfeld. Tausende Streikposten von der Druckergewerkschaft und anderen Gewerkschaften versuchten, der Zeitungsproduktion in der neuen Druckerei ein Ende zu machen. Die Proteste wurden immer gewalttätiger und tobten fast während des gesamten Jahres. Am Ende errang Murdoch einen totalen Triumph: Die Drucker wurden mit 96 Millionen Dollar ausbezahlt und verschwanden in der Geschichte. Murdoch blieb mit einer sehr viel effizienteren Produktion und wesentlich geringeren Kosten zurück. Der Wert von News Corp. stieg von 300 Millionen auf 1 Milliarde Dollar.

Die Konfrontation mit den Gewerkschaften stellte einen entscheidenden Wendepunkt in Murdochs Streben nach wirtschaftlicher Macht sowie in der

Geschichte der Arbeiterorganisationen dar. Darüber hinaus prägte sie das Bild dieses Geschäftsmannes in der Öffentlichkeit nachhaltig. Er erhielt das Image eines entschlossenen und unerbittlichen Mannes, der zu erreichen verstand, was er sich vorgenommen hatte. Er war offensichtlich nicht nur ein mächtiger Mann, sondern auch einer, der bereit war, seine Macht einzusetzen, um ein Unternehmensimperium aufzubauen.

Am vorläufigen Ende der Entwicklung hat Rupert Murdoch ein persönliches Vermögen angehäuft, das sich je nach Schätzung auf 3 bis 10 Milliarden Dollar beläuft. Murdochs Imperium hat wahrhaftig eine globale Ausdehnung; nach Angabe der *Asia Week* nimmt Murdoch den vierten Rang unter den mächtigsten Personen Asiens ein. Das Gesamtvermögen von News Corp. belief sich im März 1998 auf 33,2 Mrd. Dollar, die jährlichen Gesamteinnahmen auf 13 Mrd. Dollar.[4] Das Imperium News Corp. umfasst den Satellitensender BSkyB, News International, das Footballteam Los Angeles Dodgers, den Verlag HarperCollins, die Filmgesellschaft 20th Century Fox, Fox TV, Star TV und eine Vielzahl weiterer Unternehmen – insgesamt mehr als 780 in 52 Ländern. Dieses gewaltige globale Unternehmensnetz umspannt tatsächlich den gesamten Erdball.

DIE WICHTIGSTEN LEHREN

Bleibe stets in Bewegung. In den achtziger Jahren baute Rupert Murdoch sein Imperium auf. Eine Firmenübernahme jagte die andere. Seine Ambitionen schienen immer kühner zu werden. Im Jahr 1985 kaufte er die Fox Studios; ein Jahr später folgten sieben Metromedia TV-Sender; und im Jahr 1988 bezahlte er Walter Annenberg 3,2 Mrd. Dollar für *TV Guide*.

Setze alles auf eine Karte. Die unvergleichliche Ausgabenfreude Murdochs wurde mit gewaltigen Schulden finanziert. Neben Rupert Murdoch wirkte Robert Maxwell wie die personifizierte finanzielle Zurückhaltung. Anfang der neunziger Jahre war der australische Medienmogul an einem Scheideweg angelangt: Der phantastische Schuldenberg von über 7 Mrd. Dollar zwang News Corp. beinahe in die Knie. In letzter Minute kam eine Vereinbarung mit den Banken zustande, die Murdochs Imperium vor dem drohenden Zusammenbruch rettete.

Murdoch befindet sich stets unverzagt auf dem Vormarsch. In den neunziger Jahren hat er sich neue Ziele für seinen Ehrgeiz gesucht. Seine Geschäfte sind globaler geworden und entfernen sich zunehmend von seinen Wurzeln in der Zeitungsbranche.

Großartige Entscheidung Nr. 54

Im Jahr 1992 überstieg der Umsatz des Bekleidungsherstellers Benetton 1,6 Mrd. Dollar. Es hatte den Anschein, als läge dem Unternehmen die Welt zu Füßen. Doch Luciano Benetton erkannte, dass das Unternehmen die Zukunft in Angriff nehmen musste, bevor es zu spät war. Also entschloss er sich, 128 Mio. Dollar in eine hochmoderne Textilfabrik zu investieren. Das Unternehmen änderte seine Geschäftsmethode grundlegend.

Die erste ausgezeichnete Entscheidung der Familie Benetton fiel im Jahr 1965, als sich Giuliana Benetton entschloss, einen Pullover in leuchtenden Farben zu stricken. Dreißig Jahre später besitzen Giuliana und ihre drei Brüder eine globale Einzelhandelskette mit 7000 Geschäften in 120 Ländern, die allesamt Pullover in leuchtenden Farben verkaufen. Giuliana überwacht im Designzentrum von Benetton die Arbeit von über 200 Designern. Das Unternehmen erzeugt täglich mehr als 200 000 Kleidungsstücke. Benetton zählt zu den aufregendsten Marken der letzten Jahrzehnte. Der weltweite Jahresumsatz liegt mittlerweile bei 2871 Milliarden Lire (oder 1,53 Mrd. Dollar).

Benettons Erfolg beruht nicht zuletzt auf umfangreichen Investitionen in Logistik und Fertigung, die die Produktionskosten verringert und, was noch wichtiger ist, das Unternehmen in die Lage versetzt haben, rasch auf Veränderungen auf dem Markt zu reagieren. Diese Fähigkeit hat den Aufstieg Benettons ungemein begünstigt.

So betrieb Benetton beispielsweise schon lange, bevor sich diese Praxis durchsetzte, umfangreiches Outsourcing. Bereits im Jahr 1982 vergab Benetton Arbeiten an 200 Unternehmen, von denen nur neun zum Konzern gehörten.

„Benetton hat sich mit seiner Fähigkeit, jeden einzelnen Händler rasch und just-in-time zu beliefern, einen wesentlichen Vorteil gegenüber der Konkurrenz verschafft", erklärt der Marketingguru Philip Kotler. Und: „Benettons Vorteile in der Logistik haben zur Folge, dass Bestände und die Lagerhaltungskosten beträchtlich sinken und dass die Gewinne um 30 Prozent über denen liegen, die ein durchschnittlicher amerikanischer Textilproduzent erzielt. Der Erfolg von Benetton beruht im Wesentlichen auf seinen umfangreichen Investitionen in die Informationstechnologie."[5]

Die diesbezüglich wichtigste Entscheidung fiel im Jahr 1992, zu einer Zeit, als Benetton einen Umsatz von mehr als 1,6 Mrd. Dollar erzielte und bereits alles erreicht zu haben schien. Damals nahm Benetton (laut Angabe des Unternehmens) den dritten Rang unter den bekanntesten Marken der Welt ein. Doch Luciano Benetton hatte noch mehr mit dem Unternehmen vor. In der Unternehmenszentrale in Ponzano Veneto, einer in Castrette di Villorba unweit von Venedig gelegenen Villa aus dem 17. Jahrhundert, entwickelte Benetton einen ungemein ehrgeizigen Plan. Um die hohen Arbeitskosten zu senken, investierte Benetton den gewaltigen Betrag von 12,8 Millionen Dollar in eine hochmoderne Textilfabrik. Man installierte Systeme auf dem letzten Stand der Technik: aufgrund der Informationen, die direkt aus den Verkaufsfilialen in aller Welt eintrafen, gab die Software den Maschinen exakte Anweisungen.

Die Investitionen in neueste Technologie haben Benettons Industriekomplex in Castrette zu einem der fortschrittlichsten in der Welt gemacht. In der Fabrik werden jährlich fast 100 Millionen Kleidungsstücke produziert. Teil der Anlage ist ein automatisches Verteilungssystem, das täglich über 30 000 Posten für den Versand vorbereitet. Die entsprechenden Abläufe werden von nur 19 Personen gesteuert, während ein traditionelles System mindestens 400 Mitarbeiter erfordern würde.

Benetton platziert seine Marke mittlerweile in immer größeren Verkaufsfilialen. In mehreren europäischen Großstädten hat das Unternehmen Megastores eröffnet, und in den Vereinigten Staaten dient ihm ein 1200 Quadratmeter großes Geschäft im Scribner Building in der New Yorker Fifth Avenue als Flaggschiff. Benettons Unterstützungssystem und seine gekonnte Markenpolitik legen es nahe, dass *größer* in diesem Fall durchaus gleichbedeutend mit *besser* ist.

DIE WICHTIGSTEN LEHREN

Bleib' bei deinem Leisten. Benettons Markenprodukte, die farbenfrohen Kleidungsstücke, sind von verblüffender Einfachheit und doch sofort als Produkte des Unternehmens zu erkennen. Benetton ist bei der Erweiterung seines Geschäfts sehr behutsam vorgegangen. Zu seinen Marken zählen mittlerweile Zerotondo, Sisley und 012. Im Jahr 1997 wagte das Unternehmen mit Marken wie Prince, Nordica und Rollerblade den Schritt in die Sportbekleidung und -ausrüstung.

Mache auf dich aufmerksam. Die Marke „United Colors of Benetton" bietet zahlreiche Optionen für gute Werbebilder. Benetton hat diese Möglichkeiten genutzt und dem Markt mit überraschenden und nach Ansicht mancher Beobachter teilweise pietätlosen Werbekampagnen seinen Stempel aufgedrückt. Auf einem Werbeplakat war Luciano Benetton nackt zu sehen, lediglich bedeckt von dem Schriftzug „Ich will meine Kleider zurück". Und dann war da natürlich das schockierende Bild des sterbenden Aidskranken. Billige Werbegags? Möglicherweise, doch in jedem Fall ein wesentlicher Beitrag zur Positionierung Benettons als bunter Vogel der Bekleidungsindustrie.

Der Photograph Oliviero Toscani zeichnet für einige der einprägsamsten Bilder in den Werbekampagnen Benettons verantwortlich. „Alles, was wir machen, kreist um Impulse und zielt auf den Bauch“, erklärt Toscani. „Das hat Benetton groß gemacht; Luciano brauchte keine Marktstudien, um Aufschluss über den Geschmack bei farbenfrohen Pullovern zu gewinnen.“ Die Werbekampagnen sind ein Ausdruck der Marke, des Unternehmens und Luciano Benettons.

Das Unternehmen findet folgende Erklärung für die Bilder, die es verwendet, um mehr Pullover zu verkaufen: „Benettons Kommunikationsstrategie entsprang dem Wunsch des Unternehmens, für seine globalen Kunden Bilder von globaler Relevanz zu entwickeln... Benetton glaubt, dass die Unternehmen in der realen Welt Position beziehen sollten, anstatt ihre Werbebudgets dafür zu verwenden, den Mythos aufrechtzuerhalten, dass der Konsument glücklich wird, indem er ihr Produkt kauft“. Wohl wahr, doch es ist oft schwierig herauszufinden, worin Benettons „Position“ besteht.

Verändere dich, während du an der Spitze stehst. Ein oft erteilter Rat, der jedoch nur selten befolgt wird.

Großartige Entscheidung Nr. 55

Nach dem Zweiten Weltkrieg befand sich Japan in einer desolaten wirtschaftlichen Lage. In dieser Situation entschloss sich Toyota, die Ratschläge eines obskuren amerikanischen Statistikers namens W. Edwards Deming zu befolgen, der im Jahr 1947 ohne jegliche Vorschusslorbeeren im Land der aufgehenden Sonne eingetroffen war. Deming unterwies Toyota in den Methoden der Qualitätssicherung, und Toyota eroberte die Welt.

In den letzten vier Jahrzehnten des 20. Jahrhunderts schleppten sich die westlichen Automobilhersteller von einer Krise in die nächste. Sie lagen immer einen Schritt zurück, und das Unternehmen, dem sie hinterher hechelten, war der japanische Riese Toyota.

Beim Betreten der Unternehmenszentrale von Toyota stößt man auf drei Porträts. Eines zeigt den Unternehmensgründer, das zweite den gegenwärtigen Präsidenten und das dritte einen amerikanischen Qualitätsguru namens W. Edwards Deming.

Im Jahr 1918 gründete Sakichi Toyoda ein Unternehmen, das den Namen Toyoda Spinning & Weaving Co. erhielt. In den dreißiger Jahren überzeugte die Entwicklung von Webautomaten das Unternehmen, dass seine Zukunft in einem anderen Bereich liege. Kiichiro Toyoda, der Sohn des Unternehmensgründers, hatte Maschinenbau studiert und die Vereinigten Staaten und Europa bereist. Sein Schluss lautete, dass die Zukunft in der Automobilproduktion liege. Im Jahr 1936 änderte er den Namen des Unternehmens in Toyota. Kiichiro Toyoda blieb bis 1950 Präsident, und bis 1995 wurde das Unternehmen von Mitgliedern der Familie Toyoda geführt.

Das erste von Toyota produzierte Auto war das Modell AA. (Als Rückversicherung hielt das Unternehmen bis Anfang der fünfziger Jahre auch sein altes Geschäft, die Produktion automatischer Webstühle, aufrecht.) In den fünfziger Jahren nahm Toyota Niederlassungen in Taiwan und Saudi-Arabien in Betrieb. Das Unternehmen begann, Gabelstapler zu bauen (auf diesem Markt hat es heute weltweit die Führungsposition inne), und ging zunächst auf den amerikanischen Markt (1958), um sich dann auch in Großbritannien niederzulassen (1965).

Toyotas erster Vorstoß in den amerikanischen Automarkt misslang. Das Modell Crown war für den japanischen Markt entwickelt worden und eignete sich nicht für die amerikanischen Autobahnen. Doch schließlich fand Toyota die richtige Lösung. Im Jahr 1968 führte es den Corolla ein, mit dem ihm der entscheidende Sprung nach vorn gelang. Bis 1975 eroberte Toyota von VW die Position des erfolgreichsten ausländischen Autoproduzenten in den USA. Im Jahr 1984 stießen die Japaner ins Herz des amerikanischen Marktes vor: Toyota vereinbarte mit General Motors, in einem Gemeinschaftsunternehmen Toyotas in den Vereinigten Staaten zu bauen. (Dieses Jointventure stellt auch den GM Prizm her.)

Ein Erfolg folgte auf den anderen. Im Jahr 1997 wurde in den Vereinigten Staaten kein Auto häufiger verkauft als der Toyota Camry. Mittlerweile dehnt Toyota seine Aktivität auf Fahrzeuge mit Hybridmotoren aus. Diese 1997 in Japan eingeführten Fahrzeuge sollen im Jahr 2000 weltweit auf den Markt kommen. Darüber hinaus ist der Konzern in den Bereichen Finanzdienstleistungen, Telekommunikation und Wohnbau tätig, baut Schiffsmotoren und Ausflugsboote, vertreibt Ersatzteile und erbringt Dienstleistungen für die Luftfahrt.

Toyota ist heute nach General Motors und Ford der drittgrößte Autohersteller in der Welt. Das Unternehmen verkauft jährlich rund fünf Millionen Fahrzeuge (1,3 Mio. in Nordamerika, 2 Mio. in Japan und 0,5 Mio. in Europa). In Japan hält Toyota einen Marktanteil von nahezu 40 Prozent. Im Jahr 1998 belief sich sein Umsatz auf 88,5 Mrd. Dollar, wobei es einen Nettogewinn von 3,5 Mrd. Dollar erzielte.

Hinter Toyotas Erfolg stehen die Arbeit Demings und die praktische Umsetzung seiner Qualitätsphilosophie. Toyotas Entschluss, Demings Methoden der Qualitätssicherung anzuwenden, zählt zu den bedeutendsten betrieblichen Entscheidungen des 20. Jahrhunderts. Während die westlichen Autohersteller in den siebziger Jahren mit großen, teuren und unmotivierten Belegschaften Autos bauten, die Unmengen an Benzin verschlangen, stieß Toyota mit der Umsetzung der von Deming entwickelten Konzepte in neue Dimensionen vor. Anfang der achtziger Jahren wachten die westlichen Hersteller endlich auf und begannen, ebenfalls Demings Methoden zur Qualitätssicherung einzuführen. Doch da war es bereits zu spät. Toyota war außer Reichweite. (Aus eben diesem Grund hatte das japanische Unternehmen auch überhaupt nichts dagegen, den Konkurrenten im Westen alles über die Qualitätssicherung zu erzählen.)

Toyota war bereits auf dem Weg zu dem, was als „schlanke Produktion" (*lean production*) beziehungsweise als das „Toyota-Produktionssystem" bekannt werden sollte. (Als Architekt dieses Systems wird im allgemeinen Taichi Ohno bezeichnet, der ein kurzes Buch über den neuen Ansatz von Toyota schrieb und später als Berater für das Unternehmen tätig wurde.) In den Augen von Toyota war nichts Neues an der „schlanken Produktion". Tatsächlich war dieses Konzept ein fester Bestandteil der Methode, die Toyota anwandte, um die Qualität seiner Produkte sicherzustellen. Die Wurzeln des Konzepts können bis in die fünfziger Jahre und bis zu Demings Ideen zurückverfolgt werden. Doch im Westen wurde seine Bedeutung erst im Jahr 1984 erkannt, als Toyota mit General Motors die Vereinbarung über das Jointventure in Kalifornien schloss.

DIE WICHTIGSTEN LEHREN

Produziere just in time. Es hat keinen Sinn, Autos oder irgendwelche anderen Produkte in der blinden Hoffnung zu erzeugen, irgendjemand werde sie schon kaufen. Verschwendung (japanisch *muda*) ist schlecht. Die Produktion muss direkt an die Erfordernisse des Marktes gekoppelt werden.

Qualität ist jedermanns Sache. Jedes Mitglied des Unternehmens ist für die Qualität zuständig, und sämtliche Qualitätsmängel müssen in dem Augenblick behoben werden, da sie entdeckt werden.

Behalte die Wertkette im Auge. Anstatt den Betrieb als Abfolge unzusammenhängender Abläufe zu betrachten, sollte er als kontinuierlicher Strom nicht voneinander zu trennender, Wert erzeugender Aktivitäten verstanden werden. Diese Wertkette umfasst auch die Lieferanten und Abnehmer.

Lean Production funktioniert. Toyota griff die Ideen von Deming auf und passte sie den eigenen Erfordernissen an. Im Gegensatz dazu neigten die westlichen Hersteller dazu, das Konzept in Bausch und Bogen zu übernehmen. Bei Toyota wurde Demings Qualitätsphilosophie in das Konzept der „schlanken Produktion" übersetzt. „Lean Production stellt eine überlegene Methode zur Herstellung von Gütern dar", erklären die Experten James Womack und Daniel Jones. Sie haben Recht. Wenn man das Konzept – wie Toyota – richtig versteht, verknüpft die schlanke Produktion die besten Elemente mehrerer Bereiche: die Größenvorteile in der Massenproduktion, die flexiblere Reaktion kleinerer Unternehmen auf die Bedürfnisse des Marktes und der Kunden sowie die Bereicherung der individuellen Tätigkeit, die die Mitarbeiter zufriedener und produktiver macht. Leider hat es sich als schwierig erwiesen, das Konzept richtig umzusetzen. Die westlichen Unternehmen hielten vielfach derart strikt an ihren Arbeitsmethoden fest, dass allumfassende Veränderungen von ihnen gefordert waren, die sie unmöglich durchsetzen konnten. Unternehmen können sich nicht über Nacht ändern.

Die Menschen sind wichtig. Im Westen wird das schlanke Unternehmen immer noch mit einer kleineren Belegschaft gleichgesetzt. Die schlanke Produktion wird als Mittel betrachtet, um aus immer weniger Menschen immer mehr Output herauszuholen. Doch dies ist ein gravierendes Missverständnis. Ein geringerer Personalstand ist nicht das Mittel, sondern das Ziel. Westliche Unternehmen neigen dazu, den Personalstand zu verringern und sich anschließend zu schlankeren Organisationen zu erklären. Doch damit missachten sie die drei

Konzepte, die einer authentischen *lean production* zu Grunde liegen (Just-in-time-Produktion, Verantwortung für die Qualität sowie Definition des Unternehmens als Wertkette). James Womack erklärt, es sei richtig, dass in der *lean production* weniger Personal benötigt werde; allerdings sollte die schlankere Organisation die Produktentwicklung vorantreiben, um neue Märkte zu erschließen und weiterhin die Arbeitsplätze zu sichern.

Großartige Entscheidung Nr. 56

Streiche alle Extras und konzentriere dich auf das, was du liefern kannst und was der Kunde tatsächlich will. Wie viele Unternehmen können wirklich von sich behaupten, diese Entscheidung gefällt zu haben? Herb Kelleher von Southwest Airlines kann es.

Im Lauf von 27 Jahren hat Southwest Airlines der Luftfahrt einen unauslöschlichen Stempel aufgedrückt. Herb Kelleher hat bewiesen, dass die Differenzierung in den Zuständigkeitsbereich des Unternehmensleiters fällt. „Noch immer werden alle anderen Gesellschaften an dieser Billigfluglinie gemessen", urteilte die *Financial Times*. Dabei scheint nicht allzu viel für Southwest zu sprechen, wenn man sich das grundlegende Angebot ansieht. Aus Sicht eines Geschäftsreisenden ist das Produkt dieser Fluglinie einfach minderwertig. Es gibt keine erste Klasse und keine Platzreservierung. Derartige Dinge sind wichtig für den gehetzten Manager, der während des Flugs unbedingt auf dem Laptop einen Bericht fertig stellen muss. Dennoch hat Southwest einen zufriedenstellenden Anteil am Markt für Geschäftsreisen. Die Flugintervalle sind kurz, und die Maschinen sind meistens pünktlich; dazu kommt, dass die Passagiere nicht so lange Strecken am Boden zurücklegen müssen, da Southwest auch kleinere Flughäfen anfliegt. Für viele Geschäftsreisende sind die Zuverlässigkeit der Ankunftszeiten und die kürzen Gesamtreisezeiten von unschätzbarem Wert. Das Tüpfelchen auf dem I ist der legendäre, viel gepriesene Service von Southwest, dessen Qualität auf dem Einsatz engagierter Mitarbeiter beruht, die ihre Arbeit mögen und Spaß daran haben, den Kunden zu helfen. Am Anfang lockte Southwest die Kunden (jedenfalls die männlichen) mit dem Thema Liebe (die Getränke wurden als „Liebestränke" bezeichnet). Mittlerweile verspricht die Fluglinie ihren Gästen einen „absolut unerhörten Service".

In einem häufig eintönigen Geschäft sendet Southwest deutliche, einfache Botschaften an Kunden und Mitarbeiter, die für beide Gruppen von Nutzen sind. Der Informationsfluss verbessert die Logistik des Unternehmens. Die Umschlagzeiten sind meistens kürzer als bei der Konkurrenz (in vielen Fällen um nicht weniger als 20 Minuten), da die Mitarbeiter eng zusammenarbeiten. Ein weiterer großer Vorteil von Southwest liegt darin, dass das Unternehmen ausschließlich auf der Boeing 737 fliegt. Die Beschränkung auf ein einziges Flugzeugmodell ermöglichte es der Fluglinie, den Bestand an Ersatzteilen beträchtlich zu verringern. Den Kunden ist es egal, ob sie in einer 737 oder einer anderen Maschine fliegen, so lang sie sicher und pünktlich an ihr Ziel gebracht werden.

Kellehers Entscheidung war keine großartige Erfindung, doch sie sicherte Southwest einen beträchtlichen Startvorsprung. Das Unternehmen entwickelte ein neues Konzept – geringe Zusatzleistungen, geringe Kosten, hochwertiger Service –, mit dem es den texanischen Markt eroberte und ausreichende finanzielle Mittel anhäufte, um in andere lukrative Märkte wie beispielsweise Kalifornien vorzudringen. Mittlerweile ist Southwest die siebtgrößte Fluglinie der Vereinigten Staaten und schreibt seit unvergleichlichen 24 Jahren schwarze Zahlen. Andere Fluggesellschaften sind seinem Beispiel gefolgt. United hat versucht, „höher aufzusteigen", und British Airways hat den Billiganbieter Go ins Gefecht geschickt. Doch die Konkurrenten haben noch einiges nachzuholen.

DIE WICHTIGSTEN LEHREN

Verfolge ein einfaches und klares Konzept. Der einzige Fluglinienmanager, der Kellehers Botschaft verstanden zu haben scheint, ist Gordon Bethune, Chairman und CEO von Continental Airlines. Als er im Jahr 1994 die Leitung von Continental übernahm, hielt das kaum jemand für einen großartigen Karrieresprung. Vielmehr schien die Übernahme dieses Postens beruflichem Selbstmord gleichzukommen. Continental war in einer furchtbar schlechten Verfassung. Bethunes Vorgänger, Frank Lorenzo, hatte eine erfolglose Tiefpreisstrategie verfolgt. Die Fluglinie wurde unter gerichtlicher Aufsicht geführt und schien in einer aussichtslosen Situation gefangen. Ihre Marktkapitalisierung von 230 Mio. Dollar lag unter dem Marktwert ihrer Flugzeuge. (Dies muss zu den peinlichsten Ergebnissen in der jüngeren Managementgeschichte gezählt werden.) Im Jahr 1994 schrieb Continental einen Verlust von 204 Mio. Dollar.

Die Dinge standen schlecht. „Einige unserer Piloten drehten sogar die Klimaanlage herunter und verringerten die Fluggeschwindigkeit, um die Treibstoffkosten zu senken. Die Passagiere schwitzten, wurden gereizt und kamen zu spät", erinnert sich Bethune.

Bethunes erste Maßnahme bestand darin, die doppelten Schlösser an den Büros der Führungskräfte im 20. Stock der Unternehmenszentrale entfernen zu lassen. Dann ordnete er an, die Flugzeuge alle in derselben Farbe anzustreichen. Er wies die Mitarbeiter an, die Maschinen dreimal so oft zu reinigen wie bisher. Er versprach den Mitarbeitern 65 Dollar zusätzlich in jedem Monat, in dem sich die Fluglinie unter den fünf Gesellschaften mit den pünktlichsten Flügen befand (zu jener Zeit verlor das Unternehmen jeden Monat 6 Mio. Dollar durch Verspätungen). Nach einem Monat nahm Continental in der Rangliste der pünktlichsten Fluglinie den siebten Rang ein. Im zweiten Monat belegte es den vierten, im dritten den ersten Platz.

Im Jahr 1996 erzielte Continental einen Gewinn von 556 Mio. Dollar. Mittlerweile hat seine Marktkapitalisierung einen Wert von 3 Mrd. Dollar erreicht. Die Zeitschrift *Fortune* kürte die Fluglinie zum „am meisten verbesserten Unternehmen der neunziger Jahre". „Wir beschäftigen uns nicht viel mit Strategie", sagt Bethune. „Wir verbringen mehr Zeit mit der Durchführung; damit, unsere Arbeit richtig zu machen." So wie Herb Kelleher hat auch Bethune bewiesen, dass Management keine Weltraumforschung ist: Gutes Management ist eine sehr einfache Sache.

Großartige Entscheidungen Nr. 57

Die antike Stadt Milet war 500 v.Chr. nicht nur ein Zentrum der Philosophie, sondern auch eine sehr geschäftstüchtige Stadt. Ihre politischen Führer entschieden, Milet solle sich auf Wolle und Wollprodukte spezialisieren. Dies ist das älteste bekannteste Beispiel für einen Industriecluster. Die kleinasiatische Stadt war ein früher Vorläufer des Silicon Valley.

Heute finden wir es ganz natürlich, dass sich Regionen auf bestimmte wirtschaftliche Aktivitäten konzentrieren. Auf diese Art können Wissen und Erfahrung sowie die natürlichen Ressourcen gebündelt werden. Man denke nur an die Industrielle Revolution in England und an die Konzentration von Textilunternehmen, die in Lancashire und Yorkshire entstand. Die Spezialisierung war dort so stark, dass eine ganze Stadt, Darwen in Lancashire, ausschließlich Lendentücher für den Export nach Indien herstellte. Natürlich kam das Leben in der Stadt buchstäblich über Nacht zum Erliegen, als die Inder begannen, selbst Lendentücher zu erzeugen.

Eines der frühesten Beispiele für eine erfolgreiche regionale Spezialisierung lieferte die antike griechische Stadt Milet um 500 v. Chr. Das kleinasiatische Wirtschaftszentrum entschloss sich, ausschließlich Wolle und Wollprodukte zu erzeugen. Mittlerweile haben wir Silicon Valley, Silicon Glen, Silicon Fen und verschiedene andere Regionen, die mit bestimmten Industrien gleichgesetzt werden.

Michael Porter, der berühmte Strategieexperte der Harvard Business School, hat sich eingehend mit der Bedeutung derartiger Wirtschaftsräume für die nationale Wettbewerbsfähigkeit beschäftigt.[6] Porters Untersuchung umfasste ursprünglich zehn Länder: Großbritannien, Dänemark, Italien, Japan, Korea, Singapur, Schweden, Schweiz, die Vereinigten Staaten und Deutschland (damals nur Westdeutschland). Später weitete er seine Studien auf Indien, Kanada, Neuseeland, Portugal und den US-Bundesstaat Massachusetts aus.

Porter war auf der Suche nach den Faktoren, die Unternehmen und Industrien eines Landes auf den Weltmärkten wettbewerbsfähig machen und den Erfolg nationaler Volkswirtschaften begründen. „Warum sind Unternehmen eines bestimmten Landes in der Lage, sich in einem bestimmten Bereich in der Auseinandersetzung mit stärkster Konkurrenz Wettbewerbsvorteile zu verschaffen und zu behaupten?“, fragte er sich. „Warum beherbergt die kleine Schweiz international führende Pharmaunternehmen, Schokoladeproduzenten und Handelsunternehmen? Warum haben die Marktführer bei Schwertransportern und Bergbaugerät ihren Sitz in Schweden?“

Milet erwähnt Porter zwar nicht, doch er befasst sich mit den Grundlagen volkswirtschaftlicher Strategie: „Das wichtigste wirtschaftliche Ziel eines Landes besteht darin, seinen Bürgern einen hohen und stetig wachsenden Lebensstandard zu sichern. Die Fähigkeit dazu hängt nicht von einer diffusen ‚Wettbewerbsfähigkeit' ab, sondern von der Produktivität, mit der die Ressourcen eines Landes (Arbeit und Kapital) eingesetzt werden", schrieb er. „Die Produktivität stellt langfristig die wichtigste Determinante des Lebensstandards einer Nation dar."

Porter wies auf ein zentrales Paradox hin, das die Managementfähigkeiten der antiken Griechen ins richtige Licht rückt: Unternehmen und Industrien sind in ihrer Ausrichtung und in ihren Ambitionen globaler und internationaler als je zuvor. Das scheint zumindest bei oberflächlicher Betrachtung den Schluss nahe zu legen, dass die Nation ihren Einfluss auf den internationalen Erfolg ihrer Unternehmen eingebüßt hat. „Auf den ersten Blick hat es den Anschein, als hätten die Unternehmen die Ländergrenzen hinter sich gelassen. Doch die Ergebnisse meiner Studie widersprechen dieser Deutung", sagte Porter. „Während man meinen sollte, dass die Globalisierung des Wettbewerbs die Bedeutung der Nationen vermindert hätte, scheint gerade das Gegenteil der Fall zu sein. Mit der Beseitigung jener Handelshemmnisse, die zum Schutz der ortsansässigen Unternehmen und Industrien dienten, nimmt die Bedeutung des Heimatlandes zu, denn dieses stellt den Unternehmen die Fähigkeiten und die Technologien zur Verfügung, welche die Grundlage für Wettbewerbsvorteile sind."

Porters Schluss lautete, dass der Erfolg auf den Weltmärkten in vielen Fällen auf einem intensiven Wettbewerb auf dem Heimatmarkt beruhe.

Wendet man Porters Theorie auf Milet an, so wäre die Entscheidung der kleinasiatischen Stadt auf folgende Bedingungen zurückzuführen gewesen: Faktorbedingungen (damals wären das die natürlichen Ressourcen und ein reichliches Angebot an Arbeitskräften gewesen; heute sind es der Datenaustausch, die universitäre Forschung und die Verfügbarkeit von Wissenschaftlern, Ingenieuren oder Experten in spezifischen Bereichen), Nachfragebedingungen (eine große nationale Nachfrage für ein Produkt oder eine Dienstleistung kann einer Industrie einen Startvorsprung im globalen Wettbewerb sichern), verwandte und unterstützende Branchen (Branchen, die in bestimmten Ländern über besondere Stärke verfügen, sind häufig von erfolgreichen verwandten Branchen umgeben) sowie Unternehmensstrategie und -struktur und Rivalität (ein intensiver lokaler Wettbewerb treibt das Wachstum voran und erhöht die Konkurrenzfähigkeit).

DIE WICHTIGSTEN LEHREN

Die gemeinsame Nutzung von lokalem Know-how kann die Grundlage für Wettbewerbsvorteile sein. Früher hätten die Unternehmen die natürlichen Ressourcen geteilt. Heute erhöhen sie ihr Durchsetzungsvermögen, indem sie gemeinsam die Infrastruktur ausbauen und sich in Wissensnetzwerken zusammenschließen.

Hüte dich vor der Konformität. Es besteht die große Gefahr, dass die regionale Spezialisierung zu Konformität führt und die Unternehmen in Selbstgenügsamkeit versinken lässt. Wer seine Zelte in Palo Alto aufschlägt und ein Internetunternehmen gründet, wird dadurch nicht unbedingt zu einem Vorläufer des elektronischen Handels, sondern möglicherweise nur zu einem Mitläufer.

Großartige Entscheidung Nr. 58

In den späten sechziger Jahren bot man einem unbekannten britischen Wissenschaftler in Belgien die Gelegenheit, seine Theorien zu testen. Diese Entscheidung führte zu einem Aufschwung der belgischen Wirtschaft. Der Wissenschaftler verschwand wieder von der Bildfläche, aber seine Ideen leben in so unterschiedlichen Organisationen wie dem African National Congress und General Electric weiter.

„Wenn sich die Fachwelt nicht über deine Ideen das Maul zerreißt, dann sind sie wertlos", erklärt der britische Forscher Reg Revans, Verfechter eines Konzepts, das als „Aktionslernen" bekannt geworden ist. „Ich spreche seit sechzig Jahren über das Aktionslernen, aber eigentlich sollten Sie nicht mit mir darüber reden. Fragen Sie die Leute, die es praktizieren."[17]

Nach wie vor finden Revans' Ideen rund um den Erdball reges Interesse. Das Pentagon ist begeistert, der ANC bedient sich des Aktionslernens, und Revans bearbeitet Anfragen aus Australien, Schweden und vielen anderen Ländern. Aber in seiner Heimat ist er immer noch ein Außenseiter.

Seine Isolation ist zum Teil auf kulturelle Ursachen zurückzuführen. Während andere das Aktionslernen als dynamische, vernünftige Methode begrüßen, scheinen den Briten dieser Gedanke und seine Implikationen höchst unbehaglich zu sein. Wie bei Theorien üblich ist das Aktionslernen täuschend einfach. Es geht um das Lernen durch Tun, ein Prozess, für den Revans eine einfache Formel aufgestellt hat: L = P + F. Man lernt demnach, indem man programmiertes Wissen (P) mit der Fähigkeit kombiniert, sinnvolle Fragen (F) zu stellen. „Beim Aktionslernen geht es darum, sich selbst besser kennen zu lernen, indem man feststellt, was man tatsächlich tun könnte, die Ursachen dafür ergründet, warum man es tun will, und herausfindet, was die Konsequenzen dessen sind, was man anscheinend tat", erklärt Revans.

Das Aktionslernen stellt die Antithese zur traditionellen Methode der Managerausbildung dar. Für die Methoden der Wirtschaftsuniversitäten hat Revans nur Geringschätzung übrig: „Es gibt zu viele Leute, die ihr Unwissen hinter einem Schleier von Fakten verbergen. Anstatt unser Unwissen zu verstecken, sollten wir es gegen besseres Wissen austauschen." Die liebevoll konstruierten Fallstudien, die im Mittelpunkt jedes MBA-Kurses stehen, bezeichnet Revans sehr markant als „aufgeblähten Selbstbetrug".

Das Aktionslernen widerspricht den überkommenen Bildungsgrundsätzen, doch seine Wurzeln sind bis in die Antike zurückzuverfolgen. Reg Revans bereichert seine Aufsätze und Vorträge mit zahlreichen Anregungen, die aus verschiedensten Quellen vom Buddhismus bis zur Bibel stammen. Sein persönliche Verbindung mit dem Aktionslernen kann er bis zu einer Katastrophe zurückverfolgen, die sich kurz vor seinem fünften Geburtstag ereignete. Dabei handelte es sich um den Untergang der Titanic. Sein Vater war als Schiffsingenieur für die Untersuchungskommission tätig, welche die Katastrophe untersuchte. „Er erzählte mir Jahre später, die Arbeit der Kommission habe wieder einmal bestätigt, dass man die Menschen darin schulen müsse, den Unterschied zwischen Schlauheit und Klugheit zu verstehen. Unser heutiges Erziehungssystem fördert wie das damalige die Schlauheit."

Damals entdeckte Revans sein Interesse an Lernvorgängen. Den Anstoß zur Entwicklung seiner Theorie erhielt er in den zwanziger Jahren, als er in den Cavendish Laboratories in Cambridge Seite an Seite mit fünf Nobelpreisträgern arbeitete. Die Wissenschaftler neigten dazu, die Probleme der Atomkernspaltung nur aus der Sicht ihres jeweiligen Forschungsbereichs zu betrachten. Um einen Weg aus der Sackgasse zu finden, in die man sich dadurch manövriert hatte, entschloss sich der Physiker Lord Rutherford dazu, jede Woche eine Besprechung abzuhalten, in der Schwierigkeiten diskutiert und neue Fragen aufgeworfen wurden (Das allein war eine kluge und vorausschauende Entscheidung). „Diese Leute hatten Nobelpreise gewonnen, und trotzdem waren sie bereit anzuerkennen, dass sie nicht allwissend waren. Sie stellten Fragen", erinnert sich Revans. Wenn führende Denker in der Lage waren, vom hohen Ross zu steigen und ihr Wissen zu teilen, warum nicht auch andere Leute? Nach dem Zweiten Weltkrieg wurde Revans der erste Leiter für Ausbildung und praktische Schulung im National Coal Board. Er kam zu dem Schluss, dass sich die Bergwerksmanager und die Arbeiter der bestehenden Probleme bewusst werden mussten, um sie lösen zu können.

Mit der ihm eigenen Direktheit verkündete Revans, er sehe keine Notwendigkeit für die Beschäftigung spezialisierter Tutoren. Er verbrachte zwei Jahre unter Tag und erforschte, mit welchen Problemen die Bergleute in der Praxis konfrontiert waren. Die gewonnenen Eindrücke bestärkten ihn in der Überzeugung, dass der Lernprozess einsetzte, wenn Probleme in kleinen Gruppen von „Kameraden in der Not" zur Sprache gebracht wurden. (In den neunziger Jahren sprach Nelson Mandela von „Kooperation an der Basis".) Die Gruben, in denen die Belegschaften Revans' Methoden ausprobierten, erhöhten ihre Produktivität um 30 Prozent. Doch der Ansatz wurde vom Management nicht gutgeheißen, was Revans schließlich zur Kündigung bewegte.

In den sechziger Jahren stand Revans am Anfang einer glänzenden akademischen Karriere. Als erster englischer Professor für Betriebsführung an der Universität Manchester war er an der Diskussion über das Konzept der Managementhochschule beteiligt, die in der Stadt errichtet werden sollte. Doch neuerlich stieß das Aktionslernen auf Ablehnung beim Establishment. Also verließ Revans England und ging nach Belgien, um ein Experiment zu leiten, das die Stiftung Industrie-Université mit Unterstützung führender belgischer Unternehmer und in Kooperation mit fünf Universitäten eingeleitet hatte.

In Belgien hatte Revans mehr Erfolg. „Zur allgemeinen Überraschung war Brüssel zur Hauptstadt des Gemeinsamen Marktes erkoren worden. Daher sagten sich die Belgier: Wenn wir das Verwaltungszentrum Europas werden, dann müssen wir auch ein internationales Verständnis entwickeln." Die Belgier waren begeistert vom Konzept des Aktionslernens. Die Unternehmen tauschten Spitzenmanager aus, um sich gegenseitig bei der Lösung ihrer Probleme zu helfen. „Ich sah es nicht als meine Aufgabe an, allen alles beizubringen. Wir brachten die Leute dazu, miteinander zu reden und Fragen zu stellen. Personal von Fluglinien sprach mit Mitarbeitern von Chemieunternehmen. Sie tauschten Wissen und Erfahrungen aus", erklärt Revans. Beinahe unbemerkt von der restlichen Welt erlebte die belgische Wirtschaft einen sensationellen Aufschwung. In den siebziger Jahren stieg die Produktivität um 102 Prozent, während der Anstieg in Großbritannien bei lediglich 28 Prozent lag.

Doch auch diesmal konnte Revans seinen Erfolg auf der Insel nicht wiederholen. Als sein voluminöses Buch *Action Learning* erschien, musste er am Ende den Großteil der Auflage selbst kaufen. So einfach es zu sein scheint: das Aktionslernen stellt für die Organisationen eine zu große Herausforderung dar. Denn wenn Lernen das Resultat von Fragen ist, dann verliert der Grundsatz seine Gültigkeit, dass die Manager allein aufgrund ihres Status alles am besten wissen. Während die Welt hierarchisch organisiert ist, betrachtet Revans sie aus der Froschperspektive und erkennt ganz neue Möglichkeiten

Revans' Ideen wurden für den Reisanbau im indischen Bihar genutzt. Sie gelangten unter den unterschiedlichsten Begleitumständen in abgelegene nigerianische Dörfer, in Londoner Krankenhäuser und in verschiedenste andere Organisationen.

Es gibt Anzeichen dafür, dass das Aktionslernen auch in England an Popularität gewinnt. Jack Welch von General Electric ist ein Anhänger einer Art des Aktionslernens. Das Work-Out-Programm von GE kann als Versuch betrachtet werden, Aktionsteams einzusetzen, um bestimmte Probleme in Angriff zu nehmen. Dieser Ad-hoc-Ansatz hat den Nachteil, dass die Gruppen nicht notwendigerweise verstehen, was sie gelernt haben.

Tatsächlich enthalten viele modische Managementkonzepte – Teamarbeit, Re-engineering, die lernende Organisation – Elemente des Aktionslernens. Das macht Revans Mut, überzeugt ihn aber nicht: „Wir brauchen keinen Erlöser oder Guru, sondern eine aktive Bewegung, die den Menschen die Möglichkeit eröffnet, unabhängig von ihrer Kultur zusammenzuarbeiten, um lokale Probleme zu verstehen. Ich behaupte nicht, dass das die endgültige Lösung ist. Denn es gibt keine endgültigen Lösungen."

DIE WICHTIGSTEN LEHREN

Stelle Fragen. Während das programmierte Wissen eindimensional und beschränkt ist, eröffnet die Fähigkeit, Fragen zu stellen, neue Dimensionen und ermöglicht einen freien Fluss der Lernprozesse. Nach Ansicht von Revans sind Ausbildungseinrichtungen weiterhin auf das programmierte Wissen fixiert, anstatt ihre Studenten dazu anzuregen, Fragen zu stellen und sich einem Thema von allen Seiten zu nähern.

Tausche mit den Menschen in deiner Umgebung befruchtende Ideen aus. „Die Durchschlagskraft einer erfolgreichen Führungsgruppe beruht nicht auf der Brillanz ihrer einzelnen Mitglieder, sondern auf der Fähigkeit, dieses Wissen kollektiv zu nutzen", sagt Revans.

Großartige Entscheidung Nr. 59

Mitte des 13. Jahrhunderts schlossen sich mehrere norddeutsche Städte zusammen, um ihre Handelsinteressen gemeinsam zu vertreten. Die Hanse wuchs im Lauf der Zeit auf rund 40 Mitglieder und richtete Vertretungen in ganz Europa ein.

Handelskartelle sind nichts Neues. Sie zeugen von der Wirksamkeit der zahlenmäßigen Überlegenheit. Handelsvereinigungen verschiedensten Typs und verschiedenster Größe gibt es seit jeher. 1072-1073 etwa taten sich die italienischen Städte Venedig und Genua zusammen, um Handelsexpeditionen zu finanzieren. Diese Vereinbarungen kann man als Geburtsstunde des Jointventures bezeichnen.

Die Hanse war wahrscheinlich die mächtigste und langlebigste Handelsvereinigung. Die Ursprünge dieses Städtebundes liegen im 13. Jahrhundert. Kaufleute aus ganz Flandern entsandten damals gemeinsam Delegierte, um in ihrem Namen mit der Herzogin Margaretha zu verhandeln.

Die Hanse war nach Ansicht des deutschen Wissenschaftlers Rainer Postel „weder eine Gesellschaft noch ein Unternehmensgebilde; sie hatte keinen gemeinsamen Besitz, keine gemeinsames Finanzwesen, kein eigenes Management; vielmehr war sie ein enges Bündnis zahlreicher Städte und Gemeinden, die es sich zum Ziel gemacht hatte, die jeweiligen Handelsinteressen sicher und profitabel durchzusetzen“.

Die Hanse änderte mehrfach ihre Gestalt und durchlebte eine Reihe von Krisen. Eine Machtdemonstration gab sie im Jahr 1358 bei einem Treffen der Mitgliedsstädte in Lübeck. Man diskutierte Verstöße gegen ihre Statuten in Flandern. Das Ergebnis war das Verhängen eines Handelsembargos gegen Flandern, eine harte wirtschaftliche Sanktion, die auch heute sehr beliebt ist. Diese allerdings war erfolgreich.

Über die tatsächliche Zusammensetzung der Hanse herrscht Unklarheit. Schätzungen reichen von 70 bis zu 200 Mitgliedern. Zu den Hansemitgliedern zählten Städte an der Nord- und Ostseeküste im heutigen Deutschland, Belgien und Schweden.

Den Höhepunkt ihrer Macht erreichte die Hanse im 15. Jahrhundert. Der Verfall setzte ein, als die Mitgliedsstädte entweder erobert wurden oder begannen, sich untereinander zu bekämpfen. Im Jahr 1669 erschienen bei einem Treffen der Hanse nur noch Vertreter von sechs Städten.

DIE WICHTIGSTEN LEHREN

Keiner von uns ist allein genauso stark oder klug wie wir alle zusammen. Die Hanse stellte ein Modell für spätere Handelsbünde dar. Zu Grunde lag diesem Bündnis der vernünftige Gedanke, Wissen und Ressourcen auszutauschen.

Teamarbeit ist eine komplexe Angelegenheit. Das Beispiel der Hanse zeigt auch, wie leicht es zwischen Menschen zu Konflikten und unüberbrückbaren Gegensätzen kommt.

Anmerkungen

[1] Porter, Michael, *Competitive Strategy* (Free Press, 1980).

[2] Vicere, Albert, und Fulmer, Robert, *Leadership by Design* (Harvard Business School Press, 1998).

[3] Lowe, Janet, *Jack Welch Speaks* (John Wiley, 1998).

[4] Trotz seiner globalen Ausdehnung ist es der News Corp. mit durchaus legalen Mitteln gelungen, ihre Steuerverpflichtungen auf ein Mindestmaß zu verringern. Einer Schätzung zufolge zahlte die Dachorganisation News Corp. zwischen 1985 und 1995 magere 1,2 Prozent Einkommenssteuer.

[5] Kotler, Philip, *Marketing Management* (Prentice Hall, 1994).

[6] Porter, Michael, *The Competitive Advantage of Nations* (Macmillan, 1990).

[7] Vom Autor geführtes Interview.

GENIALE IDEEN

Hin und wieder ist es ganz nützlich, ein wenig verrückt zu sein. Die meisten großartigen Ideen waren anfangs das Ziel von Gespött. Und zugegebenermaßen übertreiben die Erfinder manchmal tatsächlich ein wenig, was die Möglichkeiten ihrer großen Entdeckungen anbelangt: Jacob Schick, der Erfinder des Elektrorasierers, war davon überzeugt, dass ein Mann 120 Jahre alt werden könne, wenn er sich jeden Tag richtig rasiere. Dies war ein Irrtum, doch das Marktpotential des elektrischen Rasierapparats schätzte Schick richtig ein.

Eine zweite Binsenwahrheit im Zusammenhang mit genialen Geschäftsideen ist, dass jedermann seines eigenen Glückes Schmied ist. Im Jahr 1979 entdeckte ein Ingenieur von Hewlett-Packard, dass sich Metall, wenn man es auf eine bestimmte Art erhitzte, regelmäßig über eine Oberfläche verteilte. Die Entscheidung, diese Entdeckung für neue Produkte zu nutzen, mündete in die Entwicklung des Tintenstrahldruckers. Zehn Jahre später erzielte HP aufgrund dieser Entscheidung jährlich Erträge von über 6 Mrd. Dollar.

Oder nehmen wir den Aufstieg des Unternehmensimperiums von Mark McCormack. Sein Erfolg kann auf die Entscheidung Arnold Palmers zurückverfolgt werden, dem Golfliebhaber und Rechtsanwalt McCormack die Erlaubnis zu erteilen, einige Schauturniere für ihn zu organisieren. Palmers lukrativer Aufstieg zur Legende wurde von McCormack eingeleitet, dessen 1962 gegründetes Unternehmen International Management Group das Geschäft mit dem Sport begründete.

Ein weiteres Beispiel ist die Erfindung der Kreditkarte. Im Jahr 1950 machte Frank McNamara in einem Restaurant die peinliche Entdeckung, dass er seine Brieftasche vergessen hatte, und kam auf die Idee, die Diners Club Card ins Leben zu rufen. Die Kreditkarte hat die Art und Weise verändert, wie gekauft und verkauft wird.

Und was können wir daraus schließen? Glück allein genügt nicht, wenn man nicht in der Lage ist, es auch in geschäftliche Realität umzusetzen.

Großartige Entscheidung Nr. 60

Innovationen und geniale Ideen brauchen Zeit, um zu reifen. Im Jahr 1943 entschloss sich Edwin Land in den Ferien, einen Spaziergang zu unternehmen, um über ein Problem nachzudenken, vor das ihn seine Tochter gestellt hatte. Während dieses Spaziergangs erfand Land die Polaroidkamera.

In den dreißiger Jahren studierte eine junge Frau namens Helen Maislen am Smith College in Boston Physik. Sie verliebte sich in einen anderen Physikstudenten namens Edwin Land, der das Norwich College besuchte. Die beiden heirateten. Land, der später nach Harvard ging, war besessen vom Phänomen der Polarisierung.

Im Jahr 1937 gründete er ein Unternehmen, das einen polarisierenden Kunststoff herstellte. Land gab diesem Material den Namen Polaroid; als erster verwendet hatte diesen Terminus allerdings der Physikprofessor seiner Frau. Das Unternehmen wuchs rasch. Im Jahr 1943 fuhr Land mit seiner Familie nach Santa Fe in die Ferien. Wie jeder liebende Vater nahm er Photos von seiner Familie auf. Doch seine dreijährige Tochter beklagte sich darüber, dass sie mehrere Tage warten sollte, bis sie die Photos endlich sehen konnte.

Land, der über eine ausgeprägte Vorstellungskraft verfügte, kam auf die Idee, die Polarisierungstechnologie für die Filmentwicklung nutzbar zu machen. An diesem Gedanken war etwas sehr Verlockendes. Er entschloss sich, einen Spaziergang zu unternehmen und ein wenig über das Problem nachzudenken. Während er durch die Straßen von Santa Fe schlenderte, entwickelte er das Konzept für die Polaroidkamera.

Die Idee in die Realität umzusetzen, erwies sich allerdings als etwas schwieriger. Im Jahr 1950 war Land erstmals in der Lage, Schwarzweißbilder herzustellen. Doch es dauerte noch bis 1959, bis er eine Farbversion entwickelt hatte, die im Jahr 1963 auf den Markt kam.

Die Polaroidkamera setzte sich rasch durch. Ende der sechziger Jahre besaß Schätzungen zufolge die Hälfte der amerikanischen Haushalte eine Polaroidkamera.

DIE WICHTIGSTEN LEHREN

Nimm hin und wieder eine Pause, um nachzudenken. Der Nutzen eines Time-out ist nicht auf den Sport beschränkt. Die Manager können hier einiges von den Sportlern lernen. In der Hitze des Gefechts kann eine kleine Pause Wunder wirken. Unternehmen Sie einen Spaziergang. Setzen Sie sich mit einer Tasse Kaffee an den Tisch. Lassen Sie Ihre Gedanken schweifen. Edwin Land wusste, wie nützlich es war, in Ruhe nachzudenken, und verschaffte sich den nötigen Freiraum.

Sei ruhig ein wenig besessen. Land entschied, dass es eine Lösung für das technologische Problem geben müsse, und arbeitete so lange, bis er sie gefunden hatte. „Was wert ist, getan zu werden, ist auch wert, bis zum Exzess getan zu werden", erklärte er einmal. Auf diese Art häufte er insgesamt über 530 Patente an.

Großartige Entscheidung Nr. 61

Ray Kroc mochte das Restaurant, in dem Mac und Dick McDonald im kalifornischen San Bernardino Hamburger, Pommes frites und Milchshakes verkauften. Tatsächlich war sein Appetit auf ihr Angebot so groß, dass er sich entschloss, die Rechte an diesem kleinen Betrieb zu erwerben und an Franchisenehmer zu vergeben. So schuf er ein riesiges globales Unternehmen und einen gewaltigen Markt für das Fastfood.

Im Jahr 1940 eröffneten die Brüder Dick und Maurice McDonald, (Maurice wurde von aller Welt nur Mac genannt) ein Restaurant in San Bernardino (Kalifornien). Nichts Besonderes, nur ein gewöhnliches Autorestaurant mit Barbecue. Mit der Zeit fanden die McDonalds heraus, dass ihre Kunden vor allem Wert darauf legten, ihr Essen schnell zu bekommen. Sie brauchten nicht unbedingt eine Bedienung. Also begannen Dick und Mac im Dezember 1948, „Fastfood" anzubieten. Auf dem Dach ihres neuen Restaurants brachten sie eine große Leuchtreklame an, auf der zu lesen stand, in diesem Haus sei der Chefkoch Speedee am Werk.

Es handelte sich nicht gerade um einen anspruchsvollen Ort. Dick hatte die Idee, mit zwei Bögen den Buchstaben M darzustellen sowie (rote und weiße) Fliesen an den Wänden anzubringen, um das Lokal leichter reinigen zu können. Die Kunden konnten bis zum Restaurant fahren und beim ersten Fenster ihre Bestellung aufgeben. Die Auswahl war nicht groß, aber wenn man bis zum zweiten Fenster weitergefahren war, war die Bestellung bereits fertig. Die Kunden waren begeistert. Das Essen war billig und schnell. Ein Hamburger kostete 15 Cents, ein Malzgetränk 20 Cents, und eine Tüte Pommes Frites 10 Cents.

Die Kunden kamen in Scharen, und die Brüder McDonald bauten ihr Imperium aus. Schließlich besaßen sie acht Restaurants, die alle nach demselben Prinzip funktionierten. (Eines davon steht immer noch in einem östlichen Stadtteil von Los Angeles.) Ihr Erfolg weckte die Aufmerksamkeit von Ray Kroc (1902-1984), einem Vertreter von Küchenausrüstung, der Vermarktungsrechte an Verkäufer von Milchshakes verkaufte. „Ich habe in meinem ganzen Leben noch nie in einer Schlange auf einen Hamburger gewartet", dachte sich Kroc bei seinem ersten Besuch in einem Restaurant der McDonalds. Er musste sich unbedingt einen Anteil an diesem Geschäft sichern.

Im Jahr 1954 kaufte Kroc für 2,7 Mio. Dollar die amerikanischen Franchise-Rechte an McDonald's, 1961 erwarb er die weltweiten Rechte. Der Rest ist Geschichte. Als sich die Brüder McDonald aus dem Geschäft zurückzogen, um ihren Platz in der Markengeschichte einzunehmen, machte sich Kroc an die Eroberung der Welt.

„In Anbetracht der Tatsache, dass man das Unternehmen heute überall auf der Welt findet, ist es schwer vorstellbar, dass McDonald's ursprünglich nur einen einzigen Standort hatte", schreibt Ann Marucheck von der University of North Carolina.

Kroc brachte neue Dynamik und seine eigenwillige Geschäftsphilosophie in den Betrieb der Restaurantkette ein. Er erklärte: „Beharrlichkeit und Entschlossenheit geben den Ausschlag." Und: „Wenn ein Unternehmen zwei Führungskräfte hat, die ähnlich denken, ist eine von ihnen überflüssig." Auch von der Nächstenliebe hatte Kroc seine eigenen Vorstellungen: „Wenn ich einen Konkurrenten ertrinken sehen würde, dann würde ich ihm einen Schlauch in den Mund stecken und den Wasserhahn aufdrehen." 1959 eröffnete das hundertste McDonald's-Restaurant, 1967 die erste Niederlassung außerhalb der Vereinigten Staaten. Im Jahr 1990 schließlich fiel die letzte Bastion, als McDonald's sein erstes Restaurant in Moskau eröffnete. Die verarmten Russen standen in den Supermärkten vor leeren Regalen, doch bei McDonald's, wo die ausländische Gemeinde aß, konnten sie kapitalistische Effizienz bewundern

Das neunte Restaurant in der McDonald's-Kette war Krocs erstes. Es wurde in Des Plaines (Illinois) eröffnet. Die Zentrale von McDonald's ist unweit davon in Oak Brook beheimatet. Mittlerweile betreibt McDonald's 24 500 Restaurants in 114 Ländern. Jeden Tag gehen unglaubliche 38 Millionen Menschen bei McDonald's essen.

Der universelle Erfolg der Geschäftsformel verblüfft (60 Prozent seines Umsatzes erzielt McDonald's außerhalb der Vereinigten Staaten). Diese Formel beruht auf drei simplen Elementen: begrenzte Auswahl, schnelle Bedienung und saubere Restaurants. McDonald's hat überall auf der Welt Erfolg, doch es ist nichts Originelles oder Innovatives an dem, was dieses Unternehmen tut. Man muss keiner der Le Roux-Brüder sein, um einen schmackhaften Cheeseburger servieren zu können. Aber McDonald's versteht es, die einfachen Dinge gut zu machen. Ein McDonald's-Restaurant in Nairobi sieht nicht anders aus als eine Filiale in Warschau oder Battle Creek (Michigan). (Allerdings berücksichtigt das Unternehmen in manchen Bereichen die lokalen Gegebenheiten: in Indien serviert McDonald's in den Hamburgern Lamm- statt Kuhfleisch, in Israel bietet es koschere Hamburger an.) Und an einem kann kein Zweifel bestehen: McDonald's ist, wie es stolz verkündet, der „weltweit erfolgreichste Betrieb im Gastgewerbe."

McDonald's besitzt immer noch das überwältigende Selbstbewusstsein eines globalen Zugpferdes. In seinen Werbebroschüren heißt es mit einem gewissen Bedauern: „Auch als Marktführer bedient McDonald's jeden Tag weniger als ein Prozent der Weltbevölkerung."

DIE WICHTIGSTEN LEHREN

Halte strikt an der Qualität fest. Henry Ford beherrschte die Massenproduktion von Gütern; McDonald's beherrscht die Massenproduktion einer Dienstleistung. Dies ist dem Unternehmen gelungen, indem es sich stets strikt an einige einfache Grundsätze gehalten hat. Qualität, Sauberkeit und Uniformität bilden die Grundlage für den weltweiten Erfolg der Marke McDonald's. Kroc war besessen von diesen Grundsätzen. „Man muss eine bestimmte Geisteshaltung mitbringen, um die Schönheit eines Hamburgerbrötchens sehen zu können", erklärte er einmal. Er hatte Recht: Keinem anderen Unternehmen gelingt es, die einfachen Dinge so gut zu machen wie McDonald's. Tatsächlich ist gerade die Uniformität der Restaurants entscheidend für die großartige Differenzierung dieser Marke.

Behalte stets die Kontrolle. Kroc schuf eine Kultur, die eher auf Kontrolle als auf Kreativität beruhte. Von den Franchisenehmern wurde nicht erwartet, dass sie die Dinge selbst in die Hand nahmen. Vielmehr sagte man ihnen genau, was sie zu tun hatten. Die Probleme, mit denen McDonald's heute konfrontiert ist, sind in vielerlei Hinsicht dieselben, mit denen sich andere Marken schon vor Jahren auseinandersetzen mussten. Beispielsweise ist McDonald's ungemein zentralisiert. Die Manager der mittleren und oberen Ebene haben sich zumeist in der Hierarchie emporgearbeitet. Der Mangel an abweichenden Stimmen ist auffällig. Auch hat es das Unternehmen generell versäumt, seine Märkte zu segmentieren. „Die Methode, den Mitarbeitern einfach genaue Anweisungen zu geben, stellte lange Zeit das richtige Modell dar", erklärt der gegenwärtige CEO Jack Greenberg. „Doch nun benötigen wir einen anderen Zugang zum Management, einen Zugang, der die Verschiedenartigkeit der einzelnen Marktsegmente besser berücksichtigt."

Die andere wesentliche Komponente, der es McDonald's mangelt, ist Innovation. Das Unternehmen hat sich als phantasieloser und weitgehend erfolgloser Innovator erwiesen. „Wir brauchen viel zu lange, um eine Idee zu entwickeln und sie zur Marktreife zu führen, und dann brauchen wir zu lange, um uns zu entscheiden, ob wir sie umsetzen wollen oder nicht", gesteht Greenberg. Doch obwohl er erkannt hat, dass sich McDonald's ändern muss, bleibt es eine offene Frage, ob sich eine Organisation mit einer derart starken Kultur ändern kann.

Erkenne die Gelegenheit. Krocs Genie bestand darin, dass er die Gelegenheit erkannte, sie entschlossen ergriff und dann den Entschluss fasste, das Konzept als Franchise in aller Welt zu verbreiten. Schließlich hatten auch die McDonald-Brüder bereits das Konzept – doch sie stießen damit rasch an ihre Grenzen.

Großartige Entscheidung Nr. 62

Eine Entscheidung, die 1000 Jahre vor Beginn unserer Zeitrechnung in China fiel, erwies sich als sehr bedeutsam, denn ohne sie hätte es weder Adam Smith noch Gordon Ghekko gegeben. Die Entscheidung, um die es hier geht, bestand darin, Kauf und Verkauf zu regeln, indem man die Schneckenhäuser der Kaurischnecke zur Währung erhob. Diese Schneckenhäuser waren größer als ein Dollar und genauso wichtig.

Geniale Ideen können unzählige Formen annehmen.

Im Jahr 1930 entschied das in der Londoner Dover Street ansässige Unternehmen Messrs. Eugene Ltd., die interne Fernsehanlage zu nutzen, um auf einer Coiffeur-Messe für ihre Dauerwellentechnik zu werben. Die Fernsehwerbung war geboren.

Um das Jahr 59 v.Chr. hielt Julius Cäsar die Bevölkerung auf dem Laufenden, indem er in Rom von Hand beschriebene Blätter verteilen und (so wird zumindest vermutet) in der ganzen Stadt Plakate aufhängen ließ. Die Größe politischer Führer wird seit jeher zum Teil daran gemessen, wie gut sie ihre Vorstellungen den Wählern zu vermitteln wissen.

Die bedeutendsten Ideen beruhen vielfach auf dem Versuch, etwas, das von rätselhafter Komplexität ist, einem System zu unterwerfen. Ein Beispiel aus der Neuzeit ist Pierre Du Pont's Entscheidung, bei Du Pont das Finanzmanagement einzuführen. In seiner Zeit an der Spitze des Unternehmens (1902-1940) entwickelte er die moderne betriebliche Buchhaltung einschließlich solcher Konzepte wie der doppelten Buchführung, der Finanzprognosen und der Kapitalrendite.

Ein Blick in die Geschichte zeigt, dass schon vor Tausenden von Jahren Entscheidungen fielen, die grundlegende Maßstäbe etablierten, ein gemeinsames Verständnis ermöglichten und den Handel erleichterten. Die Qin-Dynastie in China (221–206 BC) ließ die Chinesische Mauer errichten, eine Leistung, die sowohl als phantastische Managementleistung als auch als monumentale Ingenieurleistung in die Geschichte einging. Unter dieser Dynastie entstand auch das erste zuverlässige System von Maßen und Gewichten. Mit ihrer Entscheidung, ein standardisiertes System zu entwickeln, beschleunigten die Qin-Kaiser die wirtschaftliche Entwicklung und schufen ein für andere Kulturen hilfreiches Vorbild.

Noch viel früher, nämlich um 1000 v. Chr., fiel in China eine ebenso bedeutsame Entscheidung. Ohne diese Entwicklung hätte es Adam Smith oder Gordon Ghekko nie gegeben. Die Entscheidung bestand darin, den Handel zu regeln, indem erlaubt wurde, ein Schneckenhaus als Währung zu verwenden. Dieses Schneckenhaus war größer als ein Dollar und ebenso wichtig. „Bevor in China Münzen erfunden wurden, verwendete man Schneckenhäuser als Zahlungsmittel", schreibt Joe Cribb.[1] „Die Belohnung mit Schneckenhäusern ist in Inschriften beschrieben, die auf uralten chinesischen Bronzetafeln aus dem zweiten Jahrtausend vor Christi Geburt gefunden wurden. Chinesische Archäologen haben in Grabstätten aus der Shang-Periode (16. bis 11. Jahrhundert v. Chr.) große Mengen solcher Schneckenhäuser ausgegraben, die vielfach zu Ketten zusammengebunden sind."

Zu den weiteren Dingen, die als Zahlungsmittel Verwendung fanden, zählen laut Angabe der Autorin Glyn Davies Bernstein, Perlen, Trommeln, Eier, Federn, kleine Äxte und andere Gegenstände aus Bronze, Elfenbein, Jade, Leder, Matten, Ochsen, Schweine, Quartz, Reis, Salz, Branntwein und Garne.[2]

In Nigeria wurden noch in jüngster Vergangenheit Muscheln als Tauschmittel verwendet.

DIE WICHTIGSTEN LEHREN

Der Bedürfnis nach Maßeinheiten ist universell. Die Menschheit ist in ihrer Entwicklung auf Regelungen für Tausch und Handel angewiesen. Es entwickelte sich nicht ein einziges Zahlungsmittel. Statt dessen entstanden an verschiedenen Orten ungezählte Formen von Währungen. Die Menschen brauchen Geld nicht nur in finanzieller, sondern auch in praktischer und spiritueller Hinsicht.

Großartige Entscheidung Nr. 63

Im Jahr 1892 entschloss sich William Wrigley, jeder Dose Backpulver, die sein aufstrebendes Unternehmen verkaufte, zwei Packungen Kaugummi beizulegen. Dieses Angebot fand derart großen Anklang, dass er entschied, das Geschäft zu wechseln und sich auf den Verkauf von Kaugummi zu verlegen.

Im Jahr 1891 ging William Wrigley von Philadelphia nach Chicago, wo noch heute im Wrigley Building in der North Michigan Avenue 410 die Zentrale des von ihm gegründeten Unternehmens ansässig ist. Wrigley war 29 Jahre alt und besaß 32 Dollar. Seine Taschen mochten leer sein, doch sein Kopf steckte voller Ideen. Als geborener Verkäufer träumte er davon, sein eigenes Geschäft zu eröffnen.

In Chicago gründete er ein Unternehmen, das Seife an Großhändler lieferte. Wrigley war seiner Zeit voraus und erkannte die Vorteile von Gratisproben. Um seine Produkte für die Käufer attraktiver zu machen, legte er Gratisproben bei, zu denen auch ein Backpulver gehörte. Das Backpulver erwies sich als erfolgreicher als die Seife, weshalb sich Wrigley aus dem Seifengeschäft zurückzog und in den Handel mit Backpulver einstieg.

Und dabei wäre er vielleicht geblieben, wäre da nicht eine weitere Gratispromotion gewesen. Im Jahr 1892 entschloss sich Wrigley, jeder Dose Backpulver zwei Packungen Kaugummi beizulegen. Dies war ein noch größerer Erfolg als zuvor das Gratisbackpulver. Also wechselte Wrigley erneut die Pferde. Kaugummi, so dachte er nun, war seine Zukunft. Und diesmal lag er richtig.

Die ersten Kaugummis von Wrigley, Lotta Gum und Vassar, kamen im selben Jahr auf den Markt. Im Jahr 1893 folgten Juicy Fruit und Wrigley's Spearmint. Diese beiden Geschmackssorten sind seitdem unsere treuen Begleiter.

Bis 1911 war Wrigley's Spearmint zur erfolgreichsten Kaugummimarke in den Vereinigten Staaten aufgestiegen, und Wrigley war bereit, den nächsten Schritt zu tun. Er führte die „PK-Kaugummis" ein, die nicht mehr lose in einer Schachtel verkauft, sondern einzeln in einer Schutzhülle verpackt wurden. Der Name war von dem Slogan abgeleitet, mit dem für das neue Produkt geworben wurde: „**P**acked Tight – **K**ept Right."

Im Jahr 1919 ging das Unternehmen an die Börse. Seine Aktien notierten zuerst an der New Yorker Börse und wurden ab 1923 auch an der Midwest Stock Exchange gehandelt. Im Jahr 1944 überließ Wrigley seine gesamte Produktion der amerikanischen Armee (dasselbe galt für die Schokolade von Hershey). Heute klingt der Spruch „Got any gum, chum?" („Hast Du mal ein Gummi, Kumpel?") vielleicht nicht mehr hitverdächtig, aber damals fand er beim Militärpersonal großen Anklang.

Nach dem Zweiten Weltkrieg erschien der Teenager auf der Bildfläche und verhalf Wrigley's zu einem weiteren Triumph. Als sie noch keine Zigaretten pafften, kauten die Rock'n'Roll hörenden Rebellen Kaugummi. Zur Popularität von Wrigley's Produkt trug bei, dass die Eltern die ständigen Kaubewegungen ihrer widerborstigen Sprößlinge verabscheuten und das Kaugummikauen als abstoßende Angewohnheit betrachteten. Das machte den Kaugummi noch beliebter bei den Halbwüchsigen.

Mit dem wachsenden Hygienebewusstsein der amerikanischen Verbraucher wurde der frische Atem zu einem wichtigen Thema. Erneut war Wrigley's mit der rettenden Lösung zur Stelle. Der Kaugummi hatte den zusätzlichen Vorteil, den Geruch von Zigaretten und Alkohol zu überdecken – zumindest glaubten das Millionen Teenager und abtrünnige Ehegatten.

Die Zeit meinte es gut mit Wrigley's. Das Unternehmen hatte das Glück, dass seine Expansion mit einer Epoche zusammenfiel, in der die amerikanische Lebensart in alle Welt exportiert wurde. Am Anfang stand der archetypische Kaugummi kauende Soldat im Zweiten Weltkrieg, und Hollywood machte den Kaugummi zu einem unsterblichen Kulturgut. Die weltweite Nachfrage nach allen Dingen, die amerikanisch waren, bedeutete, dass die in anderen Ländern hergestellten Kaugummis oder Zigaretten einfach kein Ersatz für das Original waren. Die Massenvermarktung von Amerika als Marke war und ist ein Triumph der Markenpolitik.

Die Ironie liegt darin, dass viele mit Amerika verknüpfte Produkte längst nicht mehr in den Vereinigten Staaten hergestellt werden. Wrigley's produziert seinen Kaugummi in der markanten Verpackung heute in 13 Fabriken in aller Welt. Es ist unwahrscheinlich, dass dieses Unternehmen noch einmal zur Herstellung von Seife zurückkehren wird.

DIE WICHTIGSTEN LEHREN

Bewahre dir stets genügend Flexibilität, um jederzeit den Kurs ändern zu können. Das erfolgreiche Produkt von heute kann der Ladenhüter von morgen sein. Wenn du eine andere Chance siehst, nutze sie.

Betreibe Werbung. Wrigleys angeborenes Talent für das Marketing trug wesentlich zur Entwicklung seines Unternehmens bei. Er zählte zu den ersten Unternehmern, die sich der Bedeutung der Markenpolitik bewusst waren. Anfangs konzentrierte er sich auf seinen Spearmint-Kaugummi, für den er in Zeitungen warb. Im Jahr 1907, als er gerade so weit war, seine Werbeanstrengungen zu erhöhen, schlitterte die Wirtschaft in Chicago in eine Krise. Doch während andere Unternehmen ihre Werbeausgaben senkten, tat Wrigley genau das Gegenteil: Er hielt dies für den geeigneten Zeitpunkt, um zusätzliche Aufmerksamkeit auf sein Unternehmen zu lenken. Also erhöhte er die Werbeausgaben und die Produktion.

Blicke über die Grenzen hinaus. Als der Erste Weltkrieg ausbrach, begann Wrigley's gerade, über die Grenzen der Vereinigten Staaten hinaus zu expandieren. Im Jahr 1915 baute das Unternehmen seine erste Fabrik in Australien, und 1927 ging der berühmte Kaugummi in Großbritannien in die Produktion. Im Zweiten Weltkrieg tat Wrigley's einen weiteren wichtigen Schritt voran, als die Streitkräfte der Alliierten große Mengen Kaugummi einkauften, da man davon ausging, das Kaugummikauen verringere den Stress, erhöhe die Aufmerksamkeit und verbessere die Moral der Soldaten.

Großartige Entscheidung Nr. 64

Der Entschluss der Familie Wilson aus Memphis, eine Rundreise im Auto zu unternehmen, erwies sich zunächst als Fehlentscheidung. Es war kein besonders großes Vergnügen, allabendlich in teuren und schlechten Motels Halt zu machen. Also entschloss sich Kemmons Wilson, sein eigenes Hotel zu eröffnen. Im Jahr 1952 eröffnete in Memphis das erste Holiday Inn.

Im Sommer 1951 brach die Familie Wilson zu einer Rundreise im Auto auf. Es sollte ein ganz normaler Urlaub eines Ehepaars mit fünf Kindern werden. Das Ziel war Washington, D.C. Kemmons Wilson war in Memphis als Bauunternehmer und Immobilienmakler tätig. Im Lauf der Reise wurde die Stimmung der Familie zusehends schlechter. Es war kein besonders großes Vergnügen, allabendlich in teuren und schlechten Motels Halt zu machen.

„Ein Motelzimmer kostete nicht mehr als 8 Dollar pro Nacht, doch die Eigentümer verlangten durchwegs 2 Dollar extra für jedes Kind. So wurden aus den 8 schnell 18 Dollar für meine Familie", erinnerte sich Wilson. „Wenn wir ein Zimmer mit zwei Betten bekommen konnten, schliefen unsere Töchter in dem einem, und ich und meine Frau Dorothy in dem anderen. Die drei Jungs übernachteten in Schlafsäcken auf dem Fußboden. Manchmal musste man einen Dollar für den Schlüssel und einen weiteren für die Benutzung des Fernsehgeräts hinterlegen."

So kam Kemmons Wilson (geboren 1913) auf die Idee, sein eigenes Motel zu gründen. „Ich war von einer Idee besessen: Ich wollte eine Kette billiger Hotels bauen, die sich von Küste zu Küste erstrecken würde. So könnten Familien quer durch das ganze Land reisen und jede Nacht in einem meiner Hotels verbringen." Sein Ziel war es, 400 derartige Hotels zu errichten. Das Vorhaben erschien maßlos ehrgeizig, doch Wilson zögerte nicht eine Sekunde. Noch während jenes enttäuschenden Urlaubs nahm er die Planungen in Angriff. Er maß Räume aus, begutachtete Einrichtungen und gelangte zu dem Schluss, das Dinge wie Fernsehapparate, Telefone, Eismaschinen und Restaurants zum Standardangebot gehören müssten. Und in seiner imaginären Hotelkette würden Kinder nicht bezahlen.

Wieder zu Hause, machte sich Wilson unverzüglich an die Arbeit. Er bat einen Zeichner, einige Pläne zu entwerfen. Dieser Zeichner hatte am Vorabend einen Film mit Bing Crosby gesehen und nannte den Plan nach dem Filmtitel Holiday Inn. Wilson fand Gefallen an dem Namen, und er wurde beibehalten.

Das erste Holiday Inn wurde im Jahr 1952 in Memphis eröffnet. (Dem Hotel war ein besseres Schicksal vergönnt als dem ersten von Wilson gebauten

Haus, das er irrtümlich auf dem falschen Grundstück errichtet hatte.) Der Rest ist Motelgeschichte. Die sauberen und billigen Holiday Inns schossen überall in den Vereinigten Staaten und später in aller Welt aus dem Boden. „Er änderte die Reisegewohnheiten der Amerikaner“, sagte Senator John Glenn über Wilson. „Kemmons Wilson hat aus der alten Flohkiste am Wegrand die beliebteste Schlafstätte außerhalb der eigenen vier Wände gemacht“, hieß es in *Time*. Als sich Wilson im Jahr 1979 aus der Unternehmensleitung zurückzog, war das Holiday Inn die größte Hotelkette der Welt. Heute gibt es 1643 Holiday Inns mit insgesamt 327 059 Zimmern.

Nachdem er die Idee entwickelt und das erste Holiday Inn in 4985 Summer Avenue eröffnet hatte, versuchte Kemmons Wilson, Franchisekonzessionen für sein Konzept zu verkaufen. Die Eröffnung von vier Hotels innerhalb von nur etwas mehr als einem Jahr hatte seine finanziellen Möglichkeiten erschöpft. Er verkaufte zwölf Franchises für jeweils 500 Dollar. Doch am Ende wurden nur drei Hotels tatsächlich gebaut. Also überlegte sich Wilson etwas anderes und verkaufte 120 000 Unternehmensanteile für jeweils 9,75 Dollar. So besorgte er sich das nötige Kapital, um eine landesweite Kette aufzubauen. Das fünfzigste Holiday Inn wurde 1958 eröffnet, das hundertste 1959 und das fünfhundertste 1964.

Im Jahr 1979 übergab Wilson die Leitung der Hotelkette an seine beiden Söhne. Seit damals wechselte das Holiday Inn mehrmals den Besitzer. Mittlerweile ist die Kette Teil der britischen Freizeit- und Unterhaltungsgruppe Bass, die Inhaber oder Franchisegeber von 2600 Hotels der Ketten Intercontinental, Crowne Plaza, Holiday Inn, Holiday Inn Express und Staybridge Suites ist. Holiday Inn ist weiterhin die bekannteste Hotelmarke der Welt. Bass baut mittlerweile das, was der Konzern als das „Holiday Inn der Zukunft“ bezeichnet. Kemmons Wilson sieht dem Ganzen aufmerksam zu.

DIE WICHTIGSTEN LEHREN

Setze deine Idee entschlossen um. Wir alle hatten schon einmal eine geniale Idee, doch üblicherweise schlummern solche Einfälle in unserer Phantasie vor sich hin. Kemmons Wilson setzte seine großartige Idee in die Tat um.

Nutze dein Glück – und deinen Verstand. Wilson schreibt seinen Erfolg der Tatsache zu, dass er zum richtigen Zeitpunkt ein vernünftiges unternehmerisches Konzept vorlegte. Seine Autobiographie trägt den bezeichnenden Titel *Half Luck, Half Brains* (Halb Glück, halb Verstand). Auch nach seinem Rückzug aus dem Holiday Inn setzte Kemmons Wilson seine unternehmerische Tätigkeit fort. Kurz vor seinem siebzigsten Lebensjahr setzte er sein Vermögen aufs Spiel, um den Orange Lack Country Club in Kissimmee (Florida) zu erbauen. Das Ergebnis war die größte Timeshare-Anlage der Welt mit fast 60 000 Eigentümern. Zu den Unternehmen von Kemmons Wilson („Ich bin in über fünfzig Geschäften tätig, von Schweinespeck bis zu Bonbons") zählen mittlerweile das Wilson Air Center, die Wilson Hotel Management Company, Wilson-Todd Construction und Wilson Graphics.

Großartige Entscheidung Nr. 65

In den siebziger Jahren sah sich der amerikanische Konsumgüterkonzern Gillette von allen Seiten bedroht. Die Konkurrenz machte dem Unternehmen die unteren Marktsegmente streitig. Also senkte es die Preise – und die Gewinne sackten ab. Die Geier kreisten bereits am Unternehmenshimmel. Doch dann fällte Gillette eine Entscheidung, die seine Rettung sein sollte: Es würde sich mit Qualität am oberen Ende des Marktes platzieren und Spitzenpreise verlangen. Punktum.

Manchmal vergessen Unternehmen, worin sie gut sind. Sie lassen sich ablenken, verlieren ihre Ziele aus den Augen und müssen vielfach hilflos zusehen, wie ihre Gewinne in den Keller sacken.

Genau das widerfuhr Gillette in den siebziger Jahren. Billige Wegwerfrasierer machten seinen Produkten die Märkte streitig, und das Unternehmen wurde immer weiter in die unteren Marktsegmente hinab gedrängt. „Die Kritiker verstanden nicht, wo das eigentliche Problem lag. Die Ursache der Krise war, dass Gillette vergessen hatte, worin seine Marke bestand“, erklärte Bradley Gale vom Strategic Planning Institute. „Die Marketingleute können praktisch überall starke Markenpositionen aufbauen und die Gewinnstruktur verbessern – wenn sie sich darauf konzentrieren, in den Augen der Konsumenten zu Qualitätsführern zu werden.“[3]

Doch schließlich erkannte Gillette die Bedeutung der Qualität und begriff, dass es nie mit unablässigen Preissenkungen erfolgreich sein würde, sondern sich auf Innovationen konzentrieren musste. So fällte das Unternehmen die großartige Entscheidung, in die Entwicklung der Sensor-Rasierer zu investieren. Gillette entschied, sich aus den Preiskämpfen zurückzuziehen und sich Zeit für die Entwicklung eines Produktes zu nehmen, das wirklich in der Lage sein würde, den Markt zu verändern.

Dieser Prozess begann eigentlich schon im Jahr 1979, doch der Sensor kam erst elf Jahre später auf den Markt. Gillette investierte 275 Mio. Dollar in die Entwicklung der Produktreihe. Der Gillette Sensor zählt zu den großen Produkterfolgen des letzten Jahrzehnts. Im Jahr 1995 betrug der Umsatz mit diesen Rasierern 2,6 Mrd. Dollar. Bisher ist den Konkurrenten kein Schlag gegen die marktbeherrschende Position des Sensor gelungen: Gillette hält bei Nassrasierern einen Marktanteil von 68 Prozent in den USA und von 73 Prozent in Europa.

Es ist Gillette gelungen, sich lukrative Nischen auf dem Markt für Körperpflegeprodukte sowie in einer Reihe weiterer Bereiche, darunter bei Alkalibatterien, zu sichern. Zum Gillette-Imperium gehören mittlerweile die Elektrogeräte von Braun, Toilette- und Kosmetikartikel, Schreibwaren (Parker und Papermate), die Zahnbürsten von Oral-B sowie der Batteriehersteller Duracell, mit dem Gillette im Jahr 1996 fusionierte. So verwundert es nicht, dass jeden Tag schätzungsweise 1,2 Milliarden Menschen irgendein Produkt von Gillette verwenden. Dies erklärt, warum der Konzern im Jahr 1997 Umsätze von 10,1 Mrd. Dollar erzielte und in 63 Produktionsstätten, die über 26 Länder verstreut waren, 44 000 Mitarbeiter beschäftigte.

Zu den Anhängern von Gillette zählt auch Warren Buffett, der einmal gesagt hat: „Ich gehe jede Nacht glücklich ins Bett, denn ich weiß, dass bis zum Morgen auf Milliarden Männergesichtern Haare wachsen werden." Für Investoren wie Buffett weist Gillette eine Reihe von Vorzügen auf. Zunächst scheint Gillette ein Gleichgewicht zwischen aggressiver Innovation und Marktbeobachtung gefunden zu haben. „Gute Produkte entspringen der Marktforschung", erklärt CEO Alfred Zeien. „Doch großartige Produkte kommen aus der Entwicklungsabteilung. Und Straßenfeger werden dann geboren, wenn etwas Großartiges im selben Augenblick aus dem Labor kommt, da es sich die Verbraucher wünschen." Zeien blickt wie Warren Buffett und der Unternehmensgründer King Gillette weit in die Zukunft. Er weist auf die Parallelen zwischen der Produktentwicklung bei Gillette und der langfristigen Forschungs- und Entwicklungsarbeit hin, die erforderlich ist, um neue Medikamente zu entwickeln.

DIE WICHTIGSTEN LEHREN

Lass dich nicht verleiten, dasselbe zu tun, was die Konkurrenz tut. Als sich die Regale im Handel mit Bic-Rasierern und anderen Wegwerfprodukten füllten, beging Gillette den Fehler, sich auf derselben Ebene am Wettbewerb zu beteiligen. Im Grunde versuchte es, ein besserer Bic zu werden. Doch das war unmöglich. Die Konkurrenz nachzuäffen, ist keine Strategie, sondern eine Methode, um sich durch die Hintertür davonzustehlen.

Denke und handle global. Gillette ist ein wirklich globaler Betrieb mit globaler Reichweite. Über 70 Prozent seines Umsatzes und seiner Gewinne erzielt der Konzern außerhalb der Vereinigten Staaten. Niemand geringerer als die anerkannte Harvard-Forscherin Rosabeth Moss Kanter hat erklärt: „Gillette tut international, was jedes Unternehmen tun sollte." Gillette kann nur hoffen, weiterhin so wenig wie bisher kopiert zu werden.

Die Verwirklichung großer Ideen braucht ihre Zeit. „Erfinde etwas, was die Leute verwenden und anschließend wegwerfen werden", sagte eine kluge Person im

Jahr 1895 zu King Camp Gillette (1855-1932). Also begann Gillette nachzudenken. Er kam auf die Idee eines Wegwerfrasierers. Dann begegnete er dem Erfinder William Nickerson. Das Unternehmen Gillette wurde im Jahr 1901 in Boston als Gillette Safety Razor Company gegründet, und Gillette versuchte, potentielle Investoren dazu zu bewegen, ihr Geld in ein Unternehmen zu stecken, dessen Produkt noch nicht einmal auf seine Funktionstüchtigkeit getestet war. Erst im Jahr 1903 begann das Unternehmen mit der Produktion seiner Rasierapparate und Klingen.

Im ersten Geschäftsjahr verkaufte Gillette 51 Rasiersets und 168 Klingen. 1905 war der Absatz auf 250 000 Rasiersets und fast 100 000 Packungen Klingen gestiegen, und bis 1915 stieg der Verkauf auf 7 Millionen Klingen. Im Jahr 1917 bestellte das amerikanische Verteidigungsministerium 3,5 Millionen Rasierer und 36 Millionen Klingen. Die gesamte Armee brauchte eine Rasur. 1923 erzeugte Gillette einen vergoldeten Rasierer, die Klinge für einen Dollar. (Zu diesem Zeitpunkt war King Gillette bereits im Sonnenuntergang von Los Angeles verschwunden, um auf der Grundlage seiner Erfahrungen eine eigene Sozialtheorie zu formulieren.)

Großartige Entscheidung Nr. 66

Im Jahr 1970 erfand Spencer Sylver von 3M den Post-It-Notizzettel. Doch erst Arthur Fry erkannte neun Jahre später das Potential dieser Erfindung. Der Post-It ist nach wie vor ein unerschöpfliche Geldquelle.

Bei der Innovation geht es oft lediglich darum, zwei und zwei zusammenzuzählen und vier daraus zu machen. Eine einfache Idee, die an einem Ort entwickelt wurde, kann sich in Kombination mit einer einfachen Idee von einem anderen Ort in pures Gold verwandeln. So eine Geschichte schrieb Art Fry mit dem Post-It-Notizblock.

Fry begann im Jahr 1953, als er noch Verfahrenstechnik an der University of Minnesota studierte, für 3M zu arbeiten. Er verbrachte seine ganze Laufbahn damit, neue Produkte für seinen ungemein innovativen Arbeitgeber zu entwikkeln.

Die Grundlage für den Post-It-Notizzettel lieferte Frys Kollege Dr. Spencer Sylver aus der Forschungszentrale von 3M, der einen Klebstoff entwickelte, der stark genug war, um Papierblätter zusammenzuhalten, jedoch so schwach war, dass die Blätter wieder von einander getrennt werden konnten, ohne Spuren zu hinterlassen. Für diese Erfindung galt es nun eine Anwendung zu finden.

Und diese Ehre wurde Arthur Fry zuteil. Als Leiter eines Kirchenchors verwendete er Papierfetzen, um die Notenblätter zu markieren. Doch diese hatten die unangenehme Angewohnheit, aus den Gesangbüchern herauszufallen. „Ich brauchte einen Merkzettel, der haften blieb und dennoch leicht wieder entfernt werden konnte, ohne mein Gesangbuch zu beschädigen“, erzählte Fry. Dann kam die große Entdeckung: Fry verwendete den von Sylver entwickelten Klebstoff, um die Zettel in seinem Buch zu befestigen. „Nun hatte ich ein Lesezeichen, das an der Seite haften blieb und dort, wo kein Klebstoff aufgetragen war, aus dem Gesangbuch herausragte.“ Bei einer anderen Gelegenheit verwendete Fry das selbstklebende Merkzeichen, um Markierungen in einem Bericht anzubringen. „In diesem Augenblick gelangte ich zu der aufregenden Erkenntnis, dass mein klebriger Merkzettel tatsächlich neue Möglichkeiten bot, um Informationen zu organisieren und zu vermitteln.“

Bekanntlich haben großartige Ideen üblicherweise zunächst einige Probleme auf dem Markt. Das neue Produkt von 3M, das man auf den Namen Post-It getauft hatte, war keine Ausnahme. Im Jahr 1977 wurden die Notizblöcke in Richmond, Tulsa, Denver und Tampa getestet. Die Konsumenten ignorierten das Angebot völlig: schließlich wusste eigentlich niemand, wozu dieses Produkt nützlich sein sollte.

Das änderte sich erst, als zwei 3M-Manager nach Richmond flogen und dort in die Unternehmen gingen, um den Leuten das Produkt vorzuführen. Sobald man ihnen erklärt hatte, wozu die Post-Its verwendet werden konnten und welche Vielfalt von Möglichkeiten sie boten, kauften die Kunden auf der Stelle. 90 Prozent der Leute, denen die selbstklebenden Notizblöcke vorgeführt wurden, erklärten, dieses Produkt kaufen zu wollen.

Das Pilotprojekt wurde auf 11 Standorte ausgeweitet. Es dauerte nicht lang, und es wimmelte überall von Post-Its. Art Fry wurde von Gap engagiert, um für Kleidung Werbung zu machen, George Jones erwähnte die Post-Its in einem Song, sie fanden in Büchern von Dick Francis und Tom Clancy Erwähnung und hatten sogar einen Auftritt als Statisten in *Seinfeld*.

DIE WICHTIGSTEN LEHREN

2+2 = 4. Das gilt allerdings nur, wenn man in einer Kultur arbeitet, die Verknüpfungen zwischen verschiedenen Menschen und Ideen ermöglicht.

Das Verkaufen ist ein zwischenmenschlicher Vorgang. Die Basis für den Erfolg des Post-It schuf 3M, indem es zwei Manager in ein Flugzeug setzte und in die Unternehmen schickte, damit sie das Produkt vorführen konnten. Ohne diesen persönlichen Einsatz hätten sich die Post-Its nicht durchgesetzt.

Investiere in die Innovation. Es dauerte lange, bis der Post-It eine Anhängerschaft fand. Die Idee musste in Ruhe reifen, um schließlich reiche Früchte tragen zu können. Ohne die Unterstützung von 3M wäre er nicht Realität geworden. Forschung und Entwicklung erfordern Investitionen und Risikobereitschaft. (Die ultimative F&E-Entscheidung war vielleicht die Isabellas von Kastilien, die Entdeckungsreise des Kolumbus in die Neue Welt zu finanzieren.)

Anmerkungen

[1] Cribb, Joe, *Money: From Cowrie Shells to Credit Cards* (Knopf, 1990.)

[2] Davies, Glyn, *A History of Money,* University of Wales Press, 1996).

[3] Peters, Tom, *Liberation Management* (Knopf, 1992).

DIE BEDEUTUNG DER MENSCHEN

Zu allen Zeiten hatten Menschen unter Führungskräften zu leiden. Der einfache Angestellte wurde gemeinhin als Automat betrachtet. In seiner Theorie der wissenschaftlichen Betriebsführung erläuterte Frederick Taylor: „Um es ganz brutal zu sagen: unser Konzept erwartet keinerlei Initiative von einem Menschen. Seine Initiative ist uns gleichgültig." Man erklärte den Arbeitskräften, wie eine Tätigkeit am besten durchgeführt wurde, und sie hatten diese Anweisungen zu befolgen. „Jede Arbeitskraft sollte täglich exakte, klar definierte Instruktionen dazu erhalten, was sie zu tun hat und wie sie es zu tun hat, und diese Instruktionen sollten genau befolgt werden, gleichgültig, ob sie richtig oder falsch sind", riet Taylor. Es überrascht nicht, dass diese Vorstellungen bei den Betroffenen keinen großen Anklang fanden. Im Jahr 1911 löste die Einführung von Taylors Methoden in einer von der Armee betriebenen Munitionsfabrik einen Streik aus.

Peter Drucker erinnert uns daran, dass sich gutes Management durch seine Menschlichkeit auszeichnet: „Management heißt Aufgaben. Management heißt Disziplin. Doch Management heißt auch Menschen." Und: „Jeder Managementerfolg ist der Erfolg eines Managers. Jeder Misserfolg ist der Misserfolg eines Managers. Nicht Kräfte oder Gegebenheiten, sondern Menschen managen. Die Vision, das Engagement und die Integrität der Manager entscheiden darüber, ob es sich um Management oder Missmanagement handelt." Das Management ist eine persönliche Aktivität. In dieser Tätigkeit geht es im Wesentlichen darum, die Leistungsfähigkeit der Menschen so gut wie möglich auszuschöpfen.

Es liegt auf der Hand, dass einige Manager dies besser beherrschen als andere. Von wie vielen Unternehmensleitern haben wir schon gehört, dass die Menschen der wertvollste Vermögenswert ihres Unternehmens seien? Von sehr vielen. Wie viele dieser Führungskräfte meinen, was sie sagen? Wie viele setzen diesen Gemeinplatz aus der Managementtheorie tatsächlich tagein, tagaus in die Tat um? Nicht viele. „Wenn ein Manager mit der Leitung eines Unternehmens betraut wird, denkt er in erster Linie ans Überleben und an das Geld. Er reagiert auf die Forderungen der Kapitalmärkte, der Aktionäre usw. Selbst wenn er auf die Menschen eingehen möchte, wird eine Finanzkrise stets seine ganze Aufmerksamkeit in Anspruch nehmen", erklärt Ed Schein vom Massachusetts Institute of Technology.

Großartige Entscheidung Nr. 67

Im Jahr 1914 entschloss sich Henry Ford, seinen Arbeitern ab sofort den außergewöhnlich hohen Tageslohn von 5 Dollar zu bezahlen. Dies war ein großer Schritt voran im Personalmanagement, doch es war keine altruistische Entscheidung. Denn auf diese Art schuf sich Ford den Markt für sein eigenes Produkt.

Was das Management anbelangt, so war Henry Ford ein bekennender Atheist. So wie er nicht von einem Model T in anderen Farben und mit Extras zu überzeugen war, glaubte er auch nicht an das Management. „Die Missregierung Henry Fords beruhte vor allem darauf, dass er systematisch und bewusst versuchte, sein Unternehmen, das Milliarden Dollar Umsatz erzielte, ohne Manager zu führen. Die Geheimpolizei, die sämtliche Führungskräfte Fords bespitzelte, hatte ihn über jeden Versuch eines seiner Manager zu informieren, eine eigenständige Entscheidung zu fällen“, schrieb Peter Drucker in *The Practice of Management*.[1]

Die Folge war, dass die Produktion im riesigen Autowerk von Ford auf strikten Funktionstrennungen beruhte – auf regelrechten Demarkationslinien. Henry Fords Überzeugung lautete, dass die Mitarbeiter ausschließlich ihre eigenen Aufgaben ausführen und nie den Kopf heben sollten, um über die Trennwände einen Blick in die benachbarte Abteilung zu werfen. Er wollte nicht, dass die Ingenieure mit den Verkäufern sprachen oder dass irgendjemand eine Entscheidung fällte, ohne von ihm dazu angewiesen worden zu sein.

Die Methoden, die Ford anwandte, waren hart und unbarmherzig. „Wieso bekomme ich immer auch ein menschliches Wesen, wo ich doch nur ein Paar Hände wollte“, klagte er einmal. In seinem Buch *My Life and Work* gewährte Ford einen Einblick in die neue Logik der industriellen Produktion; eine Logik, die dem Leser einen Schauer über den Rücken jagt. Er kalkulierte, dass die Produktion eines Model T 7882 verschiedene Fertigungsschritte erforderte. Für 949 dieser Abläufe wurden „kräftige, geschickte, und physisch praktisch perfekte Männer“ benötigt, während 3338 lediglich eine „gewöhnliche physische Kraft“ erforderten. Die übrigen Tätigkeiten, so Ford, konnten auch von „Frauen oder älteren Kindern“ ausgeführt werden. Des Weiteren stellte er fest, dass „670 von beidseitig beinamputierten Männern, 2637 von Männern mit nur einem Bein, zwei von beidseitig armamputierten Männern, 715 von einarmigen Männern und 10 von blinden Männern“ bewältigt werden konnten.

Ford wird wohl nie für seine Humanität oder seine Fähigkeiten im Umgang mit Menschen gefeiert werden. Unter seinen zahlreichen Innovationen war nur eine einzige, die die Menschen betraf: Ford erhöhte den Lohn seiner Arbeiter auf 5 Dollar. Das war etwa das Doppelte des Durchschnittslohns in der Automobilindustrie. Skeptiker vertreten die Ansicht, der einzige Grund für diese Entscheidung habe darin gelegen, dass sich seine Arbeiter mit dem zusätzlichen Geld ein eigenes Model T kaufen konnten.

Nachgewiesen ist, dass Fords Entscheidung für die Lohnerhöhung damit zu tun hatte, dass die Arbeit an einem seiner Montagebänder quälend eintönig war. Die Personalfluktuation in seiner Fabrik nahm rasant zu. Fords Antwort bestand darin, den Tageslohn von 2,50 Dollar zu verdoppeln und die tägliche Arbeitszeit von neun auf acht Stunden zu verkürzen.

DIE WICHTIGSTEN LEHREN

Halte deine Belegschaft. Henry Ford war vielleicht nicht der menschlichste Arbeitgeber der Welt, doch er erkannte, wie wichtig es war, die Belegschaft zu halten. Da er Geld in die Einschulung der Arbeiter investiert hatte, lohnte es sich, ihren Lohn zu verdoppeln, um sie daran zu hindern, sich einen anderen Arbeitsplatz zu suchen.

Auch Mitarbeiter sind Menschen. Es gibt kaum Hinweise darauf, dass Henry Ford jemals wirklich begriff, dass es sich bei seinen Arbeitern um Menschen handelte. Hätte er es begriffen, so wäre er ein besserer Mensch und sein Unternehmen möglicherweise noch erfolgreicher gewesen.

Großartige Entscheidung Nr. 68

Zu den vielen Innovationen von 3M zählte die Entscheidung, allen seinen Forschern zu erlauben, 15 Prozent ihrer Arbeitszeit ihren eigenen Projekten zu widmen. Die Folge war, dass sich Freiheit und Kreativität entfalteten.

„Lauf nicht immer den anderen nach. Verlasse den ausgetretenen Pfad. Sei ein wenig verrückt", rät Jean Paulucci. Gib den Menschen Spielraum und lass dich von den Ergebnissen überraschen. Genau das tat 3M mit seinem 15-Prozent-Konzept. Die Mitarbeiter wurden aus dem Unternehmensjoch befreit. Eine der Bezeichnungen für das 15-Prozent-Konzept lautet „Politik der Schwarzbrennerei". Man könnte es auch als Wettbewerbsvorteil bezeichnen, denn es hat dazu beigetragen, viele gute Ideen (die bekannteste ist jene für den Post-It) hervorzubringen und zu fördern.

Das 15-Prozent-Konzept ermutigt die Forscher von 3M, vom Weg abzuschweifen. Hajime Mitari, der Präsident von Canon, hat gesagt: „Wenn die Leute sagen, etwas sei verrückt, sollten wir es tun. Wenn die Leute sagen, etwas sei gut, so bedeutet dies, dass es bereits jemand tut." So ähnlich denkt man bei 3M.

„Das Ziel besteht darin, so viele Ideen wie möglich anzuregen, denn eine von Tausend wird vielleicht die Richtige sein", erklärt Art Fry, der den Post-It entwikkelte. „Möglicherweise eignet sich eine Idee perfekt für ein anderes Unternehmen, nicht jedoch für deines. Ein neues Produkt zusammenzusetzen ist so, als setzte man ein Puzzle zusammen, das in diesem Fall aus Rohstofflieferungen, Vertrieb, behördlichen Vorschriften und den Investitionserfordernissen besteht. Wenn auch nur ein einziges Teil nicht richtig passt, kann das ganze Projekt scheitern. Vielleicht hast du selbst großartige Arbeit geleistet, doch sie ist möglicherweise zum Scheitern verurteilt, wenn jemand anderer sie nicht richtig fortsetzt."

DIE WICHTIGSTEN LEHREN

Zeit und Freiraum fördern die Kreativität. Wenn man die Mitarbeiter vom alltäglichen Termindruck befreit, beginnen oft brillante Ideen zu sprudeln. Indem ein Unternehmen seinen Mitarbeitern Zeit und Freiraum vorenthält, beraubt es sich vielfach eines Großteils ihrer besten Ideen.

Fürchte dich nicht vor Fehlschlägen. Die Innovation muss furchtlos sein. Ein Unternehmen, das sich vor Irrtümern fürchtet, kann nie einen solchen Innovationsstandard wie 3M erreichen.

Innovation erzeugt Wettbewerbsvorteile. „Pionierarbeit zahlt sich nicht aus", erklärte Andrew Carnegie. Er war im Irrtum. Pionierarbeit zahlt sich sehr wohl aus, sofern sie phantasievoll betrieben wird.

Großartige Entscheidung Nr. 69

In den Jahren unmittelbar nach dem Zweiten Weltkrieg kämpfte das junge Unternehmen Hewlett-Packard mit großen Schwierigkeiten. Im Krieg hatte es viele Aufträge erhalten, doch diese Quelle war nun versiegt. Wie reagierte das Unternehmen? Es entschloss sich, einige jener begabten Leute einzustellen, die nach dem Krieg ohne Arbeit waren. Ihr Talent ermöglichte es HP, sich mit zahlreichen Innovationen eine Zukunft zu sichern.

„Man sollte sich nie mit dem beschäftigen, was man geleistet hat, sondern es hinter sich lassen und versuchen, eine noch bessere Lösung zu finden", erklärte David Packard (1912-1996), einer der beiden Gründer des Unternehmens, das noch immer seinen Namen trägt. Hewlett-Packard (HP) hat heute Ähnlichkeit mit dem IBM der sechziger Jahre: alle Welt betrachtet es als den Inbegriff eines gut geführten Unternehmens. Mit seinem Namen werden herausragende Leistungen verknüpft. Als Tom Peters und Robert Waterman Ende der siebziger Jahre ihre Liste exzellenter Unternehmen zusammenstellten, nahmen sie Hewlett-Packard auf. Dies war eine der am wenigsten umstrittenen Entscheidungen. Als Jerry Porras und James Collins *Built to Last* schrieben, ihren Bestseller über langlebige Unternehmen, bestand kein Zweifel daran, dass Hewlett-Packard Aufnahme in ihre Ehrengalerie verdient hatte. Im Jahr 1985 bezeichnete die Zeitschrift *Fortune* Hewlett-Packard als eines der beiden am meisten bewunderten Unternehmen in den Vereinigten Staaten. Eine ähnlich herausragende Position nimmt das Unternehmen in praktisch allen Umfragen über gut geführte Unternehmen oder besonders beliebte potentielle Arbeitgeber ein. HP hat es geschafft, zwei Eigenschaften zu verbinden, die selten miteinander einher gehen: Es ist sowohl erfolgreich als auch beliebt.

Hewlett-Packard entstand im Jahr 1937, als Bill Hewlett und Dave Packard in Palo Alto mit einem Kapital von 538 Dollar in einer gemieteten Garage ein eigenes Unternehmen gründeten. Die beiden hatten sich während des Studiums im nahe gelegenen Stanford kennen gelernt. Ihre Ambitionen unterschieden sich nicht von denen vieler junger Leute, die ein eigenes Geschäft eröffnen: „Wir wollten unabhängig sein. Das war anfangs das einzige, woran wir dachten", erinnerte sich Packard. „Wir dachten nicht im Traum daran, ein großes Unternehmen aufzubauen." Die Garage war der Geburtsort von Silicon Valley.

In ihrem ersten Geschäftsjahr erzielten Hewlett und Packard einen Umsatz von 5100 Dollar und einen Gewinn von 1300 Dollar. Hewlett-Packards erster Erfolg war ein Gerät zur Messung von Schallwellen, das an Walt Disney verkauft wurde. Es folgten ein automatischer Salathäcksler und ein Vibrationsgerät, das Übergewichtigen das Abnehmen erleichterte. Die beiden untersuchten auch das Marktpotential für automatische Pissoirreinigungen, Bowlingbahnsensoren und Klimaanlagen. Im Jahr 1940 verließen sie die Garage für immer.

Im Krieg florierte das Unternehmen und beschäftigte in seiner besten Zeit 144 Mitarbeiter. Doch unmittelbar nach Kriegsende sackten die Umsätze ab; allein im Jahr 1946 gingen sie um die Hälfte zurück. Doch Hewlett und Packard blieben unbeirrt und stellten begabte Techniker ein, deren es auf dem Arbeitsmarkt reichlich gab, da sich die Industrie auf die Friedensproduktion umstellte. Die riskante Entscheidung, Mitarbeiter auf die vage Chance hin einzustellen, dass ihr Talent dem Unternehmen wieder auf die Sprünge helfen werde, machte sich bezahlt. Hewlett-Packard erwachte zu neuem Leben. Bis 1948 stieg der Umsatz auf 2,1 Mio. Dollar.

Das Geheimnis ihres Erfolgs lag laut Aussage von Hewlett und Packard in ihren einfachen Methoden. „Die Managementprofessoren sind entsetzt, wenn ich ihnen erkläre, dass wir erfolgreich waren, weil wir keine Pläne hatten", sagte Hewlett. „Wir nahmen einfach Aufträge an, wie sie kamen." Das Erbe der beiden Unternehmensgründer besteht nicht in der Effizienz ihres Salathäckslers oder in der Qualität der Pissoirreinigung, sondern in der Kultur des von ihnen aufgebauten Unternehmens und in ihrem Führungsstil, der als „HP Way" in die Managementgeschichte eingegangen ist.

Von Anfang an hielt sich Hewlett-Packard an einige wenige grundlegende Prinzipien. Das Unternehmen verzichtete auf langfristige Kredite zur Finanzierung seiner Expansion. Sein Wachstumsrezept bestand einfach darin, seine Produkte zu Marktführern zu machen. Es machte lediglich seine Arbeit. „Unsere Hauptaufgabe besteht darin, die besten elektronischen Geräte zu entwickeln und herzustellen, um zum Fortschritt der Wissenschaft und zum Wohlergehen der Menschheit beizutragen. Dieser Aufgabe wollen wir uns verschreiben", schrieb Packard 1961 in einem Memo an die Mitarbeiter.

Für die modische Managementtheorie hatten die beiden nur Geringschätzung übrig. „Wenn ich jemanden darüber reden höre, wie groß sein Marktanteil ist oder was er unternehmen wird, um seinen Marktanteil zu erhöhen, dann werde ich persönlich dafür sorgen, dass ein negativer Vermerk in seine Personalakte kommt", sagte Packard 1974 in einem Vortrag.

Das Unternehmen beruht auf der Überzeugung, dass man den Menschen vertrauen kann und sie stets mit Respekt behandeln muss. „Wir waren beide grundsätzlich davon überzeugt, dass die Menschen ihre Arbeit stets gut machen wollen", sagte Packard. „Sie brauchen lediglich Anleitung dazu, wie sie das bewerkstelligen können."

Einer der Grundsätze von HP lautete, dass das Management für die Mitarbeiter zugänglich sein und an der Arbeit teilhaben müsse; das Motto lautete „Managen durch umherwandern“. Packard sprach lieber von Führung statt von den Administrationsaufgaben des Managements. Wenn ein Konflikt auftrat, sollte er nicht durch Konfrontation, sondern durch Kommunikation und Konsensbildung gelöst werden. „Ihr Erbe und zugleich die Errungenschaft, auf die Packard besonders stolz war, ist ein Managementstil, der auf Offenheit und Respekt für den Einzelnen beruht“, schrieb Louise Kehoe von der *Financial Times* in Packards Nachruf. Der frühere CEO John Young erklärte: „Unsere grundlegenden Prinzipien wurden nicht angetastet, seit unsere Gründer sie formuliert haben. Wir unterscheiden zwischen zentralen Werten und Arbeitsmethoden; während sich die Methoden ändern können, bleiben die Werte unverändert.“

Hewlett-Packard war ein Unternehmen, das auf ganz einfachen Konzepten beruhte. Während sich rund herum die Unternehmen in Konglomerate verwandelten, hielten Hewlett und Packard beharrlich an ihrer Arbeitsweise fest. Wenn ein Unternehmensbereich zu groß wurde – für sie war zu groß gleichbedeutend mit einer Mitarbeiterzahl von mehr als 1500 – teilten sie ihn, um sicherzugehen, dass er nicht außer Kontrolle geriet.

Sie blieben immer auf dem Boden. Hier bauten nette Jungs ein nettes Unternehmen auf. Sie taten nichts, was zu riskant oder zu abwegig war. (Packard war skeptisch gegenüber dem Taschenrechner, obwohl das Unternehmen schließlich zu den ersten auf diesem Markt zählte.) Sie setzten das Unternehmen nie für ein großes Geschäft aufs Spiel oder verschuldeten sich. Allerdings bezeichnete Richard Pascale, der Autor von *Managing on the Edge*, ihre „an die Grenze gehende Nettigkeit“ als potentielles Problem für das Unternehmen. Dass man dafür kritisiert wird, gut zu sein, ist nur in der Geschäftswelt möglich. Hewlett-Packard verdient höchste Anerkennung dafür, dass es seinen einfachen Grundsätzen treu bleibt.

DIE WICHTIGSTEN LEHREN

Stelle begabte Leute ein... komme was wolle. Talentierte Mitarbeiter werden dich aus deinen Schwierigkeiten retten. Problematisch wird es, wenn die begabten Leute nicht für dich arbeiten wollen oder wenn du keine talentierten Mitarbeiter finden kannst.

Vertraue den Menschen, und sie werden es dir vergelten. In der Rezession der siebziger Jahre nahm die Belegschaft von Hewlett-Packard ohne zu murren hin, dass die Gehälter und die Arbeitszeit jeweils um 10 Prozent gekürzt wurden. Hätte das Unternehmen nicht seit langem die Politik verfolgt, die Mitarbeiter mit Aktien am Unternehmen zu beteiligen, so wären sie möglicherweise nicht so gerne bereit gewesen, dieses Opfer zu bringen. Darüber hinaus gelang es dem Unternehmen, von glücklichen Entdeckungen zu profitieren, die anderswo ungenutzt geblieben wären. Im Jahr 1979 bemerkte ein HP-Ingenieur, dass sich Metall, wenn man es auf eine bestimmte Art erhitzt, gleichmäßig über eine Fläche verteilt. Die Entscheidung, diese Entdeckung zu nutzen, führte zur Entwicklung des Tintenstrahldruckers.

Großartige Entscheidung Nr. 70

Kaiser Hadrian (76–138) managte das riesige Römische Reich, indem er wie ein moderner Unternehmensleiter unentwegt reiste. Nebenbei ordnete er an, in sämtlichen Bergwerken Badehäuser zu errichten, damit sich die Bergleute nach der Arbeit reinigen konnten. Dies erhöhte seine Popularität bei den Bergarbeitern, nicht jedoch in Rom. Leider blieb ein aufgeklärtes Management der Humanressourcen auch in späteren Zeiten später eher die Ausnahme.

Über Hadrian ist wenig bekannt. Der geheimnisumwobene Erbauer des Hadrianswalls war von 117 bis 138 n.Chr. römischer Kaiser. Aus dem, was über ihn bekannt ist oder gemutmaßt wird, geht hervor, dass er ein Meister der Menschenführung war, lange bevor es so schöne Einrichtungen wie Personalabteilungen gab. Pomp und große Umstände waren seine Sache nicht. Hadrians Hang zur Menschlichkeit haben einige Historiker sogar dazu bewegt, ihn als „im Grunde moderne Persönlichkeit“ und als „modernen Monarchen“ zu beschreiben.

Als junger Mann trat Hadrian in das römische Heer ein. Dort erwarb er sich dadurch großes Ansehen, dass er bereit war unter denselben Bedingungen zu leben wie seine Truppen. In einer Anekdote wird seine Weigerung beschrieben, bei schlechtestem Wetter einen Umhang oder eine Kopfbedeckung zu tragen. Auch wird berichtet, dass er gemeinsam mit seinen Truppen weite Strecken in voller Montur marschierte. Eine Reihe von Entscheidungen, die seine humanitäre Geisteshaltung bewiesen, festigte seinen Ruf. Er verbot die Kastration und ordnete eine menschliche Behandlung von Sklaven an. Hadrian war auch ein Weltenbummler. Er versuchte nicht, das Reich von Rom aus zu beherrschen, sondern durchreiste es von einem Ende zum anderen. Um es mit modernen Worten zu sagen: Er akzeptierte die Diversität seines Imperiums. Auf den unter seiner Herrschaft herausgegebenen Münzen wurden die vielen Provinzen gefeiert, die er besucht hatte. Hadrian machte auch dem unersättlichen römischen Expansionismus ein Ende. Er wollte eine Linie um das Reich ziehen, anstatt endlos weiter Kriege zu führen.

Es wird auch berichtet, dass Hadrian einen Blick für das Finanzmanagement hatte, obwohl er seine Herrschaft mit der Ankündigung antrat, den Bürgern sämtliche Schulden beim Staat zu erlassen. Während sein Vorgänger das Geld aus dem Staatsvermögen verschleudert hatte, erwies sich Hadrian als sparsam und legte Reserven an, um Bauprojekte und soziale Wohlfahrtsprogramme zu finanzieren. Gleichzeitig gelang es ihm, Steuererhöhungen zu vermeiden. (Die zeitgenössischen Politiker würden zweifellos gerne wissen, wie ihm diese Quadratur des Kreises gelang.)

DIE WICHTIGSTEN LEHREN

Führer müssen imstande sein, sich mit den Gefühlen, Erfahrungen und Sorgen ihrer Gefolgsleute zu identifizieren. Hadrian verließ die Zentrale und begriff, was es bedeutete, an vorderster Front zu stehen. Er schuf menschenwürdigere Bedingungen für die Soldaten und Arbeitskräfte, die an eine solche Behandlung nicht gewöhnt waren.

Man wird nicht zwangsläufig populärer, weil man ein guter Mensch ist. An Hadrian erinnert sich die Menschheit eigentlich nur aufgrund der Mauer, die er zum Schutz des Römischen Reiches errichten ließ. Auch zu seinen Lebzeiten wurde er kaum verstanden und genoss keine allgemeine Anerkennung. Bedauerlich.

Großartige Entscheidung Nr. 71

Im Jahr 1956 gründete General Electric ein Zentrum für Managementausbildung in Crotonville (New York). Diese Entscheidung für eine Investition in die Entwicklung der Mitarbeiter zählte zu den Grundlagen für den andauernden Erfolg des Unternehmens und bewegte andere dazu, GEs Beispiel zu folgen.

Ralph Cordiner, der General Electric in den fünfziger Jahren leitete, hat das Unternehmen auf unauslöschliche Weise geprägt: Im Jahr 1956 rief er das mittlerweile zur Legende gewordene Management Development Institute in Crotonville ins Leben. Dieses Institut war Ausdruck von GEs Entschlossenheit, sein Personal selbst zu entwickeln. Die Tradition wird vom heutigen CEO Jack Welch fortgesetzt. „Ich will eine Revolution auslösen, und ich will, dass sie in Crotonville beginnt", verkündete Welch. Er ist ein regelmäßiger Besucher und Lehrer im Ausbildungszentrum. Schätzungen zufolge hat er in 250 Sitzungen persönlich zu rund 15 000 Managern des Unternehmens gesprochen.

Crotonville beruht auf dem Prinzip, dass die Personalentwicklung eine zu wichtige Aufgabe ist, um sie an Wirtschaftsuniversitäten und andere Ausbildungseinrichtungen zu delegieren. Der Leiter von Crotonville erklärt, die Aufgabe des Zentrums bestehe darin, „GEs globale Wettbewerbsfähigkeit als Instrument zur Veränderung der Kultur einzusetzen, indem die geschäftliche Sachkenntnis, die Führungsfähigkeiten und die Effektivität der GE-Mitarbeiter in der Organisation verbessert werden". In Anspielung auf die Aussage Welchs hat Noel Tichy (ehemaliger Direktor von Crotonville und heute an der University of Michigan) Crotonville als „Aufmarschplatz für die Unternehmensrevolution" bezeichnet.

Auch wenn man derart kühne Verkündigungen beiseite lässt, besteht kaum Zweifel daran, dass Crotonville GE einen deutlichen Startvorsprung gegenüber seinen Konkurrenten verschafft hat. Kaum einem anderen Unternehmen ist es derart häufig und über einen derart langen Zeitraum hinweg gelungen, die besten Managementkonzepte den eigenen spezifischen Umständen anzupassen. Vom Management by Objectives in den fünfziger Jahren bis zu Six Sigma in den neunziger Jahren hat GE erfolgreich neue Managementkonzepte ausgewählt und umgesetzt. Darüber hinaus hat Crotonville dazu beigetragen, Generationen von Managern die Kultur von General Electric einzuimpfen. (Sein Einfluss ist derart groß, dass Ed Schein vom MIT in seiner Arbeit über die Unternehmenskultur auf Parallelen zwischen den Aktivitäten in Einrichtungen wie Crotonville und der Praxis der Gehirnwäsche hingewiesen hat. In den Ohren mancher Leute wird dies wie ein Kompliment klingen.)

Erst in jüngster Zeit hat das Modell von Crotonville Nachahmer gefunden. Besonders ausgeprägt ist der Trend zur firmeneigenen Managementausbildung in den Vereinigten Staaten, wo mittlerweile über 1000 Unternehmenshochschulen existieren. Sie haben die unterschiedlichsten Formen und Größen und sind in praktisch jeder Branche anzutreffen. Die in Ohio ansässige Dana Corporation, die Autoteile herstellt, betreibt die Dana University. Ford hat seine Heavy Truck University in Detroit, Intel nennt eine Ausbildungsstätte in Santa Clara sein eigen, Sun Microsystems hat die Sun U, und Apple hat seine eigene Universität in Cupertino (Kalifornien).

Die Ausbreitung der Unternehmenshochschulen kann im Wesentlichen auf zwei Faktoren zurückgeführt werden. Erstens sehen sich die traditionellen Wirtschaftsuniversitäten immer wieder dem Vorwurf ausgesetzt, nicht nah genug an der wirtschaftlichen Praxis zu sein. Diese vielfach beklagte Schwäche nutzen die Unternehmenshochschulen gerne aus. Zweitrangige Business Schools können Jack Welch nicht dazu bewegen, einen Vortrag über Führung zu halten.

Der zweite Grund für die Ausbreitung der Unternehmensschulen ist in der Erkenntnis zu suchen, dass die Personalentwicklung über das zukünftige Überleben entscheiden wird und zu wichtig ist, um externen Einrichtungen überlassen zu werden. Studien in den Vereinigten Staaten haben zu Tage gefördert, dass Unternehmen, die über eigene Ausbildungsstätten verfügen, 2,5 Prozent ihres Personalaufwandes für die Fortbildung ausgeben. Das ist das Doppelte des nationalen Durchschnitts. Es entspricht nicht GEs Gewohnheit, etwas Wichtiges einer außenstehenden Organisation zu überlassen.

Es liegt auf der Hand, dass das Lehrpersonal und die Ressourcen von Crotonville sehr viel Geld kosten. Unternehmenshochschulen sind nichts für schwache Nerven. Sie sind ungeheuer kostspielig. Jeanne Meister, eine Expertin für solche Einrichtungen, fand bei einer Untersuchung in den Vereinigten Staaten heraus, dass die durchschnittlichen jährlichen Betriebskosten einer Unternehmensschule bei 12,4 Mio. Dollar lagen (wobei 60 Prozent der Unternehmen angaben, ein Budget von 5 Mio. Dollar oder weniger zu haben). Ein typischer Fall ist die im Jahr 1994 eröffnete National Semiconductor University, die eine 2000 m^2 große Anlage betreibt, neun Vorlesungssäle hat und 430 Studenten Platz gibt. Derartige Einrichtungen sind kostspielig, wie am Beispiel der Wirtschaftsuniversitäten leicht nachzuvollziehen ist. Der Betrieb der Intel University kostete das Unternehmen im Jahr 1996 150 Mio. Dollar. General Electrics Crotonville ist eine Investition in die Menschen – eine große Investition.

DIE WICHTIGSTEN LEHREN

Entwickle die Menschen für die Zukunft. Jack Welch sucht nicht nur den Kontakt zu den Menschen und fördert ihre Entwicklung, sondern investiert auch in die Zukunft des Unternehmens. Er macht sich Gedanken darüber, wer sein Nachfolger an der Spitze des Unternehmens sein soll. Er will Einfluss auf die Entwicklung des kommenden Managementkaders nehmen. Er will, dass die Kultur von GE noch lange nach seinem Rückzug aus dem Unternehmen Bestand hat. In vielerlei Hinsicht bereitet Welch schon die Weitergabe des Staffelholzes vor. Sein Vorgänger Reg Jones ging ganz ähnlich vor und bereitete Welch sorgfältig auf seine zukünftige Aufgabe vor.

Ausbilden bedeutet führen. Es gehört zu den wichtigsten Aufgaben der Führung, den Blick in die Zukunft zu richten und die nächste Generation von Führungskräften aufzubauen. Wo ein Machtvakuum hinterlassen wird, wurde nicht gut geführt. „Effektive Führungskräfte erkennen, dass die Qualität der Führung letzten Endes an der Nachhaltigkeit des Erfolgs gemessen wird, und um den Erfolg auf Dauer zu sichern, bedarf es einer stetigen Hege der zukünftigen Führer", meint Noel Tichy.[3] Daher müssen die Unternehmensführungen in die Entwicklung der Führungskräfte von morgen investieren und das direkte Gespräch mit denen suchen, die in ihre Fußstapfen treten werden.

Führungskräfte müssen Lehrer sein. Noel Tichy erklärt, dass ein Leiter drei Dinge benötigt, um seine Führungsfähigkeiten an andere weiterzugeben: Erstens muss ein Leiter einen „vermittelbaren Standpunkt" haben: „Er muss imstande sein, klar und überzeugend zu vermitteln, wer er ist, warum er da ist und wie er arbeitet."

Zweitens muss der Leiter eine Geschichte erzählen. „Die Menschen lernen voneinander, indem sie einander dramatische Geschichten erzählen", schreibt Tichy und weist darauf hin, dass dies möglicherweise der Grund dafür ist, dass sich Bill Gates und seinesgleichen berufen fühlen, Bücher zu schreiben.

Drittens benötigt der Leiter eine Lehrmethode: „Um ein ausgezeichneter Lehrer sein zu können, muss man ausgezeichnet lernen können." Die großen Unternehmensführer sind stets begierig, Neues zu lernen, und betrachten ihr Wissen nie als abgeschlossen oder umfassend.

Jack Welch besteht diese drei Tests mit Leichtigkeit. Er unterrichtet in Crotonville und erklärt, Vergnügen daran zu haben. Er sucht den Kontakt zu den Menschen, weil er unbedingt mehr über sie und ihre Probleme erfahren will.

Großartige Entscheidung Nr. 72

Was tut man so am ersten Tag, nachdem man das Familienunternehmen übernommen hat? Der Brasilianer Ricardo Semler feuerte 60 Prozent der Topmanager seines Unternehmens Semco. Ohne lange nachzudenken, löste er eine Revolution aus, von der die übrige Unternehmenswelt mittlerweile unbedingt lernen will.

Jede Woche geben einander Gruppen von Führungskräften aus multinationalen Konzernen in einem noch vor wenigen Jahren völlig unbekannten Unternehmen am Stadtrand von Sao Paulo die Klinke in die Hand. Sie werden allerdings nicht von der Schönheit des Ortes angelockt, denn es handelt sich um einen wenig einladenden Industriekomplex. Auch kann man kaum behaupten, die Technologie oder die Produkte des Unternehmens – Pumpen und Kühlmaschinen – zählten zu den aufregendsten in der Welt. Vielmehr pilgern all diese Spitzenmanager an diesen Ort, um sich genauer über die revolutionäre Methode zu informieren, mit der dieses Unternehmen geführt wird.

Als Ricardo Semler das Unternehmen Semco von seinem Vater übernahm, verbrachte er seinen ersten Tag hinter dem Schreibtisch des Chefs damit, 60 Prozent der Spitzenmanager des Unternehmens auf die Straße zu setzen. Seitdem hat Semco eine unvergleichliche Erfolgsgeschichte geschrieben. Es ist dem Unternehmen gelungen, das brasilianische Wirtschaftschaos, die Phase der Hyperinflation und eine Rezession zu überstehen und dabei seine Produktivität um fast das Siebenfache sowie die Gewinne um das Fünffache zu erhöhen.

Beim Betreten des Firmengebäudes müssen die Manager, die aus aller Welt zu Besuch kommen, als erstes erkennen, dass es keine Empfangsdame gibt. Bei Semco wird von allen Managern erwartet, dass sie ihre Gäste selbst begrüßen. Es gibt keine Sekretärinnen und keine persönlichen Assistenten. Die Manager machen ihre Fotokopien eigenhändig, verschicken ihre Faxe selbst und kochen sich ihren eigenen Kaffee. Da es bei Semco keine Kleiderordnung gibt, tragen manche Mitarbeiter Anzug und Krawatte, während andere in Jeans umherlaufen.

Doch die Revolution bei Semco ging weit über diese augenfälligen Veränderungen hinaus. „Als wir vor einigen Jahren eine Fabrik umsiedeln wollten, schlossen wir den Betrieb für einen Tag und luden die gesamte Belegschaft in Busse, um gemeinsam drei mögliche Standorte zu besichtigen“, erinnert sich Ricardo Semler. „Die Manager waren nicht sehr begeistert von dem Standort, für den sich die Belegschaft entschied, denn er lag in unmittelbarer Nachbarschaft eines Unternehmens, das häufig bestreikt wurde. Wir zogen trotzdem dort ein.“

Semco geht ungeheuer weit, was die Demokratie am Arbeitsplatz anbelangt. Jedes Mitglied des Unternehmens hat Zugang zu den Büchern; die Manager legen ihre Gehälter selbst fest; die Arbeiter in den Werken entscheiden selbstständig über ihre Produktivitätsziele sowie über ihre Zeitpläne und sind für Entscheidungen zuständig, die früher den Managern vorbehalten waren; sogar über die Verteilung der Gewinnbeteiligungen beschließen die Mitarbeiter.

„Wir haben ein am Boden liegendes Unternehmen übernommen und zu neuem Leben erweckt“, sagt Semler. „Das haben wir im Wesentlichen getan, indem wir davon Abstand nahmen, unsere größte Ressource zu verschwenden: unsere Mitarbeiter.“ Semler glaubt nicht, dass andere Unternehmen die Wandlung von Semco nachahmen sollten. Statt dessen regt er an, Unternehmen und andere Organisationen sollten sich neu erfinden. „Es gibt einige Unternehmen, die bereit sind, ihre Arbeitsweise zu ändern. Sie erkennen, dass sie nicht an den gewohnten Methoden festhalten sollten, dass es einen besseren Weg gibt. Doch 99 Prozent der Unternehmen sind nicht reif dafür, denn sie leben noch immer in einem industriellen Jurassic Park.“

Die Forderung, die Unternehmen sollten demokratischer und menschlicher werden, ist altbekannt. Das Problem liegt, wie Semler offen zugibt, darin, dass es alles andere als leicht ist, den Menschen tatsächlich zuzuhören, ihre Entscheidungen wirklich zu akzeptieren und ihnen verständlich zu machen, dass demokratische Strukturen notwendig sind. „Die Ära, in der die Menschen als Produktionsmittel eingesetzt wurden, neigt sich ihrem Ende zu“, meint er. „Die Partizipation ist unendlich komplexer als die konventionelle Methode der einseitigen Entscheidung, doch die Unternehmen können sie nicht länger ignorieren oder sich darauf beschränken, Lippenbekenntnisse zur Beteiligung ihrer Mitarbeiter abzulegen.“

Viele Manager betrachten Semcos Ansatz und seine Leistungen, die Semler in einem internationalen Bestseller mit dem Titel *Maverick!* beschrieb, noch immer mit beträchtlicher Skepsis. So bemerkte ein prominenter britischer Spitzenmanager in einer Diskussionsrunde, Semler sei „kein Einzelgänger, sondern ein Exzentriker“.

Es verwundert nicht, dass die Traditionalisten in der Managementgemeinde Semlers Ansatz als inakzeptabel ablehnen. Bei Semco werden die Manager laufend von den Arbeitern bewertet, anstatt nur einem erlesenen Kreis von Managerkollegen Rede und Antwort stehen zu müssen. Sie müssen sich mit dem Gedanken abfinden, dass ihre Entscheidungen nicht über jeden Zweifel erhaben sind. Semler selbst ist offensichtlich bereit, sich zähneknirschend mit Entscheidungen abzufinden, die nicht in seinem Sinn sind, und er gibt zu: „Es gibt bei Semco viele Leute, deren Art ich eigentlich nicht mag. Ich hätte sie nicht eingestellt, doch es liegt auf der Hand, dass sie ihre Arbeit gut machen – ansonsten würden die Mitarbeiter sie nicht unterstützen.“

Semler gesteht, dass es noch zu früh ist, um ein abschließendes Urteil über die Revolution bei Semco zu fällen. „Tatsächlich ist die Arbeit erst zu 30 Prozent abgeschlossen“, schätzt er. „Auf lange Sicht wird sich der Erfolg einstellen, wenn mich das System vergisst und von selbst zu funktionieren beginnt.“

DIE WICHTIGSTEN LEHREN

Stehe zu deinen Überzeugungen. Ricardo Semler hätte das Unternehmen genauso weiterführen können wie sein Vater, doch er war entschlossen, es nach seinen eigenen Wertvorstellungen zu gestalten.

Mach dich selbst überflüssig. Es ist Teil der Revolution bei Semco, dass Semler selbst weitgehend überflüssig geworden ist. Die Funktion des Geschäftsführers wird abwechselnd von fünf Personen ausgefüllt. Die Verringerung seiner Macht ist offenkundig nichts, was Semler mit Trauer erfüllt; vielmehr betrachtet er diese Entwicklung als Bestätigung dafür, dass sein Zugang funktioniert. „Ich habe seit acht Jahren niemanden eingestellt oder gekündigt und auch keinen Scheck mehr unterschrieben“, erzählt er. „Was den Betrieb anbelangt, so werde ich nicht länger benötigt; trotzdem beziehe ich weiterhin ein Gehalt, weil ich auf vielen anderen Wegen zum Erfolg des Unternehmens beitrage.“ Tatsächlich glaubt Semler, dass jene Funktion, die viele als zentrale Aufgabe des Managements betrachten – die Entscheidungsfindung – überhaupt nicht die Funktion des Managements sein sollte. „Erst wenn die Chefs darauf verzichten, die Entscheidungen zu fällen, und statt dessen ihren Mitarbeitern die Verantwortung übertragen, wird die gemeinsame Führung eines Unternehmens durch Belegschaft und Manager möglich. Das nenne ich wirklich partizipatives Management.“

Werde dein eigenes Rollenvorbild. In Semlers Augen ist es ein Fehler anzunehmen, Semco sei ein geeignetes Rollenvorbild. „Hier handelt es sich lediglich um eine von vielen Möglichkeiten, wie sich ein Unternehmen organisieren kann. Die Demokratie allein wird nicht alle betrieblichen Probleme lösen. Tatsächlich kann ja jedermann sehen, dass autokratische Unternehmen durch nichts daran gehindert werden, Geld zu verdienen.“

Großartige Entscheidung Nr. 73

Im Jahr 1981 schickte Jan Carlzon, der neue Leiter der Fluglinie SAS, 10 000 Servicemanager in zweitägige Kundendienstseminare und 25 000 weitere Manager in dreiwöchige Kurse. Innerhalb von vier Monaten verwandelte sich SAS in die pünktlichste europäische Fluglinie mit einem bis dahin nicht für möglich gehaltenen Serviceniveau.

Die Arbeit, die Jan Carlzon in den achtziger Jahren bei Scandinavian Airlines leistete, ermöglichte einen der spektakulärsten Turnarounds in der jüngeren Unternehmensgeschichte. Die Leistungen von SAS waren durchschnittlich, bis Carlzon das Unternehmen mit dem Kundendienst vertraut machte.

Carlzon prägte insbesondere das Konzept der „Momente der Wahrheit“ – gemeint war die Abfolge entscheidender Abläufe in jeder Phase des Eigentums- oder Verwendungszyklus.

Diese Abläufe wurden in folgende Bestandteile zerlegt:

- Erster Kontakt
- Erste Inanspruchnahme
- Problemlösung
- Laufende Unterstützung
- Weitere Käufe
- Empfehlung an andere potentielle Kunden

Indem man feststellt, inwieweit die Leistungen an den unterschiedlichen Punkten des Zyklus die Kundenzufriedenheit und den Wert des Angebots beeinflussen und wie Zufriedenheit und Wert abhängig vom Kundentyp schwanken, kann man bedeutende Aufschlüsse über das Verhalten der Kunden gewinnen.

Carlzon verkündete, dass „jedes Business ein Showbusiness ist“, und er verstand tatsächlich, wie der Prozess funktionierte. Dann entschloss er sich zu beweisen, wie sehr dem Unternehmen daran gelegen war, die „Momente der Wahrheit“ zu bewältigen, und schickte Zehntausende SAS-Manager in Schulungen. Eine drastische Entscheidung, die sich jedoch als sinnvoll erwies. (Es gibt Parallelen zu Carlzons Vorgehen: Larry Bossidy, der CEO von AlliedSignal, schleuste sämtliche 86 000 Mitarbeiter des Unternehmens durch ein Schulungsprogramm und schaffte es, in seinem ersten Jahr an der Spitze des Unternehmens zu 15 000 von ihnen zu sprechen. Nebenbei erhöhte Bossidy den Marktwert des Unternehmens innerhalb von sechs Jahren um 400 Prozent.)

Die Folge von Carlzons Entscheidung war, dass SAS mit neuem Lebensgeist erfüllt wurde und zum internationalen Vorbild für exemplarische Methoden im Kundendienst aufstieg. SAS wurde unter anderem von Tom Peters in seinem Buch *A Passion for Excellence* als leuchtendes Beispiel angeführt.

DIE WICHTIGSTEN LEHREN

Der Kundendienst ist eine Aufgabe des Managements. Allzu viele Unternehmen betrachten die Betreuung der Kunden als alleinige Aufgabe jener Mitarbeiter, die im direkten Kontakt zu den Kunden stehen. Mit seiner Entscheidung, die Manager in Kundendienstschulungen zu schicken, machte Jan Carlzon nachdrücklich klar, dass er auch vom Management erwartete, die „Momente der Wahrheit" zu erkennen und zu ihrer Bewältigung beizutragen.

Kommuniziere unablässig. Entscheidend für Carlzons Erfolg war sein Bekenntnis zur Kommunikation. Jan Lapidoth, der in den achtziger Jahren bei SAS mit Carlzon zusammenarbeitete, sieht Parallelen zu einem anderen leidenschaftlichen Kommunikator, Percy Barnevik von Asea Brown Boveri: „Carlzon und Barnevik verstehen sich beide auf die Show. Sie spielen ihre Rollen vollendet. Sie stehen im Mittelpunkt ihrer Strategie: Sie predigen die Strategie nicht, sie sind die Strategie. Sie kommunizieren beharrlich und kontinuierlich. Sie wiederholen dieselben Botschaften wieder und wieder. Es ist, als würden sie Werbung betreiben, dabei werden sie nie müde, ihre Botschaft zu wiederholen – es gibt kein Anzeichen von Überdruss, keinen Zynismus, keinen Sarkasmus. Sie geben den Worten eine echte Bedeutung." Es besteht ein offenkundiger Zusammenhang zwischen dieser Lust auf Kommunikation und einem menschlicheren Managementstil. Die Menschen haben es verdient, informiert zu werden.

Großartige Entscheidung Nr. 74

Im Jahr 1981 trat Jack Welch die Nachfolge von Reg Jones als Leiter von General Electric an. Dies ist eines der wenigen Beispiele für eine Managementnachfolge, die sowohl geplant als auch erfolgreich war.

Jack Welch kletterte in atemberaubendem Tempo in der Hierarchie von General Electric noch oben. Im Jahr 1968 wurde er im Alter von 33 Jahren der jüngste General Manager in der Geschichte von GE. Als Nächstes stieg er zum Bereichsleiter Konsumgüter und Dienstleistungen auf und wurde Vice Chairman der GE Credit Corporation. Bis 1979 hatte er es zum stellvertretenden Chairman des Konzerns gebracht. Auf dem Weg dorthin hatte er den Kunststoffbereich zu einem Geschäft mit 2 Mrd. Dollar Umsatz gemacht, den krisengeschüttelten Bereich Medizinische Diagnoseinstrumente auf den Wachstumspfad zurückgeführt und den Aufstieg von GE Capital eingeleitet. Dieser Mann bewies stets eine gute Nase.

Der entscheidende Sprung auf die höchste Führungsebene von General Electric gelang Welch im Jahr 1977, als Chairman Reg Jones vorschlug, ihn in die Zentrale in Fairfield (Connecticut) zu holen, damit er sich am Wettrennen um die Nachfolge des Konzernleiters beteiligen könne. Jones wusste, wonach er bei seinem Nachfolger suchte. Schon bald erkannte er, dass Welch dem Anforderungsprofil am besten entsprach. „Wir brauchen Leute mit Unternehmergeist, die bereit sind, wohlerwogene geschäftliche Risiken einzugehen, und gleichzeitig in der Lage sind, harmonisch mit einem größeren Unternehmensgebilde zusammenzuarbeiten“, erklärte Jones, der aufrichtig genug war, seine eigenen Grenzen zu erkennen. „Die intellektuellen Anforderungen gehen weit über jene in weniger komplexen Organisationen hinaus.“

Das soll nicht heißen, dass Jones' Entscheidung spontan gefallen wäre. Vielmehr hatte er bereits 1974 über einen geeigneten Nachfolger nachzudenken begonnen und eine erste Liste von einhundert besonders fähigen GE-Führungskräften erstellt. Diese Liste wurde später auf sechs Namen gekürzt. Unter diesen sechs Managern, die direkt der Konzernleitung unterstellt wurden, war auch Welch. „Der Prozess der Managementnachfolge, der die Verantwortung für das altehrwürdige Unternehmen General Electric in die Hände von Jack Welch legte, ist kennzeichnend für die besten und bedeutendsten Aspekte der GE-Kultur“, schrieben Noel Tichy und Stratford Sherman. „Jones beharrte auf einem langwierigen, arbeitsaufwendigen, ungeheuer gründlichen Prozess, in dem jeder potentielle Kandidat sorgfältig begutachtet wurde, um dann aufgrund ausschließlich rationaler Gründe den am besten qualifizierten auszuwählen. Das

Ergebnis zählt zu den besten Beispielen für gelungene Nachfolgeplanung in der Unternehmensgeschichte."

Im Dezember 1980 wurde die Ernennung Jack Welchs zum neuen CEO und Chairman von General Electric bekannt gegeben. Welchs Aufstieg war rekordverdächtig. Mit 45 Jahren war er der jüngste Leiter in der Geschichte des Unternehmens. Tatsächlich war er erst der achte CEO von General Electric in 92 Jahren.

Welchs dramatische Herrschaft hat Kritiker auf den Plan gerufen, welche die Vermutung äußerten, Jones und seine Vorgänger hätten Welchs Vorgehen möglicherweise missbilligt. Ganz im Gegenteil, erwidern andere Beobachter: Jones habe genau gewusst, was er tat. „Als sich Unternehmenschef Reginald Jones und die Führung von GE für Jack Welch entschieden, ließen sie ganz bewusst einen Propheten und Kreuzritter von der Leine, dessen Managementauffassung weit von dem analytischen, administrativen Konzept entfernt war, an dem sich GE zu jener Zeit orientierte", schrieben Al Vicere und Robert Fulmer. „Welch gab dem Unternehmen ein neues Ziel, eines, das GE half, das Gleichgewicht zwischen innovativer Kreativität und adaptiver Kontrolle wieder herzustellen."[5]

DIE WICHTIGSTEN LEHREN

Mache die Suche nach deinem Nachfolger zu einem Teil deiner Arbeit. Bei General Electric ging die Herrschaft nahtlos von einer Generation auf die nächste über. Jeder neue Amtsinhaber fühlte sich in mehr oder weniger großem Umfang der Veränderung verpflichtet. Nach einer umfassenden Beschäftigung mit der Geschichte des Unternehmens gelangte Richard Pascale zu folgendem Schluss: „Die große Stärke von General Electrics liegt in der geschickten Wahl seiner Unternehmensleiter, die jeweils die Extreme ihrer Vorgänger aufgewogen haben."[6]

Tatsächlich waren ihre Leistungen durchwegs gut. Jerry Porras und Jim Collins haben herausgefunden, dass Welchs Ergebnisse in seinem ersten Jahrzehnt an der Spitze des Konzerns nicht zu den besten in der Geschichte von General Electric zählen, wenn man die Kapitalrendite als Maßstab heranzieht. Tatsächlich belegt der gefeierte CEO in einer solchen Rangliste lediglich den fünften Rang unter sieben Unternehmensleitern von GE. „Einen CEO vom Kaliber eines Jack Welch zu haben, ist großartig. Dass GE ein Jahrhundert lang CEOs von einem solchen Kaliber hatte, die noch dazu alle im Unternehmen herangewachsen waren, zählt zu den wichtigsten Gründen dafür, dass es sich hier um ein visionäres Unternehmen handelt", folgern Porras und Collins.[7] Tatsächlich handelt es sich um eine fabelhafte Bilanz. Kein anderes Großunternehmen ist so erfolgreich bei der Entwicklung seiner Führungskräfte gewesen oder hat es geschafft, über einen derart langen Zeitraum hinweg vergleichbare Ergebnisse zu erzielen.

Hier eine kurze Parade der CEOs von General Electric:

Charles Coffin: Er war von 1892 bis 1922 Chairman, CEO und Präsident. Coffin führte die Gruppe an, die Edisons Patente erwarb und mit der ernsthaften Entwicklung des Unternehmens begann.

Gerard Swope: Swope (1872-1957) kam im Jahr 1919 als erster Präsident von International General Electric zu GE. Im Jahr 1922 wurde er Präsident; als Chairman stand ihm Owen Young zur Seite. Ende der zwanziger Jahre hatte das Unternehmen 75 000 Beschäftigte und einen Umsatz von 300 Mio. Dollar. General Electric trat in den Markt für Haushaltsgeräte ein. Swope legte großen Wert darauf, dass sich das Unternehmen auf sein Erbe besann, das in Entwicklung und Herstellung lag, und verknüpfte dieses Erbe mit soliden Systemen und einem an den zeitgenössischen Maßstäben gemessen progressiven Personalmanagement. Der 1931 vorgestellte Swope Plan zählte zu den Bausteinen des New Deal. Swope zog sich im Jahr 1939 aus dem Unternehmen zurück, kehrte jedoch noch einmal für kurze Zeit zurück, als sein Nachfolger für die Kriegsproduktion benötigt wurde.

Charles Wilson: Wilsons Amtszeit, die von 1940 bis 1952 dauerte, wurde durch den Krieg unterbrochen, was seine Wirkung im Unternehmen und sein Erbe verglichen mit jenen seiner Vorgänger schmälerte.

Ralph Cordiner: Cordiner (1900-1973) leitete GE von 1950 bis 1963. Er war ein entschiedener Verfechter der Dezentralisierung, die den Aufbau komplexer bürokratischer Systeme erforderlich machte. Seine unruhige Amtszeit war durch die Einführung des Management by Objectives (Zielgesteuerte Unternehmensführung) geprägt; dieses Konzept hatte ein aufstrebender junger Managementtheoretiker namens Peter Drucker entwickelt, der zu jener Zeit eng mit dem Unternehmen zusammenarbeitete. Cordiner gründete auch GE Plastics und die Sparte Flugzeugmotoren und rief das firmeneigene Ausbildungszentrum in Crotonville ins Leben. Er räumte dem Marketing eine Schlüsselfunktion ein und entwickelte einen neuen Slogan für das Unternehmen: „Der Fortschritt ist unser wichtigstes Produkt." Cordiner fasste seine Managementphilosophie in dem Buch *New Frontiers for Professional Managers* (1956) zusammen.

Fred Borch: Borch führte die strategische Planung bei GE ein und verschaffte dem Unternehmen nach den turbulenten Jahren unter Cordiner eine Ruhepause. Jack Welch erinnert gerne an die positive Wirkung Borchs: „Borch ließ tausend Blumen erblühen. Er führte das Unternehmen in Geschäftsbereiche wie den Baukastenhausbau und ins Unterhaltungsgeschäft, geleitete GE Credit durch die schwierigen ersten Jahre, nahm Aktivitäten in Europa auf und ließ Aircraft Engine und GE Plastics in Ruhe arbeiten, damit sie wirklich aus den Startlöchern kommen konnten. Nach seinem Rücktritt wurde klar, dass General Electric wieder einmal in einigen zukunftsträchtigen Geschäften Fuß gefasst hatte."[8] Borch führte den Konzern von 1963 bis 1972.

Reg Jones: Der aus England stammende Jones kam 1939 zu GE. Im Jahr 1967 wurde er Finanzleiter, 1973 wurde er zum CEO ernannt. Jones entwickelte General Electrics Geschäfte in Hochtechnologiebranchen wie Flugzeugmotoren und Kernreaktoren und verbesserte die Finanzsysteme des Konzerns. Im Jahr 1979 wurde er zum einflussreichsten Manager der Vereinigten Staaten und ein Jahr später zum Unternehmensleiter des Jahres gewählt. Ein ehemaliger Spitzenmanager von GE bemerkte später über ihn: „In der Amtszeit von Jones war GE ein finanziell starkes, jedoch schläfriges, langweiliges Unternehmen. Wir waren eine Organisation im Niedergang – und das wurde nicht erkannt."[9] Doch die sorgfältige Nachfolgeplanung von Reg Jones führte zur Ernennung von Jack Welch.

Manage mit gesundem Menschenverstand. Ein weiterer Grund für den Erfolg von GE ist darin zu suchen, dass das Unternehmen auf einer einfachen Kultur beruht, die dem gesunden Menschenverstand Rechnung trägt. Kein Schnickschnack, keine übertriebenen Ansprüche bringen den Konzern vom Kurs ab. „Gewiss haben wir gute Leute, aber wir stammen alle aus demselben Reservoir wie die Mitarbeiter anderer Unternehmen. Und dennoch glaube ich, dass etwas Einzigartiges an uns ist", sagte der ehemalige CEO Fred Borch im Jahr 1965. „Und unsere Einzigartigkeit beruht meiner Meinung nach auf diesem besonderen Klima: auf dem Respekt füreinander und auf dem Bestreben, in unserer Arbeit soviel Spaß wie nur irgend möglich zu haben."

Großartige Entscheidung Nr. 75

Die Entscheidung Präsident McKinleys, Elihu Root zum Kriegsminister zu ernennen, rief im Jahr 1899 in den USA allgemeine Überraschung hervor. Doch dann baute Root die Streitkräfte der Vereinigten Staaten, in denen zu jener Zeit chaotische Zustände herrschten, erfolgreich um und führte Systeme ein, die gewährleisteten, dass die Verbindung zwischen den Generälen und ihren Truppen wieder hergestellt wurde.

Der Rechtsanwalt Elihu Root (1845–1937) war ein bekannter Dandy des späten 19. Jahrhunderts. Root, der Theodore Roosevelt zu seinen Freunden zählte, hatte sich in New York, wo er ein aktives Mitglied der Republikanischen Partei war, einen Namen gemacht. Doch im übrigen Land war er praktisch unbekannt, als ihn Präsident McKinley damit beauftragte, das organisatorische Chaos in der amerikanischen Armee zu beseitigen.

Die Unordnung in den Streitkräften war im spanisch-amerikanischen Krieg offenkundig geworden. Eine Reihe logistischer Katastrophen hatte die Konfusion in einer Armee zu Tage gefördert, der es an Führung mangelte. In einem nach dem Krieg erstellten Bericht wurde beklagt, dass die Streitkräfte in einer Art und Weise geführt wurden, die jedes Unternehmen in den Konkurs getrieben hätte.

Root stellte fest, dass ein zentrales Problem in der mangelnden Koordination zwischen den verschiedenen Teilen der Armee lag. Also machte er es sich zum Ziel, die militärische Führung dazu zu zwingen, Rechenschaft über ihr Vorgehen abzulegen und den Kontakt zu ihren Truppen wieder herzustellen. Zu viele hohe Militärs hatten sich, so Root, „in Washington in gemütlichen Sesseln verschanzt". Also wurde die Verwaltung der Streitkräfte neu organisiert. Man gründete eine Armeehochschule und rief unter anderem einen Generalstab ins Leben.

Peter Drucker hat Roots Initiativen als „die erste bewusste und systematische Anwendung von Managementprinzipien" bezeichnet. Im Grunde tat Root nichts anderes, als die Führer und die Systeme wieder mit den Untergebenen zu verbinden.

DIE WICHTIGSTEN LEHREN

Führungskräfte müssen ständig in Kontakt mit ihren Gefolgsleuten sein. Die Leiter sind nichts ohne ihre Gefolgschaft. Begabte Menschen sind die Motoren des Erfolgs und der Erneuerung von Unternehmen und Nationen. Punktum.

Anmerkungen

[1] Drucker, Peter, *The Practice of Management* (Harper & Row, 1954).

[2] Tichy, Noel, und Sherman, Stratford, *Control Your Destiny or Someone Else Will* (Currency Doubleday, 1993).

[3] Tichy, Noel, „The mark of a winner." In: *Leader to Leader*, Herbst 1997.

[4] Tichy, Noel, und Sherman, Stratford, *Control Your Own Destiny or Someone Else Will* (Currency Doubleday, 1993).

[5] Vicere, Albert, und Fulmer, Robert, *Leadership by Design* (Harvard Business School Press, 1998).

[6] Pascale, Richard, *Managing on the Edge* (Simon & Schuster, 1990).

[7] Porras, Jerry, und Collins, James, *Built to Last* (Century, 1997).

[8] Pascale, Richard, *Managing on the Edge*.

[9] Ebd.

DIE GALERIE DER MISSGRIFFE

Perfektion ist unmöglich, besonders in der Geschäftswelt, wo hinter jeder Ecke Fehlschläge lauern. Seltsamerweise sind die schlechtesten immer eng mit den besten Entscheidungen verbunden. Irgendwo gibt es immer einen Verlierer. („Wenn Du schlechte Entscheidungen brauchst, lies einfach den Jahresbericht von AT&T, egal aus welchem Jahr", riet mir ein Bekannter sarkastisch.) Es gibt immer eine Kehrseite. Doch wer nicht bereit ist, eine Niederlage einzustecken, wird auch keine Siege erringen.

MISSGRIFF NR. 1

1899 verkaufte Asa Candler für einen Dollar die Abfüllrechte für Coca-Cola an Benjamin Thomas und Joseph Whitehead. Candler glaubte, das Getränk würde an Sodaständen ausgeschenkt werden. Dieses Geschäft ging ihm durch die Lappen, die meisten anderen nicht.

MISSGRIFF NR. 2

Apple weigerte sich, anderen Unternehmen die Erlaubnis zum Nachbau seiner Produkte zu geben. Das Unternehmen war der Ansicht, die Qualität seiner Produkte nur sichern zu können, wenn es die Kontrolle über alles bewahrte. Dieselbe Politik verfolgte es später auch bei seinem Macintosh-Betriebssystem. Jahrelang weigerte sich das Unternehmen, die Lizenz für sein Apple Mac-Betriebssystem an andere Hersteller zu vergeben. Das bedeutete, dass jeder, der das benutzerfreundliche Apple Betriebssystem wollte, auch einen Apple Computer kaufen musste. Diese Strategie ergab durchaus einen Sinn – allerdings nur dort, wo nach den alten Spielregeln gespielt wurde. Das Problem von Apple war, dass es, was sein Unternehmensmodell und seine strategische Vision anbelangte, nur eine Generation von dem Hardware-Dinosaurier IBM entfernt war.

William Halal von der George Washington University meint dazu: „Wenn Steve Jobs und John Sculley das Potential einer standardisierten Software-Plattform erkannt hätten, könnten sie heute die Monopolstellung innehaben, die Microsoft erobert hat. Und Macintosh ist ein besseres System. Das zeigt, wie groß die Auswirkungen schlechter Entscheidungen sein können."

MISSGRIFF NR. 3

Um die Wahrheit zu sagen: Apple nimmt einen ganz besonderen Platz in der „Galerie der Missgriffe" ein. Sie wollen wissen, wie man Management keineswegs betreiben sollte? Sehen Sie sich einfach die jüngere Geschichte von Apple an. Anfang der neunziger Jahre schlossen dort Fehler und Desaster so nahtlos aneinander an wie einst die Triumphe. Das Unternehmen verlor einen Urheberrechtsprozess gegen Microsoft. 1993 brachte es den Newton Personal Assistant auf den Markt. Der Newton war ein Flop, und CEO John Sculley trat zurück. 1995 war es wieder einmal fünf vor zwölf. Apple brachte seine neuen Laptops heraus, musste sie aber zurückholen, nachdem zwei Geräte Feuer gefangen hatten. Die Gewinne gingen um 48 Prozent zurück. 1996 betrug der Marktanteil von Apple nur noch 5 Prozent – in seiner Blütezeit waren es 20 Prozent gewesen. Der neue Unternehmenschef Gil Amelio musste sich nach nur 500 Tagen geschlagen geben. Er holte Steve Jobs zurück und verlor seinen Job. In dieser Zeit fällte Apple nicht viele großartige Entscheidungen.

MISSGRIFF NR. 4

„Wie wäre es mit einer schlechten Entscheidung, die zu einer guten führte?", fragt der Führungsexperte Warren Bennis. „Ich denke dabei daran, wie Xerox den ersten PC ablehnte und Jobs erlaubte, ihn zu stehlen; er wurde ihm praktisch auf dem Silbertablett serviert. Dieser rechtmäßige Diebstahl führte zum ersten PC für den Massenmarkt, und Jobs beging diesen Diebstahl nicht etwa in einer Nacht-und-Nebel-Aktion, sondern bei hellem Tageslicht." Das Xerox-Forschungsinstitut PARC verfügte über die Technologie. Doch das Unternehmen hatte entweder nicht den Willen, sie zu nutzen, oder erkannte die Chance nicht.

MISSGRIFF NR. 5

Xerox war nicht allein. „Mitte der siebziger Jahre kam jemand mit einer Idee zu mir, bei der es sich im Prinzip um den PC handelte", gesteht Gordon Moore, seit

1997 „Chairman Emeritus“ bei Intel. „Ich persönlich konnte nichts Nützliches daran erkennen, also dachten wir nie ernsthaft darüber nach.“ Immerhin stellte sich Intel in anderen Bereichen durchaus geschickt an.

MISSGRIFF NR. 6

In den neunziger Jahren sorgten winzig kleine rosafarbene Mangankristalle für Aufruhr und lösten einen kostspieligen und langwierigen Krieg zwischen dem britisch-niederländischen Giganten Unilever und seinem alten Rivalen Procter & Gamble aus. Der Chairman von Unilever England, Sir Michael Perry, sprach später vom „größten Marketingrückschlag, den wir je erlebt haben“.

Obwohl P&G und Unilever seit Jahrzehnten einen erbitterten Konkurrenzkampf führten, wurden in der Auseinandersetzung stets gewisse Regeln der Fairness beachtet. Damit war im Februar 1994 Schluss, als Unilever in drei europäischen Ländern seine neuen Waschmittel Omo Power und Persil Power auf den Markt brachte. Der Marketingplan sah eine rasche und sehr kostenintensive Markteinführung in 11 europäischen Ländern vor.

Unilever verkündete, das neue Produkt (das je nach Land entweder Omo oder Persil hieß) bedeute einen riesigen technologischen Fortschritt. „Wir wussten von Anfang an, dass es in der Waschmittelindustrie eine Revolution auslösen würde. Wir hatten allerdings nicht erwartet, dass ein Krieg ausbrechen würde“, erklärte ein Mitarbeiter des Unternehmens später.

Der entscheidende Bestandteil der Power-Produkte waren Mangankristalle. Auch P&G hatte Mangan getestet, dabei jedoch festgestellt, dass es die Textilien angreifen und ausbleichen konnte. Deshalb hatte der amerikanische Konzern seine Forschungen in diesem Bereich eingestellt. Unilever hingegen hatte die Entwicklungsarbeit unbeirrt fortgesetzt, in der Überzeugung, früher oder später eine Lösung für das Problem zu finden. Schließlich wähnte man sich am Ziel und setzte Mangankristalle als Katalysator ein, um die Waschkraft einer neuen Produktgeneration zu erhöhen.

Die Einführung des neuen Produktes schien Unilever den so sehnlich herbeigesehnten Sprung nach vorn zu ermöglichen. Das neue Waschmittel von P&G, Ariel Futur, sollte erst Ende 1994 auf den Markt kommen. Das Power-Waschmittel schien sich besonders bei der Entfernung von Flecken glänzend zu bewähren. P&G machte sich in Windeseile daran, die Bestandteile des neuen Vorzeigeproduktes von Unilever zu untersuchen. Dabei fanden die Forscher heraus, dass das neue Waschmittel von Unilever nach mehrmaligem Waschen Löcher in der Kleidung verursachen konnte. „Nur Ariel wäscht so sauber und schonend zugleich", hieß es in Zeitungsannoncen von P&G. Damit nicht genug, behauptete P&G außerdem, das Mangan dringe derart tief in die Fasern ein, dass seine zerstörerische Wirkung auch anhalte, wenn später andere Waschmittel verwendet würden. Diese Behauptungen lösten einen Krieg aus.

Anfang Juni verwies Unilever auf die Erhöhung seines Marktanteils in Großbritannien und wertete dies als klaren Beweis dafür, dass es auf dem besten Weg sei, den Krieg zu gewinnen. Dennoch erklärte der Konzern, dass er eine Verringerung des Manganteils in seinen Produkten plane und bereits an einem Ersatzprodukt arbeite. P&G schlug mit der Behauptung zurück, dass sogar ein Zehntel der ursprünglichen Manganmenge einen übermäßigen Verschleiß der Kleidung bewirke.

Die nächste Front wurde im Juli eröffnet, als Unilever erklärte, über eine Kopie der Verkaufsbroschüre und eine Probe des neuen Waschmittels von P&G zu verfügen. Ariel Futur sollte im Herbst in Deutschland und später in ganz Europa auf den Markt kommen. Unilever verkündete, die Untersuchung der Broschüre und der Probe hätten bewiesen, dass der Feldzug gegen die Power-Produkte nur dem Groll eines unterlegenen Unternehmens entspringe. Daraus schloss Unilever, dass P&G einfach eine vollkommene Niederlage habe hinnehmen müssen.

P&G schlug mit der Erklärung zurück, Ariel Futur sei „keine Kopie, sondern eine echte Innovation", und wies darauf hin, dass es erstens kein Mangan enthalten werde und zweitens noch überhaupt nicht hergestellt würde.

Im August ging der Krieg in seine entscheidende Phase. Unilever ging zum Angriff über und behauptete, das Power-Waschmittel sei umweltfreundlicher als die Produkte der Konkurrenz. P&G hielt in seiner Werbung an den bekannten Argumenten fest: „Nur Ariel wäscht so sauber und schonend zugleich", verkündete der amerikanische Konzern und warnte die Konsumenten davor, dass Manganrückstände das Gewebe langfristig ausbleichen könnten. Unilever legte bei der Advertising Standards Authority Beschwerde gegen diese Werbungen ein, stellte die Testergebnisse in Frage und bestritt die angebliche Überlegenheit von Ariel.

Im September wurden die Erklärungen und Gegenerklärungen mit einer Flut von Berichten fortgesetzt. In einem Bericht der niederländischen Verbrauchervereinigung wurde Kritik an Omo Power geübt, da es in Tests einige Textilien „beschädigt" hatte.

Im November brachte P&G sein neues Produkt Ariel Futur (bzw. Future in England) auf den Markt. Hier, so erklärte P&G, handle es sich tatsächlich um einen „beachtlichen technologischen Fortschritt bei Waschpulvern". Unterstützt durch eine 11,2 Millionen Dollar teure Fernsehwerbekampagne kam Future im

Januar 1995 in England in den Handel. Im selben Monat verkündete Unilever, es plane die Einführung eines neuen Waschmittels namens New Generation Persil. Das neue Produkt, so Unilever, werde Stoffe wirkungsvoller reinigen und weniger schädlich sein als Ariel Future. Und vor allem werde es keine rosafarbenen Kristalle enthalten.

Als Unilever im Februar 1995 eine Erhöhung des Gewinns auf 3,81 Milliarden Dollar bekannt gab, musste es zugleich auch bekannt geben, dass es aufgrund des Waschmittelkriegs Anteile im Wert von 237 Millionen Dollar abschreiben werde.

MISSGRIFF NR. 7

Die Amerikaner behaupten gern, Eli Whitney sei der Erfinder der Produktion austauschbarer Bauteile gewesen. In Wirklichkeit war er es nicht. Bereits im 18. Jahrhundert erkannten Uhrmacher die Möglichkeiten, die sich durch die Verwendung austauschbarer Teile eröffneten, und dasselbe gilt für Honore Blanc, einen Waffenbauer im Frankreich des 18. Jahrhunderts. Blanc machte sogar eine Vorführung mit 1000 Musketen. Thomas Jefferson, der damals amerikanischer Botschafter in Frankreich war, berichtete aus Paris über diese Entwicklung.

Blanc fertigte bald jährlich 1000 Musketen für Napoleons Armee an. Die Verwendung austauschbarer Teile ermöglichte es ihm, ungelernte Arbeiter in der Produktion einzusetzen. Doch daran fand die französische Regierung keinen Gefallen. Sie erklärte, es sei weder durchführbar noch vernünftig, dass verschiedene Menschen jeweils nur einen kleinen Teil eines Produktes anfertigten. Solide Handwerkskunst erforderte, dass eine Person das gesamte Produkt herstellte. Blancs Produktionsmethode, die als Vorläufer der Massenproduktion betrachtet werden kann, wurde in aller Stille zu Grabe getragen. Hätte man Blanc die Möglichkeit gegeben, sein Konzept weiterzuentwickeln, so hätte Henry Ford vielleicht Henri gehießen.

MISSGRIFF NR. 8

In den siebziger Jahren entwickelte der japanische Unternehmensriese Matsushita die VHS-Video-Technologie und entschloss sich, Lizenzen für die Produktion zu vergeben. Sony entwickelte das um vieles bessere Betamax-System, unterließ es jedoch, anderen Herstellern Produktionslizenzen zu erteilen. Heute ist VHS der Weltstandard, und kaum jemand erinnert sich noch an das überlegene Betamax – und das alles wegen einer Lizenz.

MISSGRIFF NR. 9

Henry Ford entwickelte die Massenproduktion. Er gab der Welt erschwingliche Autos. Er zahlte seinen Arbeitern den Rekordlohn von 5 Dollar am Tag. Aus all diesen Gründen wird Henry Ford in die Geschichte eingehen. Doch auch er war nur ein Mensch und beging im Lauf seines Lebens wie jeder andere gravierende Fehler.

Eine seiner bemerkenswertesten Fehlentscheidungen bestand darin, Unterseeboote zu bauen. Im Jahr 1917, als der Erste Weltkrieg tobte und deutsche U-Boote den alliierten Seestreitkräften schwere Verluste zufügten, erklärte Ford großspurig, er könne „jeden Tag 1000 kleine Unterseeboote bauen".

Die amerikanische Marine war verzweifelt und beauftragte Ford mit dem Bau von 60 Meter langen U-Booten der Eagle-Klasse. Wie nicht anders zu erwarten, baute Ford unverzüglich eine Fertigungsstraße. Im Mai 1918 nahm seine U-Boot-Fabrik den Betrieb auf, und im Juli lief die erste Eagle vom Stapel. Das Ziel lautete, täglich ein U-Boot zu bauen – in Anbetracht von Fords ursprünglichen Ankündigungen ein eher bescheidenes Vorhaben.

Die Eagles erwiesen sich im Kampfeinsatz nicht als sehr nützlich. Mit der ihm eigenen Arroganz und einem gehörigen Maß an Ignoranz war Ford davon ausgegangen, dass zwischen dem Bau eines Schiffes und dem Bau eines Auto kaum ein Unterschied bestehe. Die Folge war, dass seine Boote leckten. Er ignorierte die Ratschläge der besten Köpfe in der Marine und hielt stur an seinem Kurs fest. Im ersten Jahr wurden 17 Eagles produziert. Sein sechzigstes und letztes U-Boot lieferte Ford im Jahr 1919. Zwanzig Jahre später waren nur noch acht dieser Unterseeboote im Dienst. (Nachdem er seine Lehren aus dem Abenteuer unter Wasser gezogen hatte, ging Ford im Zweiten Weltkrieg dazu über, Flugzeuge zu bauen. Auch in der Luft war ihm kein großer Erfolg beschieden.)

MISSGRIFF NR. 10

Thomas Edison bezahlte teuer für seine Überzeugung, es sei möglich, Eisen aus minderhaltigem Erz zu gewinnen. Und mit dieser Entscheidung bewies er, dass man nur noch mehr verlieren kann, indem man beharrlich an einer schlechten Sache festhält.

Edison war seinerzeit der herausragendste Erfinder der Welt. Am Ende des 19. Jahrhunderts hatte er bereits das elektrische Licht, den Phonographen und eine Vielzahl weiterer Dinge erfunden, die die Lebensqualität der Menschen wesentlich verbesserten. Sein Vorhaben, aus minderwertigem Erz Eisen zu gewinnen, wurde in einem Leitartikel als „Edisons verrückte Idee" verhöhnt. Der große Mann reagierte gekränkt – und erbrachte bald selbst den Beweis dafür, dass der Autor des Artikels sein Vorhaben richtig eingeschätzt hatte. Er steckte immer mehr Geld in seine Idee. Unglücklicherweise zog die Eröffnung eines neuen Erzbergwerks einen Preissturz nach sich, und Edisons Traum löste sich in nichts auf. Wie nicht anders zu erwarten, war es Edison, der darauf hinwies, dass Genie im Wesentlichen darin besteht, zu erkennen, was nicht funktionieren wird.

MISSGRIFF NR. 11

Auf das amerikanische Bier Schlitz stößt man heute nur noch gelegentlich in dem riesigen Angebot von Sorten, die Namen wie Budweiser, Miller, Molson und dergleichen tragen. Doch im Jahr 1974 belegte Schlitz unter den beliebtesten Biermarken in den USA den zweiten Rang. Die Marke hatte einen Anteil von 16 Prozent am riesigen amerikanischen Markt und schien ein langes, angenehmes Leben vor sich zu haben.

Dann wurde in den Brauereien ein revolutionärer neuer Prozess eingeführt, die „beschleunigte Batch-Fermentation". Dieses Verfahren sparte Zeit und Geld. Es schien für alle Beteiligten von großem Vorteil zu sein. Das Bier schmeckte genauso wie vorher – was gab es da noch zu überlegen?

Das Problem war, dass die Konsumenten der neuen Braumethode nicht vertrauten. Sie glaubten, das anhand des neuen Verfahrens erzeugte Bier entspreche den gewohnten Qualitätsstandards nicht. Der Geschmack hatte sich nicht verändert, doch die Biertrinker *meinten* eben, es sei nicht dasselbe Bier wie zuvor. Der Marktanteil von Schlitz sank innerhalb kürzester Zeit auf unter ein Prozent, und der Wert seiner Marke schrumpfte von über einer Milliarde Dollar im Jahr 1974 auf rund 75 Millionen Dollar im Jahr 1980.

MISSGRIFF NR. 12

Anfang der neunziger Jahren führte Hoover in Großbritannien eine völlig missratene Promotionkampagne durch, die der Glaubwürdigkeit des Unternehmens schweren Schaden zufügte und es mehrere Millionen Pfund kostete. Was auf den ersten Blick wie eine brillante Idee zur Ankurbelung des Absatzes wirkte – Hoover bot jedem britischen Kunden, der mindestens 160 Dollar für Produkte des Unternehmens ausgab, einen Freiflug in ein beliebiges europäisches Land oder in die Vereinigten Staaten an –, hatte katastrophale Folgen für das Unternehmen. Denn Hoovers Marketingmanager unterschätzten die Hartnäckigkeit der Verbraucher. Die Promotion wurde für das Unternehmen sehr viel teurer als prognostiziert.

Das Unternehmen hätte erkennen müssen, dass die Zahl der Beschwerden zunahm. Doch zu Tage gefördert wurde das Problem nicht von Hoover selbst, sondern von den Medien, die über erzürnte Kunden berichteten, die Hoover-Produkte gekauft, ihren Antrag auf ein Gratisticket ausgefüllt – und dann nichts mehr vom Unternehmen gehört hatten. Dieser erste Fehler wurde dann durch eine Reihe weiterer Fehltritte noch verschlimmert: Hoover unterließ es, rasch zu reagieren, um das Vertrauen der Kunden zurückzugewinnen, und ließ sich einen schweren PR-Fauxpas zuschulden kommen, als einer seiner Manager erklärte, es sei dumm von den Kunden, zu erwarten, für nichts etwas zu bekommen.

Im April 1993 gab Hoovers amerikanische Muttergesellschaft Maytag einen Nettoverlust von 10,5 Mio. Dollar im ersten Quartal bekannt, nachdem es Sonderausgaben von 30 Mio. Dollar gehabt hatte, um die unerwartet hohen Kosten der Promotionkampagne zu begleichen.

MISSGRIFF NR. 13

Charles Goodyear (1800–1860) war nicht gerade ein Glückspilz. Er allein könnte eine ganze „Galerie der Missgriffe" füllen. Nicht genug damit, dass er ein schlechter Geschäftsmann war – der war er zweifellos – sondern er hatte auch einfach wenig Glück. Doch Goodyear nahm die Benachteiligung durch Fortuna bemerkenswert gelassen hin: „Man sollte den Erfolg im Leben nicht ausschließlich am Geld messen. Ich werde mich nicht darüber beklagen, dass ich die Saat ausgebracht und andere die Früchte geerntet haben. Ein Mann hat nur dann Grund zur Klage, wenn nie geerntet wird, was er gesät hat."

Charles Goodyear war derjenige, der den Prozess der Vulkanisierung entwickelte, mit dem ein klebriger und wenig brauchbarer Rohstoff namens Gummi in ein Material verwandelt werden konnte, das für eine Vielzahl von Zwecken verwendbar war. Goodyear selbst fand zahlreiche Anwendungsmöglichkeiten für das Material, die kaum jemandem in den Sinn kommen würden. Unter anderem experimentierte er mit Gummihüten, -westen und -krawatten, mit Gummibanknoten und Gummibüchern. Goodyear glaubte an den Nutzen des Materials, doch üblicherweise war er ein wenig langsam bei der Registrierung seiner Patente und ein wenig nachlässig in geschäftlichen Dingen.

So kam es, dass ihm all sein erfinderisches Genie praktisch nichts einbrachte. Seine Familie musste eine Zeit lang in den Räumen einer in Konkurs gegangenen Gummifabrik auf Staten Island leben und sich von den Fischen ernähren, die Goodyear fing. Goodyear investierte viel Zeit und Geld in Versuche, sich gegen skrupellose Piraten zu verteidigen, die immer wieder seine Ideen stahlen. Einmal schien er sogar gewonnen zu haben: Im Jahr 1852 entschied der Oberste Gerichtshof der Vereinigten Staaten zu seinen Gunsten und verbot jede weitere Verletzung seiner Patente. In seiner Freude stellte Goodyear einen Scheck über 15 000 Dollar an seinen Rechtsanwalt aus, bei dem es sich um keinen geringeren als Daniel Webster handelte. Unglücklicherweise gingen die Patentverletzungen weiter, und bei seinem Tod hinterließ Goodyear einen Schuldenberg von 200 000 Dollar.

Daher überrascht es nicht, dass die Goodyear Tire & Rubber Company, der größte Gummihersteller der Welt, in keinerlei Beziehung zu Charles Goodyear steht – mit Ausnahme der Tatsache, dass sich das Unternehmen seinen Namen geborgt hat. Goodyear wurde 1898 von Frank A. Seiberling gegründet. In der ersten Fabrik am Little Cuyahoga River in East Akron (Ohio) wurden Hufeisendämpfer, Reifen für Fahrräder und Fuhrwerke, Dichtungsringe, Löschschläuche und sogar Pokerchips aus Gummi hergestellt. Goodyear arbeitete von Anfang an mit Gewinn. Im ersten Geschäftsmonat erzielte das Unternehmen einen Umsatz von 8246 Dollar. Charles Goodyear hätte das Geld zum Fenster hinausgeworfen.

MISSGRIFF NR. 14

Wir werden nicht über die von Fröschen bevölkerten Werbespots sprechen. Das endgültige Urteil darüber, wie lachhaft diese Werbekampagne war, ist noch nicht gefallen. Statt dessen gehen wir zurück bis zu den Ursprüngen von Budweiser. Es mag ein durch und durch amerikanisches Unternehmen sein, doch der Markenname Budweiser ist gänzlich unamerikanischen Ursprungs. Im Jahr 1876 entschied Anheuser-Busch, in Anlehnung an die Biersorte, die in einem unbekannten Außenposten des Habsburgerreiches gebraut wurde, den Namen Budweiser zu verwenden. Budweis hat sich mittlerweile in Ceske Budejovice verwandelt und liegt in Tschechien. Doch während diese Kleinstadt einen anderen

Namen und andere Herrscher bekommen hat, hält sie an ihrer Brautradition fest. Tatsächlich ist das zeitgenössische tschechische Unternehmen Budejovikky Budvar rund 700 Jahre alt. Es stützt sich auf einen robusten lokalen Markt: Die Tschechen trinken ebenso gerne Bier wie Leitungswasser, und mit einem durchschnittlichen Bierkonsum von 160 Litern im Jahr liegen sie weltweit an der Spitze. Budvar floriert und hat zum großen Missfallen von Anheuser-Busch in über 40 Ländern das Urheberrecht auf den Namen Budweiser.

Die rechtlichen Scharmützel zwischen dem amerikanischen Brauereiriesen (der, wenn man seinem Slogan glaubt, „den König unter den Bieren“ braut) und dem kleinen Fisch aus der Tschechischen Republik (der nach eigener Angabe „das Bier der Könige“ erzeugt) flammen seit Jahrzehnten immer wieder auf. Doch die unbotmäßigen Tschechen weigern sich beharrlich, sich dem Giganten zu unterwerfen und das für den Verzicht auf die Namensrechte angebotene Geld zu nehmen. Aus diesem Grund wird die Marke Budweiser in einigen Ländern als Bud vermarktet. Das mag nicht mehr sein als eine kleine Störung der Markenpolitik, doch wer weiß, wie groß Budweiser heute sein könnte, wenn es einen anderen Namen erhalten hätte...

MISSGRIFF NR. 15

Manch eine verheerende Entscheidung löst sich am Ende in Wohlgefallen auf. Wir haben bereits gesehen, wie sich eine der schlechtesten Entscheidungen der Unternehmensgeschichte – zumindest für die Aktionäre – in einen Triumph verwandelte, doch nach dem Fiasko mit New Coke (siehe Großartige Entscheidung Nr. 32) ließ das nächste Unglück für Coca-Cola nicht lange auf sich warten.

Die Übernahme von Columbia Pictures im Jahr 1982 erwies sich für Coca-Cola als katastrophaler Fehlschlag. Von Synergieeffekten war weit und breit nichts zu sehen. Und dennoch wurde dies zu einem der besten Geschäfte in der Unternehmensgeschichte. Was den finanziellen Ertrag anbelangt, so sucht es seinesgleichen: Nach wenigen Jahren erzielte Coca-Cola beim Verkauf Columbias an Sony einen Gewinn von fast einer Milliarde Dollar. Beim Tod von CEO Roberto Goizueta im Jahr 1997 hatte das Unternehmen einen Marktwert von 145 Mrd. Dollar – als Goizueta die Führung von Coca-Cola übernommen hatte, waren es 4 Milliarden wert gewesen. Goizueta war derjenige, der zuletzt lachte. Er bewies, dass das Glück den Tüchtigen begünstigt – selbst, wenn er Mist baut.

MISSGRIFF NR. 16

... Dann gibt es da noch die falschen Entscheidungen, die sich wiederholen. Im Jahr 1989 kaufte Sony Columbia Pictures und schien damit seinen Ruf als fernöstlicher Eroberer des Westens zu festigen. Doch das Geschäft wurde zu einem der wenigen Schandflecken auf der blütenweißen Weste des für seine großartigen Innovationen berühmten Unternehmens (der andere Fleck war das Fiasko mit Betamax). Letzten Endes schrieb Sony im Geschäftsbereich Film 3,2 Milliarden Dollar an Verlusten ab. Dessen ungeachtet hat Sony heute einen Marktwert von 37 Mrd. Dollar.

MISSGRIFF NR. 17

Erwähnung verdienen auch die Qualen, die American Express erleiden musste. Ein fast funktionsuntüchtiges Führungsteam unter der Leitung von James Robinson III. fügte der Marke schweren Schaden zu. Robinsons kühne Strategie, das Unternehmen in einen Finanzsupermarkt zu verwandeln, scheiterte kläglich. Im Jahr 1993 wurde Robinson durch Harvey Golub ersetzt, doch zuvor durfte das Brokerhaus Shearson Lehman, eine Tochtergesellschaft von American Express, noch rund 4 Milliarden Dollar verschlingen, bevor man sich zum Verkauf entschloss.

MISSGRIFF NR. 18

Manche Entscheidungen sind an sich nicht schlecht, fallen jedoch in die Kategorie „Zu wenig und zu spät“. Die Ölkrise in den siebziger Jahren und die aus ihr resultierende Panik unter der westlichen Unternehmen liefern ein ausgezeichnetes Anschauungsbeispiel. „Die Entscheidung von General Motors, die Belegschaft zu reduzieren, schien mir stets bezeichnend für die Reaktion der Industrie“, erklärt William Halal von der George Washington University, Autor des Buches *The Infinite Resource*. „Ich war viele Jahre lang als Berater für General Motors tätig und hörte dort immer wieder von Versuchen, sich gegen die Energiekrise, deren Kommen die GM-Manager für unvermeidlich hielten, zu wappnen. In den sechziger und siebziger Jahren setzten sie wiederholt Arbeitsgruppen ein, die sich mit den Auswirkungen einer solchen Krise befassen sollten. Sie brachten zwei oder drei sparsame Kleinwagen auf den Markt, die sich jedoch nicht durchsetzen konnten, beschäftigten sich mit alternativen Treibstoffen und so weiter. Doch als die OPEC schließlich das Ölembargo verhängte, mussten sie in den sauren Apfel beißen und sich dazu durchringen, sämtliche Automodelle 450 Kilo leichter zu machen. Da GM in der Industrie den Ton angab, veränderte diese Entscheidung die gesamte Einstellung der Amerikaner zum Auto und machte der Zeit der Unschuld, als wir für die beschränkte Belastbarkeit der Umwelt blind gewesen waren, ein Ende."

MISSGRIFF NR. 19

Und dann ist da natürlich IBM. In den achtziger Jahren wurde der PC zu einer Massenware, die in erster Linie über den Preis verkauft wurde. Früher waren die Konsumenten von der ausgezeichnet differenzierten Marke IBM angelockt worden. Diese stand für Sicherheit, Vertrauen und Qualität. Es gab eine Zeit, da kassierte IBM 70 Prozent der Gewinne, die weltweit in der Computerindustrie erzielt wurden.

Doch als Unternehmen und Konsumenten erkannten, dass man einen PC nicht vom anderen unterscheiden konnte, gab es keinen Grund mehr, für die Marke IBM mehr zu bezahlen. Zwischen 1990 und 1993 sanken die Bruttogewinnspannen des Unternehmens von 55 auf 38 Prozent. Die Selbstsicherheit des Riesen schwand ebenso rasch. Die Folge war, dass billige Klone IBM von seinem Thron stießen.

Im Jahr 1993 rangierte die Marke IBM weltweit noch an dritter Stelle, doch bereits ein Jahr später wies das Unternehmen ein negatives Ergebnis aus. „Zwanzig Jahre lang hatte IBM die Entwicklung der Computerindustrie bestimmt. Doch dann übernahmen andere Unternehmen mit anderen Visionen und Strategien die Führung. Die Probleme von IBM liegen nicht in der Implementierung, sondern in einem Mangel an Vorausblick", erklärte der Strategieguru Gary Hamel.

Der tiefe Fall von IBM ist ein Lehrbeispiel dafür, was man im Umgang mit mächtigen Marken nicht tun sollte. George S. Day von der Wharton School hat die Ansicht geäußert, der Niedergang von IBM sei vor allem auf die „Ich-Fixierung" des Unternehmens zurückzuführen. IBM entfernte sich von seinen Kunden. Es wurden kaum Informationen über die Bedürfnisse der Kunden gesammelt, und die vorhandenen Erkenntnisse wurden im Unternehmen schlecht weitergegeben. Die Unternehmensführung verlor zunehmend die Beziehung zu den Vorgängen auf dem Markt. (Ein Kritiker verglich IBM mit einer von tauben Managern geführten Plattenfirma.)

Dazu kam, dass die zweifellos vorhandenen leistungsfähigen Unternehmensbereiche isoliert waren. Das Unternehmen hielt weiterhin höchste Standards aufrecht, war jedoch nicht imstande, diese herausragenden Leistungen auf breiter Ebene zu erbringen. Und IBM begann, sich mit Blick auf die kurzfristigen finanziellen Resultate um Kostensenkungen zu bemühen, anstatt sich auf die langfristige Entwicklung zu konzentrieren.

George S. Day ist auch der Ansicht, IBM sei Anfang der neunziger Jahre in die „Falle der zwanghaften Kundenbeobachtung" getappt: Das Unternehmen versuchte, das Gleichgewicht wiederherzustellen, indem es jedem einzelnen Kunden zuhörte. Dies führte zu Verwirrung und Enttäuschung. Zu Beginn der neunziger Jahre stand IBM am Abgrund. Big Blue, das Symbol der amerikanischen Wirtschaftsmacht, schrieb riesige Verluste und schien sich zu weit vom Markt entfernt zu haben, um sich noch einmal erholen zu können.

MISSGRIFF NR. 20

Ob die Entscheidung klug war, muss dahingestellt bleiben, doch über ihre Auswirkungen gibt es keinen Zweifel. In den achtziger Jahren des 19. Jahrhunderts entschloss sich Frederick Taylor, jede einzelne Bewegung der Arbeiter von Midvale Steel, wo er als Chefingenieur tätig war, zeitlich genau zu begrenzen. Das Ergebnis war die „wissenschaftliche Betriebsführung" und in weiterer Folge die Leidenschaft des 20. Jahrhunderts für auf Messungen beruhende Managementmethoden.

Taylor war der erste und vorbehaltloseste Anhänger von Befehl und Kontrolle. In seinem 1911 erschienenen Buch *The Principles of Scientific Management* legte Taylor da, wie man die Leistungen verbessern könne:

1. Man finde 10 oder 15 Männer (nach Möglichkeit in ebenso vielen getrennten Betrieben und Landesteilen), welche die analysierte Tätigkeit besonders gekonnt ausführen können.
2. Man untersuche die genaue Abfolge grundlegender Abläufe oder Bewegungen, die jeder dieser Männer durchführt, um die untersuchte Arbeit auszuführen, sowie die von jedem dieser Männer verwendeten Werkzeuge.
3. Man halte mit einer Stoppuhr fest, wie viel Zeit erforderlich ist, um jede dieser grundlegenden Bewegungen auszuführen, und wähle aufgrund dieser Messung den schnellsten Weg aus, um jedes Element der Arbeit zu bewältigen.

4. Man eliminiere alle falschen, langsamen und nutzlosen Bewegungen.
5. Man setze die schnellsten und besten Bewegungen sowie die besten Werkzeuge zu einem einzigen Arbeitsablauf zusammen.

Nachdem er jede einzelne zur Durchführung einer Aufgabe erforderliche Bewegung und Handlung analysiert hatte, konnte Taylor den optimalen Zeitraum für die Bewältigung der Tätigkeit festlegen. Anhand dieser Information konnte ein Manager feststellen, ob eine Person ihre Arbeit gut machte.

Es gibt keinen Zweifel am weitreichenden Einfluss von Taylors Denken. Zu seinen Bewunderern zählten Mussolini und Lenin, aber auch Tausende normaler Unternehmer. Im Jahr 1914 lockte ein Vortrag Taylors in New York unglaubliche 69 000 Personen an. Die wissenschaftliche Betriebsführung breitete sich in aller Welt aus. Ein japanischer Ingenieur übersetzte die *Prinzipien der wissenschaftlichen Betriebsführung*; allerdings erhielt das Buch in Japan den Titel *Methoden zur Beseitigung unnötiger Arbeit und zur Erhöhung der Produktion*. Das Buch war ein großer Erfolg in Japan – ein deutlicher Hinweis auf die Bereitschaft der Japaner, sich die neuesten Ideen aus dem Westen zu Eigen zu machen.

Unabhängig davon, ob sie nun richtig oder falsch, moralisch oder unmoralisch war: Taylors Einschätzung der industriellen Zukunft war zutreffend: „In der Vergangenheit stand der Mensch an erster Stelle. In der Zukunft wird das System an erster Stelle stehen“, erklärte er. Die Geschichte gab ihm Recht. Im Mittelpunkt dieser Metamorphose stand die Rolle des Managers: Die wissenschaftliche Betriebsführung erhöhte die Bedeutung der Manager und leugnete die Bedeutung der Arbeiter. Bewaffnet mit ihren wissenschaftlich gesammelten Informationen diktierten die Manager nunmehr die Bedingungen. „Wissenschaft statt Faustregeln“, sagte Taylor. Die auf Erfahrungen und Intuition beruhenden Entscheidungen des Aufsichtspersonals wurden nicht länger als wichtig betrachtet. Den Arbeitern wurde keinerlei Verantwortung zugestanden. Ihre einzige Aufgabe bestand darin, die vom allwissenden Management definierten Tätigkeiten wie vorgegeben auszuführen. Die Frage ist, ob die Manager den Beweis dafür erbracht haben, dass ihnen diese bevorzugte Stellung zu Recht eingeräumt wurde.

MISSGRIFF NR. 21

Ende der sechziger Jahre besaß die Familie Carr die britische Zeitung *News of the World*. Doch zum Unglück der Carrs befand sich ein Viertel der Anteile in der Hand eines Vetters, der aus der Zeitung aussteigen wollte. Der erste Investor, der Interesse an den Anteilen bekundete, war der Medienmogul Robert Maxwell.

Aber der gebürtige Sudetendeutsche Maxwell war kein willkommener Brautwerber. Er stand für alles, was die Carrs verabscheuten. Schon bald trat ein abstoßender Nationalismus an die Oberfläche. Die Carrs bezeichneten Maxwell nur noch als „diesen Ausländer“. Ihr Problem war, dass sich in der britischen Aristrokratie niemand fand, der bereit gewesen wäre, das nötige Geld für ihr schmieriges Skandalblatt auf den Tisch zu legen. Doch dann tauchte jemand auf, den unter normalen Umständen niemand für einen Ritter in goldener Rüstung gehalten hätte: der australische Zeitungsherausgeber Rupert Murdoch. Irgendwie betrachteten ihn die Carrs als weniger ausländisch als Maxwell, der seit Jahrzehnten in England lebte, Mitglied des Parlaments gewesen war und sich im Zweiten Weltkrieg im Kampf für England einen hohen Orden verdient hatte.

Blindes Vorurteil ermöglichte Rupert Murdoch den Eintritt in die internationale Zeitungsbranche. Das britische Establishment machte geschlossen Front gegen Maxwell und nahm Murdoch bereitwillig in seine Mitte auf. Murdoch spielte seine Rolle brillant. Er hofierte seine Verhandlungspartner nach allen Regeln der Kunst und ebnete sich so einen potentiell steinigen Weg. Bei ihm fühlten sich die Carrs geborgen. Murdochs genialster Zug bestand darin, Sir William Carr anzubieten, weiterhin als Vorstandsvorsitzender im Verlag zu bleiben; sein Neffe sollte gemeinsam mit Murdoch die Geschäftsführung übernehmen. Unter der Bedingung, dass die Carrs weiterhin in die Führung der Zeitung eingebunden sein würden, stimmten sie dem Geschäft zu.

Am 2. Januar 1969 wurde auf einer außerordentlichen Generalversammlung, die in den Connaught Rooms unweit des Londoner Covent Garden stattfand, der Preis vergeben. Maxwell sagte zu Murdoch, er habe „einen großen Fisch mit einem sehr kleinen Haken gefangen“. Dieses eine Mal übertrieb Maxwell nicht. Murdoch hätte mit Maxwells Angebot nicht mithalten können, und das Geschäft wurde nur dank mehrerer Aktientausche möglich. Die Carrs verzichteten auf rund 4 Millionen Dollar, um nicht an Maxwell verkaufen zu müssen, sondern mit ihrem Glücksritter abschließen zu können. Für Murdoch war dieses Geschäft der Glücksfall, den er gebraucht hatte, um sich von einem international unbedeutenden australischen Zeitungsherausgeber zum weltweiten Medienmogul aufzuschwingen. Über Nacht hatte er seine Einflusssphäre um ein Vielfaches erweitert.

Bald darauf informierte der Mann, der die Carrs vor dem „Ausländer“ gerettet hatte, Sir William Carr darüber, dass die Vereinbarung über die geteilte Geschäftsführung nicht aufrechterhalten werden könne; darüber hinaus hielt es Murdoch nun doch für ratsam, auch einen neuen Vorstandsvorsitzenden zu bestellen. Sechs Monate, nachdem er das Versprechen abgelegt hatte, nicht nach der vollkommen Kontrolle über die Zeitung zu streben, tat Murdoch eben dies und kaufte dem abtrünnigen Vetter der Carrs seine Anteile ab.

Die Familie Carr verlor ihre Zeitung und obendrein 2 Millionen Pfund. Der einzige Grund dafür war eine Entscheidung aus Bigotterie.

Bücher zum Thema Entscheidungsfindung

Baron, Jonathan, *Thinking and Deciding*, 2. Aufl. (Cambridge University Press, 1994).

Dearlove, Des, *Key Management Decisions* (FT/Pitman, 1997).

Faust, Gerald W., Lyles, Richard I., und Phillips, Will, *Responsible Managers Get Results* (AMACOM, 1998).

French, Simon, *Decision Theory: An Introduction to the Mathematics of Rationality* (Ellis Horwood and John Wiley, 1988).

Keeney, Ralph L., *Value-Focused Thinking. A Path to Creative Decision Making* (Harvard University Press, 1992).

Richards, Max D., und Greenlaw, Paul S., *Management Decision Making* (Richard D. Irwin Inc., 1996).

Yates, J. Frank, *Judgment and Decision Making* (Prentice Hall, 1990).

Danksagungen

Den Anstoß zu diesem Buch gab ein Artikel, den ich für die von der American Management Association herausgegebene Zeitschrift *Management Review* verfasste. Die Idee für diesen Artikel war von Barbara Ettorre, der Chefredakteurin dieser Zeitschrift, gekommen. Mein Dank gilt Barbara für die Anregung sowie all denen, die an der Produktion des Artikels beteiligt waren. Nach der Veröffentlichung dieser Arbeit griff Adrienne Hickey von AMACOM das Thema auf. Ich danke ihr für die rasche Umsetzung der Idee sowie für ihre kenntnisreichen redaktionellen Beiträge.

Um eine gute Auswahl der genialsten Managemententscheidungen zu treffen, holte ich zahlreiche Meinungen ein. Ich bin all jenen, die sich an der Diskussion beteiligten, zu großem Dank verpflichtet. Besonders erwähnen möchte ich Philip Kotler von der Northwestern University, Don Sull und Costas Markides von der London Business School, Chris Lederer und Sam Hill von Helios Consulting, Peter Cohan, Alex Knight und Phil Hodgson vom Ashridge Management College, David Arnold von der Harvard Business School, Warren Bennis und Jay Conger von der University of Southern California, Charles Manz, Randy White von RPW Executive Development, William E. Halal von der George Washington University, Daniel Wren von der University of Oklahoma und Ann Marucheck sowie Allison Adams von Kenan-Flagler.

Des Weiteren möchte ich mich bei Gerry Griffin von Burson Marsteller bedanken, der so beharrlich darauf pochte, dass Elvis in die Sammlung aufgenommen werden müsse, sowie bei Des Dearlove für seine gekonnte Navigation.

Ein besonderer Dank gilt Stephen Coomber, der umfangreiche Forschungsarbeiten auf sich nahm und große Mengen an Material über die beschriebenen sowie über viele andere Entscheidungen sammelte.

STUART CRAINER
März 1999

Index

X

Z